境脉教学的
实践范式与
创意设计

李可锋◎主编

课堂教学新样态丛书

丛书主编 杨四耕

华东师范大学出版社
·上海·

图书在版编目（CIP）数据

境脉教学的实践范式与创意设计 / 李可锋主编. —上海：华东师范大学出版社，2023
（课堂教学新样态丛书）
ISBN 978-7-5760-4102-6

Ⅰ.①境… Ⅱ.①李… Ⅲ.①中学化学课—课堂教学—教学研究—高中 Ⅳ.①G633.82

中国国家版本馆 CIP 数据核字(2023)第 157091 号

课堂教学新样态丛书
境脉教学的实践范式与创意设计

丛书主编	杨四耕
主　　编	李可锋
责任编辑	刘　佳
项目编辑	林青荻
特约审读	徐晓明
责任校对	江小华
装帧设计	卢晓红

出版发行	华东师范大学出版社
社　　址	上海市中山北路 3663 号　邮编 200062
网　　址	www.ecnupress.com.cn
电　　话	021-60821666　行政传真 021-62572105
客服电话	021-62865537　门市(邮购)电话 021-62869887
地　　址	上海市中山北路 3663 号华东师范大学校内先锋路口
网　　店	http://hdsdcbs.tmall.com
印 刷 者	上海龙腾印务有限公司
开　　本	787 毫米×1092 毫米　1/16
印　　张	21.25
字　　数	191 千字
版　　次	2023 年 9 月第 1 版
印　　次	2023 年 10 月第 2 次
书　　号	ISBN 978-7-5760-4102-6
定　　价	64.00 元

出版人　王　焰

（如发现本版图书有印订质量问题，请寄回本社客服中心调换或电话 021-62865537 联系）

编 委 会

主　编　李可锋
副主编　张　珂　李国丽
成　员　（以章节作者为序）
　　　　　顾一舟　刘林青　孙世云　姚斐娜　郑嬿珍
　　　　　许祥龙　袁俊捷　卢　锐　张苧丹　孟祥申
　　　　　杨子江　潘志刚　韩佳睿　卢轶凡　吴虹颖
　　　　　叶林美

丛书总序

被重新定义的课堂

苏联教育家赞科夫在《教学与发展》一书中指出：课堂教学必须"使班上所有的学生都得到一般发展"。也就是说，课堂教学要引导学生在认知、情感、技能等方面发生整体改变，在思维方式、情感体验、思想境界、为人处世等维度发生实质性变化，课堂教学应释放出生命感、意义感、眷注感、智慧感、美妙感、意境感、期待感……

长久以来，我们的课堂特别重视知识传承，以致许多学生能从容应对考试，却在生活中显得无能。有一位德国专家说："你们的教科书比我们的教科书厚，你们的题目比我们的题目难，但是你们得买我们的货。"这句话给我们的教育敲响了警钟，值得每一个人思考：请给知识注入生命，用经验激活知识，用智慧建构知识，用情感丰富知识，用心灵感悟知识，用想象拓展知识，让知识变得鲜活，让孩子们领悟到生命的伟岸！课堂教学是思想与思想的碰撞，是心灵与心灵的相遇，是生命与生命的对话，让我们用热情去拥抱课堂——课堂是眷注生命的地方。

我们必须清醒：如果把揭示人生的意义看作是认识论的任务，我们就永远不可能把这个意义揭示出来，因为，知识的增长并不一定使生活变得完美。当认识、知识成了第一性的东西，情感和意志便成了奴仆。这样，一个人受的教育越多，他的思想就越会被包裹在一层坚实的知识硬壳之中。其实，臻达人性完美需要"另一种"教学，这种教学与理解联姻，教学本身即理解，理解本身即教学。教学是生命意义的澄明，使人不断地自我超越，"不停地'进入生活'，不停地变成一个人"。说白了，课堂里蕴含着"人是什么"的答案。因此，在一般意义上，教学即对理解的自觉追求；在终极意义上，教学即理解。它们共同揭示了一个深刻的道理——课堂是善解人意的地方。

俄国教育学家乌申斯基曾经说过："教育的主要目的在于使学生获得幸福，不能为了任何不相干的利益牺牲这种幸福。"诺丁斯也提过:"好教育就应该极大地促进个人和集体的幸福。"课堂教学是师生双边活动,没有教师幸福地教,也就没有学生幸福地学。当老师和学生积极参与到课堂教学之中,让生命释放意义感,他们就能在丰富多彩的教学活动中成长,获得生命意义上的幸福感。幸福是人类的永恒情结,课堂教学不仅应给人高品位的精神生活,而且应给人高品位的幸福体验。从一定意义上说,课堂是守望幸福的地方。人的一生能否过得幸福,很大程度上取决于他今天在课堂生活中能否获得幸福。这或许就是课堂教学的深刻意义所在。

我们的课堂善用纪律规范行为,用训练规约思想,却漠视人的情感与独特感受,课堂因此没有了盎然的生气。课堂理应是春暖花开的地方,宁静,安全,温馨,轻松。在这里,有家的感觉,不用担心"万一说错了怎么办",孩子们敢于说"我有不同的想法""老师,你讲错了";在这里,孩子们不怕"露怯",不怕"幼稚",能道出困惑,能露出观点,能形成质疑;在这里,有诗情画意,有奇思妙想,有思维碰撞,有情景,有灵气,课堂因此有了一种奇妙的意境感。

课堂也是为放飞梦想而存在的。孩子们充满想象,面对这个世界,他们无拘无束,内心有太多美好的期待。他们渴望走向社会,走进自然。课堂是广袤的天地,上下五千年,纵横数万里,任你穿越。课堂中心、书本中心、教师中心,多么不堪一击!课堂教学要回归曾经远离了的生活世界,穿越时间隧道,把过去、现在、未来浓缩在一起,跨越空间的界碑,让孩子们享受人类文明的成果。由此,课堂是凝视梦想的地方,这里有未来,有远方,有充满张力的诗……

怀特海说:"教育的目的只有一个主题,那就是五彩缤纷的生活。但我们没有向学生展现生活这个独特的统一体,而是教他们代数、几何、科学、历史,却毫无结果……以上这些能说代表了生活吗?充其量只能说那不过是一个神在考虑创造世界时他脑海中飞快浏览的一个目录表,那时他还没有决定如何将它们合为一体。"怀特海的观点是令人深思的:知识并不代表生活,生活需要智慧。很多时候,课堂与知识无关;课堂是一种态度、一种生活。有什么样的态度,就有什么样的生活。课堂教学的核心意义在于传递生活态度,让孩子们彻底明白:生命的厚度在于拥有静谧的时光,让心灵溢满宁静与幸福。这样,提高课堂教学有效性,就不再是让课堂的每一分钟都压得学生"喘不过气来"。无论如何,我们应该懂得,课堂是一个酝酿牵挂的地方。

派纳在《健全、疯狂与学校》一文的结语中说:"我们毕业了,拿到了证书却没有清醒的头脑,知识渊博却只拥有人类可能性的碎片。"这多么令人深思啊！当人的需要、价值、情感被淹没在单纯的知识目标之中,生命感在这里便荡然无存。将课堂教学视为纯粹的认识活动,片面发展人的认识能力,看不到人的整体"形象",特别是作为"在场的人"的"整体形象"被抽象;放眼世界,人之精神远遁,迷失于庞大的"静止结构",这便是"教学认识论"的"悲剧范畴"。其实,课堂是一个意义时空,教学即谈心,学习即交心。当我们真正把学生看作活生生的人,就会发现:原来,课堂是点亮心灵的地方。

课堂教学是富含智慧和艺术的活动。只有把教师的主导性和学生的主动性都激发出来,才能算作真正的课堂教学。说白了,课堂是智慧碰撞的地方。课堂教学要善于抓住转瞬即逝的思维亮点,促成智性的提升和灵性的妙悟。如何围绕教学目标,理清教学思路,选用教学方法,驾驭教学机制,促进孩子们智性跃迁与灵性发展？如果我们只是单纯地传授知识,教师拼命讲,学生认真听,被动地接受,长此以往,学生的大脑便会"格式化",发展便得不到真正的保障,他们只能在大脑中形成直线型知识反馈通路,无法呈现富有生命情愫的、饱满的人的形象！

对于课堂,我们可以有无穷的定义。一位哲人曾经说过"一种文化首先意味着一种眼光","眼光不同,对所有事情的理解就不同"。当课堂被重新定义的时候,当我们真切地回归课堂教学人文立场的时候,检视课堂教学的"眼光"便有了新的角度,课堂教学便有了新的样态。

杨四耕

2022 年 9 月 20 日于上海市教育科学研究院

目　录

总　论 ｜ 境脉教学：宏观辨识和微观探析视野下的化学课堂　　1
　　一、境脉教学的理论背景　　2
　　二、境脉教学的动力机制　　5
　　三、境脉教学的教学范式　　9

第一章 ｜ 境脉教学有真实情境　　19
　　学习的本质是学生参与真实的情境活动，是与环境相互作用的过程，是形成实践探究能力的过程。为了保证学生参与的有效性，情境必须是真实的，且要以学生的兴趣和需求为基础，如果情境远离学生，就不会有真正的参与。课堂教学应该回归知识的真实情境，提高学生的课堂参与度，让学生通过探究，学会学习，形成社会责任感、参与意识和决策能力，从而促进学科核心素养的发展。
　　一、构建基于学情的情境目标　　20
　　二、真实情境素材的选择与分析　　21
　　三、化学知识的情境化处理　　24
　　四、情境化课堂教学的实施　　26

实践智慧 1-1　头脑风暴情境：元素周期律　　35
实践智慧 1-2　实验探究情境：钢铁的腐蚀与防护　　52
实践智慧 1-3　化学史实情境：苯　　61

第二章 ｜ 境脉教学有逻辑主线　　71
　　境脉教学是由让学习发生的一切环境、背景、事件组成的学习系统和学习事件交织发展的逻辑体系构成的。无论是科学事实、概念、理论所组成的知识的静态串联,还是提问、思考、实践、结论的动态活动发展,都需要遵循特定的脉络主线,遵循知识与知识之间一脉相承的逻辑关系,遵循学习活动的发生逻辑规律。教学设计要遵循学科知识逻辑,活动的安排要遵循情境的发展逻辑,学生认知发展要遵循素养逻辑,使学习能够真正有意义发生。

一、境脉教学的逻辑结构	72
二、遵循基本学科逻辑	72
三、创设化学情境逻辑	75
四、融入核心素养逻辑	77

实践智慧2-1 问题解决主线:氯及其化合物	79
实践智慧2-2 学科知识主线:海带提碘	90
实践智慧2-3 情境任务主线:质量守恒定律	95

第三章 境脉教学有主体参与　　107

在境脉教学中,学生的主体参与是通过在一系列有逻辑关系的情境脉络中的学习行为展开的,情境脉络背后的逻辑关系会使学生的课堂参与行为具备类似的逻辑关系,且这些行为逻辑会随着教学过程的持续,逐步内化为学生的行为习惯,从而对培养学生的学科核心素养形成特殊的价值。通过设计合适的情境脉络,在教学过程中,引导学生逐步梳理出情境脉络背后的知识脉络和学习逻辑,对于提高学生课堂参与主动性和深度,有重要促进作用。

一、主体参与的方式类型	108
二、主体参与的影响因素	110
三、提升参与的基本策略	112

实践智慧3-1 倾听教学:物质变化中的能量变化	116
实践智慧3-2 师生共振:溶解平衡	124
实践智慧3-3 主动建构:化学方程式计算	129

第四章 ｜ 境脉教学有学习痕迹　　　　　　　　　　　　　137

　　学习是在一定的境脉中进行的，是学习者主动参与境脉的互动过程。境脉学习是基于问题解决、综合运用知识、涵育元认知素养的学习行为。以此为基础设计的境脉教学，学习痕迹是其显著特征。学习者与境脉的互动过程，主要包括认知实践、社会实践和反思性批判实践，不同类型的实践会引发学习者不同类型的经验变革。学习者在任何一个境脉学习过程中，都需要调整学习策略，提升自己的自我调控能力和自我效能感。

　　　　一、学习痕迹的界定与内涵　　　　　　　　　　　138
　　　　二、学习痕迹的显化与表征　　　　　　　　　　　140
　　　　三、学习痕迹的记录与评价　　　　　　　　　　　141

实践智慧 4-1　预设学习痕迹维度：氧化还原反应　　　143
实践智慧 4-2　瞄准最近发展区：双液原电池　　　　　152
实践智慧 4-3　记录学习思考痕迹：共价键　　　　　　161

第五章 ｜ 境脉教学有问题循证　　　　　　　　　　　　　169

　　教师根据化学学科的基本特点，结合教学内容合理创设情境，设计问题，组织学生开展问题循证的教学活动，是境脉教学的重要特征之一。循证问题的创设，必须符合教学内容的需要，符合学生学习的需求，符合发展与培育学生学科核心素养的目标。在不同的教学实践中，教师可以设计"抛锚式""实践性""高阶性"等不同类型的问题开展循证活动。学生在问题循证过程中，可利用探究实验等循证方法解决问题、提升素养。

　　　　一、问题循证中的真学习　　　　　　　　　　　　170
　　　　二、问题循证中的师生关系　　　　　　　　　　　171
　　　　三、问题循证中的证据推理　　　　　　　　　　　172
　　　　四、问题循证中的问题创设　　　　　　　　　　　172

实践智慧5-1　抛锚式问题循证：水溶液中的离子平衡　　179
实践智慧5-2　阶梯式问题循证：盐类的水解　　186
实践智慧5-3　实践式问题循证：二氧化碳的实验室制法　　193

第六章　境脉教学有深度反思　　203

境脉教学根植于境脉主义哲学，注重事物全部情境的整体把握，情境与脉络相辅相成，共同引导、推动课堂活动。境脉教学的实施，要求"境脉"的创设立足于学生的主体性，将核心知识整合到"境脉"中，让学生在完成由"境脉"衍生出的相关问题和相关任务的解决过程中习得知识、提升能力和素养。这不是教师单方面能达成的，还需学生们的积极融入，需从"教"与"学"两方面促成基于深度反思的教学。

一、单元总体规划的深度反思　　204
二、真实情境创设的深度反思　　205
三、评估学生认知的深度反思　　206
四、自审自省培养的深度反思　　207

实践智慧6-1　教学机智：分子结构　　209
实践智慧6-2　开放问题：影响化学反应速率的因素　　221
实践智慧6-3　核心理论：海水晒盐　　232

第七章　境脉教学有评价反馈　　243

境脉教学倡导"教、学、评"一体化，将评价渗透到教学设计的每个环节，把握每个情境的引入，教学各环节之间的衔接，把素养导向课评价目标与单元学习目标整合，综合定性评价和定量评价，关注学生的学习过程，在不同的教学环节中贯穿不同的评价目标，通过持续的形成性评价促进学生学科核心素养的发展。通过多水平的评价，定性、定量诊断学生学习的成效，是教学反馈的有效方法之一。

一、指向教学目标，落实学习任务　　245
二、关注学习过程，注重学习体验　　246

　　　　三、定性定量结合，课时单元一体　　　　　　　　　　　248

实践智慧 7-1　高度结构的目标任务：水的力量　　　　　　　253
实践智慧 7-2　工具多元的持续评价：碘及其化合物的转化　　267
实践智慧 7-3　关注反馈的宏微探究：甲烷　　　　　　　　　277

第八章　境脉教学有价值意义　　　　　　　　　　　　　　289

　　学习是大脑本能地在境脉中寻求外部世界与内部世界发生交互作用的过程。只有当学习者置身于具有真实实践逻辑的境脉中，像专家一样对概念和原理进行理解和建构时，所学习知识才能在真实情境中获得意义和理解。境脉教学触及学生的情感需要，通过环环相扣的设计，不断解决情境中衍生出的问题。学习者在探究、实践、再思考的学习过程中，发现知识的价值，明确学习的意义，让学习真正成为育人价值实现中不可或缺的一环。

　　　　一、立足学科观念，明确学习意义　　　　　　　　　　　290
　　　　二、聚焦兴趣动机，埋下科创种子　　　　　　　　　　　292
　　　　三、联系生活社会，彰显学科价值　　　　　　　　　　　293

实践智慧 8-1　形成化学学科观念：硫的单质及其化合物　　　297
实践智慧 8-2　聚焦化学的做中学：盐溶液的酸碱性　　　　　309
实践智慧 8-3　明确学科价值导向：捕获二氧化碳　　　　　　316

后记　　　　　　　　　　　　　　　　　　　　　　　　　325

总　论

境脉教学：
宏观辨识和微观探析视野下的
化学课堂

一、境脉教学的理论背景

进入21世纪,科技深刻改变着国际形势和人们的生活方式,世界多极化、经济全球化与逆全球化胶着发展,世界正处在百年未有之大变局中。国内经济社会也在转轨转型,发生深刻变革,我国社会的主要矛盾逐渐转变为人民日益增长的美好生活需要和不平衡不充分的发展之间的矛盾。教育事业是关系到中华民族伟大复兴的具有决定性意义的事业,新的时代背景和社会主要矛盾的变化给化学教学提出了新的命题和挑战。

(一)面向新时代:实现化学教学范式的转变

人才培养是育人和育才相统一的过程,而育人是本。构建以人为本、以学习者为中心、以学生发展为目标的化学教学范式已成为学校顺应新时代要求的必由之路。境脉的原义是英文"context",意为上下文,21世纪以来,境脉学习理论成为国际学习科学研究的主要趋势之一,它认为,学习者的学习历程就是外部世界和自身内部世界相互作用的过程。境脉即学习历程所发生的时空,关于学习的研究本质上是学习者和学习者所处境脉关系的研究。因此境脉教学即是以情境创设为本,学习认知为脉,建设以学习者为中心、利于学习过程真实发生、有效发生的师生共振互动的教学体系。

立德树人是党的教育方针的核心内容之一。新时代的化学教学要坚持价值性和知识性相统一,寓价值观引导于知识传授之中,境脉教学就是要通过构建一系列学习时空和资源,融入立德树人的灵魂,强化教学的价值导向。境脉教学要吸收优秀的传统文化,挖掘传统文化蕴藏的丰富的课程与教学智慧,增强课程的民族性和人文性,强化学生的身份认同和文化认同。

教学是教师的教和学生的学所组成的一种人类特有的人才培养活动。通过这种活动,教师有目的、有计划、有组织地引导学生学习和掌握文化科学知识和技能,促进学生素质提高,使他们成为社会所需要的人。它就像一面镜子,不仅呈现了真实的自然世界,更连接着学生的身心健康成长。基于人本主义学习理论,教学设计应该从学习者自身的特点和意义出发,学生与环境资源相互作用,从而产生各种具有教育意义的文本和资源。境脉教学不仅要重视学生学习的情感参与,同时要为这种参与提供适切的物理环境、和谐的学习气氛和良好的师生关系。教学内容不是知识的简单堆砌,而是资源和方法的有效供给,以及简化获取资源的具体步骤。

(二)创设情境:从离身认知走向情境认知

法国哲学家笛卡尔对身体和心智的关系进行了深入的思考,他认为身体是客观的物质对象,而心智是非物质的,无形地渗透在身体之中。著名的名言"我思故我在"就指出了思维是第一位的,身体则是第二位的。建立在笛卡尔二元论为基础的离身认知理论坚持身体与心灵是分开的,心智可以脱离身体而存在。所以传统的教学中重视客观性的知识,轻视主观性的个人。离身认知认为心智是按某种程序或算法对符号进行的操作。

在离身认知隐喻下的第一代认知科学的任务就是为各种认知活动构建各种算法和程序。离身认知的教学观认为,教学就是传递客观知识,技术的发展促进知识的传递。例如,加涅的信息加工理论就是典型的离身认知视角下的教学范式。它以计算和表征为核心,认为人对信息的提取和吸收是通过类似于计算机"信息加工"的方式将人的感知、经验、记忆等思维过程转化为符号而实现的,现实中的教学设计也倾向于符号表征、线性推理的设计方向。

20世纪90年代初,受到认知科学、生态心理学、人类学以及社会学等学科的共同影响,加之对教育空无化、知识惰性化等状况的批判,学习科学研究逐渐从认知转向了情境。情境认知理论认为学习者学习知识的过程需要在一定的情境中进行,知识是具有情境性的,知识是活动、背景和文化产品的一部分,知识正是在活动中,在其丰富的情境中,在文化中不断被运用和发展着。知识的学习、思考和情境是相互紧密联系的,知与行是相互的——知识是处在情境中并在行为中得到进步与发展的。因此境脉教学需要创设合适的情境,在情境中,学生将习得的知识与原有的认知结构进行建构,从而内化到自己的认知体系中。

(三)构建学习场:从情境认知走向具身认知

具身认知把认知看作是人的身体、感官以及大脑与我们周围世界的互动过程。学习者的身体和大脑是一切认知、情感、情绪和行为规则的源泉,一方面我们每天都在使用自己的感官去进行认知;另一方面,具身是认知机制得以发生的基础。认知是人的情绪、情感、思维、行为与环境互动的过程,在人的身体之外不存在抽象的知识。认知既有信息加工的成分,还包括人对工具的使用、与他人和环境的交互活动,特别是如何通过工具的使用来理解人类社会和个体社会的功能。

这些工具包括物理工具、人类对自然环境的改造以及不同群体对知识的分配方式等。

学习场是学习者、教学者与社会文化和学习环境发生关系的复杂系统。社会文化等外在因素并不直接作用于学习者，而是通过具体的课程文本和学习内容来影响学习者和学习者的学习活动。学习场独立于学习者之外，是与学习活动有关的客观关系系统。学习者和教学者被各种社会因素影响作用，他们在学习场内凭借自身"能够发挥作用的禀赋"行动产生效用。境脉教学的目的就是实践构建学习场。在既能体现学习者主体意识，又能体现学习活动情境性和社会性的环境中，真正获得一个以学习者为中心的学习情境。通过创设新型的化学教学环境，挖掘学生的主体意识和探究欲望，激发学生的创新潜能和合作精神，着力于教学方式和学习方式的转变。

（四）核心素养：境脉教学的价值追求

《普通高中化学课程标准（2017年版）》将化学核心素养分为五个方面，其中变化观念与平衡思想、宏观辨识与微观探析和证据推理与模型认知三个核心素养培养学生的学科思维观层面，科学探究与创新意识培养学科实践观层面，科学态度与社会责任培养学科价值观层面。核心素养并不是通过教师的讲授"教出来"的，必须在真实的问题情境中由学生主动建构获得。因此境脉课程中的目标愿景是多元的、多样的和层次性的。本课题选择的宏观辨识与微观探析核心素养是化学学科的研究视角，是化学不同于其他自然科学，最具特色的化学核心素养。

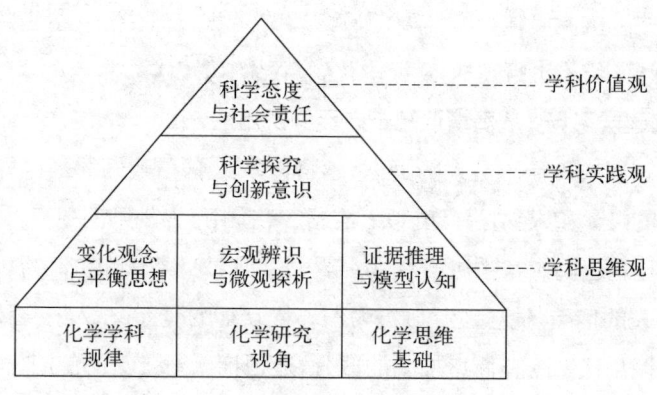

图 0-1-1

境脉教学是以学生的高度参与为特征的教学方式,它不同于边听讲、边解读教材的被动学习,而是把学生纳入学习活动以及活动思考的能动学习。在课堂教学中,教师的教需要根据学生的学进行调整优化,学生能动学习则是一种深度参与课堂,在讨论探究中体悟知识的过程,这就是深度教学。深度教学并非是知识广度的提高,也并不是知识深度的无限加深,而更多的是指在教学过程中引导学生对知识进行深度处理,将知识由符号系统转变成可以理解从而掌握的意义系统。在这个过程中,化学核心素养得以培养和建立,化学教学目标得以达成。

二、境脉教学的动力机制

(一)学生角色的转变——积极主动的探究者

长期以来,化学教学对教师主导作用的理解和实施存在错误解读,过分的重视教的技巧、方法和内容,以至于忽视学生的学,换而言之,习惯于把教师的主导作用和为学生学服务人为地割裂,把学生的主体地位视为被领导地位。学生学习的过程固然是在教师引导下进行,但是有其存在的规律。教学是为学习服务的,学习是教学的出发点。学习是学习者自身的行为,是独立自主的活动,无法为教而代替。

境脉教学中,学生并非是单向式知识传递型的被动学习,而是一种"能动学习",在这种学习中,学生参与争论、发表、书写、实验、探究等学习活动,伴随着知觉、记忆和思维等认知过程的外化。这种主观能动性的转变,一是要来自学生的内驱力,更重要的是要通过教师教学的方式和内容来激发。学生作为积极主动的探究者主要从以下几个方面来体现和评价。

(1)学生参与了听课之外的其他学习活动

(2)教学目标以素养培育为主,信息传递为辅

(3)学生在学习活动中存在有效的分析、综合、评价等高阶思维

(4)学生在学习活动中存在元认知过程和价值观判断

(5)学生在学习活动中存在师生对话、生生对话等协同性的学习过程

(二)教师角色的重建——善于反思的指导者

在境脉教学中,教学目标的确定,教学内容的取舍,教学方法的选择,教学进

程的把控都由教师决定和负责,学生由于自身知识经验的发展不成熟,无法决定以上过程。教师不可能构成学习场的全部,却能把各种外部环境和资源集中起来发挥作用,激发学生的学习动机,部署学生的学习行动,影响学生的学习方式方法,从这个意义上来说,教师的作用不应弱化,也不能弱化。

1. 从知识传播者到人生引路人

传统的教师是课程知识的"传递者"、学生学习课程知识情况的组织者、学生掌握课程知识的评价者。学生作为知识的"存储器",教师对学生的情感、态度、价值观等的关注往往欠缺,随着科技的发展,教师作为知识传播者的角色受到巨大冲击,知识来源日趋多元,知识广度深度膨胀,教师传播知识的角色逐渐淡化,使他们能够重新回到育人这一根本任务上来。教师承担的教育角色例如能力培养、价值引领、情感感化、信仰建立、品德养成等作用将会凸显。

2. 从课堂主演者到课堂导演者

"主演式"教师把课堂当成展现自身才华的地方,把学生当成知识的附庸,忽视学生的自主性学习和个性化发展。这种角色扮演偏离了新课程改革的核心理念——以学生为主体,以学生的发展为本。新课程新教材的改革要求教师更新教育观念,转变教师角色,把自身定位为学生学习的促进者,发展的伴随者,引导学生学会学习。教师应成为学生自主学习的答疑者和引导者,应善于发现不同层次学生的特长并给予差异化的培养。第一,引导学生确立适当的学习目标,并确定和协调达到目标的最佳途径;第二,指导学生形成良好的学习习惯,掌握学习策略和发展元认知能力;第三,激发学生的学习动机,培养学习兴趣,充分调动学生的学习积极性。

3. 从教学管理者到学习交往者

在传统教育中,教师扮演教学管理者角色,导致了"教师中心论"。教师作为教育教学管理者,主要表现为两个方面:一是学生集体的领导者,二是纪律的执行者。这样教师往往处于至高无上的位置,具有至上的权威,容易造成师生以知识为中心的授受关系、主从关系和不平等的权威和依赖关系,形成主客截然分开的角色,这就如同在师生的角色之间划开了一条鸿沟,给师生的交往互动造成了阻碍。

其实,教师是学生学习的合作者、引导者,对教学过程的本质认识不能仅停留在认识过程上,而应该看到教学过程也是一种交往过程。教学过程是师生交往、共同发展的互动过程。教学即交往,没有交往就没有教学,对教学而言,交往意味着人人参与,意味着平等对话,意味着相互构建。它不仅是一种教学活动方式,更是师生之间的一种教育情境和精神氛围。师生关系是一种平等、理解、双向的人与人的关系,教师和学生两者在人格上完全平等。传统意义上的教师教和学生学,将不断让位于师生互教互学,从而形成一个师生共振的学习共同体。

4. 从教书匠到研究员

教师角色要发生转变,迫切要求教师成为自己教育教学实践的研究者,新课程新教材给教师提出了多方面的挑战,教育将变得越来越复杂,也将充满越来越多的不确定性和多样性。教师只有把自己定位在研究者上,才能成为教学改革的积极参与者和主动适应者。同时,教学工作也是富有创造性的,教师要对自己的已有实践经验进行多层次、多角度的分析,以便对自己的教学实践经验有一个理论上的解释和提升,成为不断反思的"反思实践者"。

(三) 知识与素养的协同——辩证统一的系统体系

化学学科拥有相对完整、系统的知识体系。这一知识体系一方面构成了学科的课程内容,另一方面也在无形中限定了教学的学科边界。学科知识取向的教学设计,遵从学科知识的逻辑,关注学科知识体系,不可避免地强化了学科的边界,导致学科本位,不利于人才的全面发展。我们不仅仅需要关注学生记住了多少学科知识,更重要的是要关心他们对化学知识产生了多大程度的兴趣,有没有感受到化学的魅力和价值。如果仅仅依据前者进行评判,那么教学就可能沦为简单灌输;而只有关注并着意于后者,才有可能成为高质量的知识教学。境脉教学取向的教学设计,在尊重学科知识的同时,就是要把关注点放在"人"上,关注学生的发展和成长,以学生的整体发展作为教学设计的内在逻辑,并以此为标准不断提升和改进课堂教学的质量。

化学知识源自化学家的研究实践,经过学科化、课程化、教学化和学生化,化学知识最终又回到了人。化学作为一门自然学科,它同时研究着微观世界和宏观世界,这既是化学的优点,又是化学的缺陷。微观内容在教学上存在极大的情境化和表征化困难,微观表征模型存在自身的局限性。作为简化的模型,其自身并无法清楚地解释从宏观、中观和微观层次的所有化学和物理现象,这是造成化学学习困难的最主要原因。因此宏观辨识和微观探析核心素养是化学认识世界特有的学科视角。在把"研究的化学"逐步变为"学生的化学"的过程中,当我们既对知识进行了恰当的技术化处理,又用艺术化的方式予以呈现的时候,教学就不再是单纯的传播与记忆,而是能够真正将知识内化到学生的认知结构当中去,在此过程中核心素养的建构与塑造也变得水到渠成。

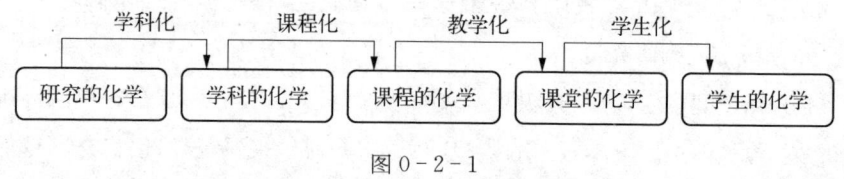

图 0-2-1

(四)重结果和重过程——关注知识的来源和意义

1. 重建化学知识的生成过程

过去我们常常以知识的掌握程度来评价教学设计的成败,课堂上急于给予学生所谓正确的结论。学习本身是一个批判思维和问题解决的过程,它既要植根于情境之中,又要超越情境并应用到新的情境中,直接给予学生结论性的知识显然对于核心素养的培养无任何意义。境脉教学倡导溯源知识的生成过程,还原化学家探究知识的过程,并以一种简化的情境和方式呈现出来,使学生经历模拟的情境体验,拉近学生和化学核心概念的距离,并产生情感上的共鸣。

2. 彰显化学知识的实践价值

在知识爆炸的时代,为了适应社会的发展,有人尝试用填鸭式教育在最短的时间内让学生掌握尽可能多的知识。结果是,学生在学习中虽然接受了诸多化学知识,在学校考试中取得了好成绩,但是却很难"学以致用"。尤其是遇到与化学学科相关的真实情境时,不能综合调用已有知识,将认知转化为实践,更谈不上创新。

境脉教学要求教学设计要回归生活世界,通过情境创设、知识重组,紧密联系学生已有的生活经验,调动其前科学概念,例如,有机化合物、金属材料、非金属材料、化工生产与人类的生命活动、衣食住行均休戚相关,将营养饮食、健康医药、新能源新材料等学科内容渗透到教学中,并将世界的复杂性与化学的逻辑性加以比较和关联,让学生体会到化学的实践价值。

3. 实现化学知识的个人意义

客观主义知识观下,教学只是作为传播抽象性、结论性、概括性知识的过程,但是知识来源于个体的主观创造,并非只有客观性的特点,只有与个人经验与信念紧密结合起来后,知识才能成为力量。

境脉教学不应只是传授知识点,而应该引导学生的具身认知,逐步形成带有个人印记的独特的知识体系,在教学设计中,不过分强调化学知识的模块化和模式化,而是关注每个学生的多元智能和不同思维品质,促进学生在学习过程中自主学习、自主诊断、自我建构,保护他们的可持续的化学学习热情,支持学生对习得的化学知识进行自主探究、开拓应用的尝试。

三、境脉教学的教学范式

(一) 分解核心素养、明确目标导引

教学是承担学生核心素养培养的重要载体,因此教学设计的取向与核心素养之间存在关联是新时代教育理念指导下的必然。化学核心素养不可能凭空产生。核心素养是内隐在化学教学内容中的,是学科知识不断积累深化的结果。因此,要合理设计我们的教学内容,充分依托概念原理、元素化合物、化学实验、有机化学等各部分知识,建立与核心素养之间的关系,达成发展核心素养的目的。

1. 核心素养的关系:相辅相成和有所侧重

化学学科核心素养有多种,结合不同的教学内容,其侧重点自然不同。例如化学反应原理部分,更加突出宏观与微观结合的思想,透过化学实验现象认识其本质。其中盐类的水解的知识,宏观表现为溶液显示不同的酸碱性,微观表现为弱酸或弱碱离子与水电离出的离子结合生成弱电解质,使水的电离平衡被破坏;原电池的知识,宏观表现为电流的产生,微观则为负极失去电子,阳离子在正极得到电子的变化,等等。但是所有宏观现象的取得,都是以化学实验为手段的,结合实验现象,我们要进行推理分析才能认识到微观本质,从而帮助我们建构盐类水解、原电池等的基本思维模型,强化我们对模型认知思维的理解,在此基础上,我们运用这些模型对生产生活中的一些实际问题做出正确的解释,突出了化学知识学习的社会价值。所以,以化学教学内容为载体发展化学核心素养,要注意不要

将素养割裂开来，要将其视为一个整体进行全面的认识。

2. 核心素养的解构：素养导向的目标设计

核心素养的落地依赖每节课的有效落实，解构核心素养，对每个课时的教学目标进行素养化设计，既是境脉教学的价值引领，也是最终归宿。建立素养导向的境脉教学的目标旨在分解每个教学环节中的核心素养元素。例如水的电离一课是以溶液中的分子与离子为核心，以微粒观的视角认识溶液中存在的几种常见的离子平衡，包括电离平衡、水解平衡、沉淀溶解平衡等，从理论层面揭示离子反应能否进行的本质。本课的教学，需要抓住宏观辨识和微观探析这一核心素养，帮助学生从微粒的角度来进一步认识物质在水溶液中的行为，我们以"宏观辨识和微观探析"核心素养为例，对目标素养化进行结构建模，它包含五个脉络：

首先，学习脉络，它基于本单元（本课）核心主干知识学习的化学核心观念，根据学生的认知特点进行分解，例如我们将"宏观辨识和微观探析"核心素养分解为宏观辨识——符号表征——微观理解——预测应用四个环节。

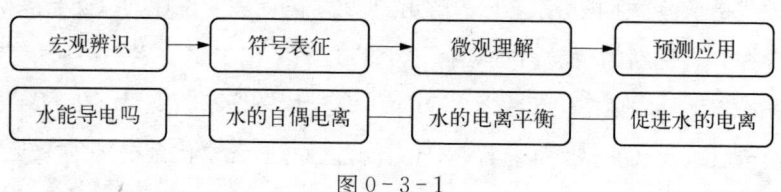

图0-3-1

其次，情境脉络，境脉教学要有目的地引入或创设一定情绪色彩的、以形象为主体的生动具体的化学场景，以引起学生一定的态度体验，从而帮助学生理解化学知识。情境的设定需以特定的教学目标为导向，设计能突出学生主体性、激发学生学习兴趣，具有动态生成空间又一脉相承，选择真实有效的情境，从中衍生出相关的活动和问题，以引起学生的情感认知，帮助学生构建化学知识体系，形成自己的理解。水的电离一课中，就设计了四种以水为主线的情境脉络。（见图0-3-2）

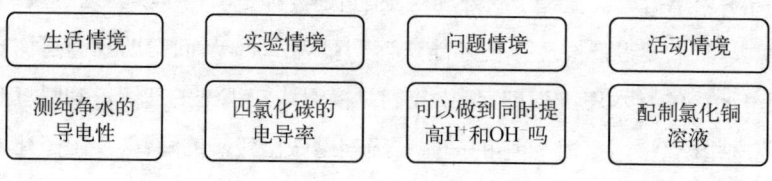

图0-3-2

再次，评价脉络，基于教学评的一致性，坚持把目标转变为评价。学习目标是课堂教学的支点，评价贯穿在课堂始终，促进目标达成。评价既是促进学生学习的重要手段，又是诊断、调控、引导课堂教学的重要工具，评即学、评即教、教即评。基于此，设定四个学习环节对应的评价脉络和评价方式。

从次，活动脉络，学习过程中基于问题解决的思维发展。境脉教学设计的活动脉络以科学探究、实践活动体验为主要学习形式，它既是情境体验，又是任务驱动，保证思维由浅入深地发展，贯穿了整个学习过程的意义发生与价值获得。

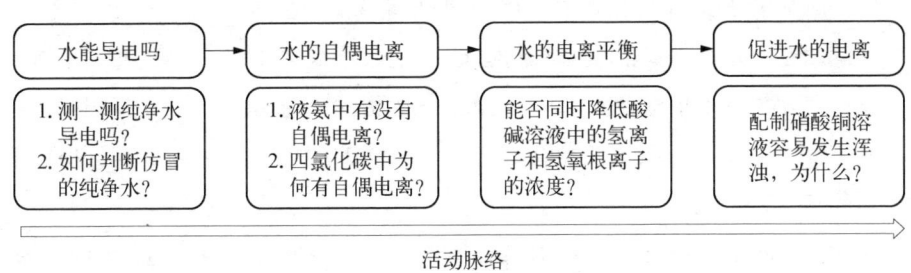

图 0-3-3

最后，思维脉络，知识的获得依赖观念形成和问题解决，问题解决是思维形成的条件保障，思维发展使知识和方法形成了学习过程中的认知价值意义，在学习过程中接纳理解知识并形成用于解决问题的方法规则，掌握相应知识的同时感悟学习。

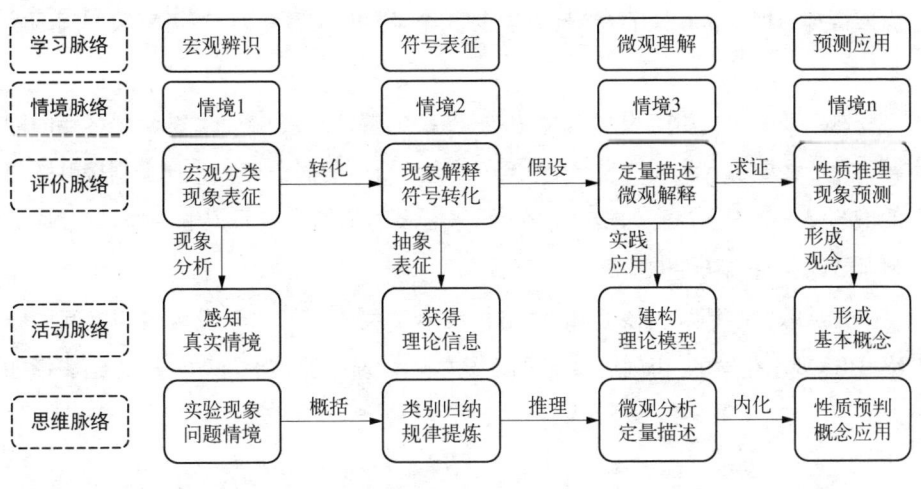

图 0-3-4

（二）基于问题解决、厘清教学境脉

化学教学实际上是解决问题的过程。教师常常利用问题来激发学生的思考、引导其学习化学。课程标准中也强调要培养学生具有较强的问题意识，能发掘并提出有探究价值的化学问题，敢于质疑，逐渐培养出自主思考的能力。可见学生的思维与知识是经过反复思考问题与解决问题形成的。好的提问不仅能够引导师生对话，更能促进学生高认知水平思考与思维的发展。因此，高效的教学得益于有效的问题设计，怎样根据教学内容与学生水平科学设计有效的问题，形成独特的问题脉络，成为了境脉教学中的一个重要环节。

问题设计要有整体观，要重视问题的系统性、层次性，重视问题的相互联系。系统性、层次性好的问题层次分明，犹如给学生提供思维的路标，学生的思维也会富有逻辑性。教师在设计问题时应注意考虑问题的层次，每个层次的问题所要达到目的是不同的。

在设计问题串时，要注意结构基本完整，使其具有较好的逻辑性。为此，必须弄清楚哪些下级问题是上级问题的核心部分、关键部分，哪些是不难解决的一般性问题，做到逻辑层次分明，能突出核心问题，抓住关键问题。另一方面，在重视问题的系统性、逻辑性，做好问题系统设计的同时，还要善于对不重要的问题和太简单的问题做恰当的省略，以免它们分散学生对重要问题的关注，提高问题系统的有效性。还必须注意主题问题、核心问题和关键问题的前导内容和后续内容。应该特别重视背景知识的介绍，使学生了解问题的背景知识，领悟解决该问题的意义。

例如在物质的量的设计教学中，根据学生的认知障碍点就会设计这样的问题："为什么要引入物质的量这个物理量？"相信这是很多高一的同学刚接触物质的量的概念时都会产生的疑问。在教学中，及时把这个障碍点解决掉，这节课的教学效果会有飞跃性的提高。

先从教材中提炼出核心知识点，再结合学生的认知水平设计成初始问题脉络，要体现出化学的"再创造"。例如：高中化学新授课核心问题一般脉络概括如表 0-3-1：

表 0-3-1

引入性问题	（1）引起化学学习的兴趣、提出启动性问题（学生熟知的日常生活中的化学问题或和新课知识有关的问题） （2）启动性问题与正课知识相连的问题
过程性问题	（3）关于难点、强调重点的剖析问题 （4）使学生将已知的知识与新知识连接的问题 （5）化学新知需要解决的实用性问题 （6）实验中的探究性问题
总结性问题	（7）总结一节的反思性问题 （8）针对学习结果的评价性问题

基于以上考虑，又例如：晶体的熔（沸）点高低的比较教学是高一学生学习的难点，它以宏观辨识和微观探析为主要核心素养，在问题脉络设计中，就可以结合核心素养的水平层次，通过设置系列问题将这一难点逐个分解：

(1) 晶体分为几种类型？——引入性问题

(2) 构成每种晶体的微粒是什么？——引入性问题

(3) 是什么相互作用将每种晶体的微粒束缚？——过程性问题

(4) 升高温度到达熔点，离子晶体 $NaCl$、原子晶体 SiO_2、分子晶体 CO_2 中哪种相互作用被破坏？——过程性问题

(5) （提供上述三种晶体内的相互作用的强度数据）升高温度破坏它们的难度如何？——过程性问题

(6) 分子晶体的共价键强弱与分子晶体熔沸点有无关系？为什么？——总结性问题

(7) 常见晶体的熔（沸）点应该如何比较？——总结性问题

（三）关注学习元认知，纠正认知偏差

元认知即认知的认知，关注学习者在认知活动中对自身的认知过程进行监控和调整的心理特征。它涵盖学习者的自我观察、自我意识、自我调节和自我反思和评价，元认知能力在认知活动中形成稳定的心理特征需要后天的逐步培养和逐步发展。元认知是思维整体结构的内在组织形式，是具身认知的重要组成部分，境脉教学中关注学习元认知能力的培养，有助于避免学习的盲目性和机械性，以

高效率的学习方式增强学习者的化学学习能力。

1. 制造认知冲突情境

学生在化学学习中往往存在前科学概念或迷失概念，境脉教学就是要创造认知冲突情境，造成学生认知上的不平衡，从而激发学生探究的欲望，创造最佳的教学时机，通过学生元认知的调整，消除学生的认知不平衡状态，促进学生认知结构的进一步深化和发展。它包括既有概念探查、冲突情境创设、认知冲突解决、认知结构更新四个环节。在此过程中教师引导学生对旧事物和自身既有观点加以理性分析，取其精华去其糟粕，从而达到认识上的提高。

例如在过氧化钠的教学中，设置如下认知冲突情境：

既有概念探查：水能灭火（隔绝空气，降低温度）

冲突情境创设：水能生火（向包裹过氧化钠的棉花中滴入水，棉花剧烈燃烧起来）

认知冲突解决：过氧化钠与水反应（反应放热和产生助燃气体）

认知结构更新：过氧化钠与水反应是放热过程且放出氧气，过氧化钠是危险品，易引发火灾（物体燃烧的条件是可燃物、助燃物和着火点）

又如在这个实验之后，学生对于反应的本质印象比较深刻，教师可以引导学生预测过氧化钠投入酚酞溶液中的现象，学生往往得出酚酞溶液变红的结论。但是先变红再褪色的实验现象再一次让学生产生了认知冲突，激起了他们强烈的兴趣，这时候通过化合价和过氧化氢的类比分析，学生会对过氧化钠的氧化性和漂白性产生深刻的印象。在实验提供的新的情境中，学生的元认知能力完成阶梯性的上升。

2. 开展反思性课堂活动

学会反思，培养反思习惯，是当前培养化学元认知能力的重要途径。反思过程是主体自觉地对自身认识活动进行回顾、思考、总结、评价、调节的过程，因此，反思是认识过程中强化自我意识、进行自我监控、自我调节的重要形式。化学课堂反思性活动，就是注重留白的作用，教师建构概念框架，让学生展现自己在化学活动中的真实心态和想法，不仅有利于教师了解学生心理、思维及非智力因素等个体差异，更能提高学生解决化学问题的能力，降低忧虑，有效地培养学生学习化学的自信心，促进学生优质高效地学习。

例如在元素周期表的教学中，教师可以尝试开展下列反思性课堂活动。

活动一： 引导学生从哲学中量变与质变的角度思考讨论下面的问题：

概念框架

（1）周期表中有哪些量变？

（2）哪些量变引起了质变？

（3）周期表中金属和非金属的交界处为什么呈现倾斜的锯齿状？

（4）举例说明钠、镁、铝中的量变与质变。

教师总结　略

活动二： 现有的周期表有哪些缺陷和不足？

学生活动　经过小组合作学习后，各组代表发言，提出下列问题：

（1）氢的性质与碱金属性质差别较大，与卤族元素也差别较大。

（2）周期表形状呆板。

（3）周期表中没有体现元素具有多种同位素。

（4）周期间元素的递变性没有充分表现。

教师总结　现有的周期表确实存在一定的缺陷，如何在大家提出的问题上进行改进呢？

（四）建设新型关系，建构学习共同体

分布式认知理论认为，学习具有社会分享的特征，这也是师生作为一个共同体存在的价值所在。基于分布式认知理论，境脉教学强调师生对知识的分享，强调从师生对话和生生对话中赋予化学知识以意义，重视学习共同体的构建。学习共同体不是因为要完成某一项具体的活动而将大家临时集聚在一起的松散团体，而是共同体内所有的成员具有共同的志趣和文化，有共同的目标、信念系统和实践活动。

教师与学生的关系在学习共同体的构建过程中变得平等和自由，教师在课前设计好本节课探究的问题脉络，并将之细化成分散的问题，激发学生的探究欲望和求知欲。在学习共同体中，多倾听学生的声音，引导学生，学生和学生之间进行互助和交流，得到了成果后与全体共同体的成员进行分享。遇到了问题教师不要急于解答，要充分相信学生的能力，在共同体中培养相互帮助、彼此信任的情感，学生自发的驱动力会解决自己和其他成员的问题，并且培养独立和合作思考的能力。

例如在铜及其化合物复习课中，教师设置了如下问题脉络：

铜元素在高中化学中常常存在以上四种形式,它们之间可以相互转化吗?

学生经过讨论和交流生成了很多有价值的问题,把无机化学、电化学、有机化学等板块内容整合连接起来,自身学科认知结构进一步优化,化学核心素养得以进一步提高。

表 0-3-2

转化路线	转化方式	问题解决方式
$Cu \to Cu^{2+}$	H^+不行,需要强氧化剂(Fe^{3+},浓硫酸,硝酸等)	小组讨论
$Cu \to Cu^{2+}$	双氧水,酸性条件下的硝酸盐 制备硫酸铜的方案优劣比较	教师提示
$Cu^{2+} \to Cu$	湿法炼铜:活泼金属如Fe 干法炼铜:氢气、一氧化碳等还原剂	小组讨论
$Cu \to Cu(OH)_2$	电化学法:铜电极电解饱和食盐水	教师提示
$Cu \to CuO$	空气中灼烧	小组讨论
$Cu^{2+} \to Cu(OH)_2$	加入NaOH	直接得出
$Cu^{2+} \to Cu(OH)_2$	加入过量氢氧化钠(铜的两性)	共同探究
$Cu(OH)_2 \to CuO$	加入醛类物质后,再灼烧或加酸歧化	共同探究

(五)利用信息技术,形成混合学习场

随着信息技术的发展,线上学习资源,信息化学习方式,网络思维模式构成境脉教学的重要组成部分,结合线下学习环境和资源共同形成了境脉式混合学习场。这种混合式学习把传统的课堂学习、课后实践和线上学习的优点结合起来,摆脱了时间和空间的限制,学习氛围民主平等,学习内容开放生成,学习场景丰富多元,给予了学习者极大的自由和学习主动性,在支撑深度学习上有着天然的模式优势。例如气体摩尔体积教学中,从境脉教学的理念出发,笔者设计一系列的

混合式学习活动。

1. 分解核心问题、开展云分享式学习

气体摩尔体积所在章节是高中化学学习的起点,学生在物质三态的特征和转化及气体的相关性质上,知识储备不足,且存在不少前科学概念和迷失概念。本课的教学不能急于引入气体摩尔体积的概念,而应将大问题切割成层层递进的核心小问题,构建学习支架:

> 问题脉络:
> 核心问题1:固体镁和铝的摩尔体积有差别的原因是什么?
> 核心问题2:1 mol 铁和 1 mol 铁水的体积为何差别不大?
> 核心问题3:蒸汽机能量来源的奥秘是什么?
> 核心问题4:相同条件下不同气体摩尔体积大致相等的微观原因是什么?

学生以 QQ 群、QQ 群会议等云环境为交流基础,交流既有文本内容,也有图像、声音、视频等超文本内容,云环境下的交流不再是揣摩老师标准答案的一问一答式,而是自由表达观点与想法的分享式学习。学生基于每个核心问题,自由分享自己观点,开展头脑风暴,在聆听他人意见的同时,批判理解能力也得到有效提升,形成对问题更高层次的理解。

2. 注重情境体验、重构混合式学习环境

气体摩尔体积是一个抽象的概念,如何将抽象的概念转化为学生可以体验的实际情境,我们采用了线上体验和线下体验相结合的途径。

线下体验:强磁性球和弱磁性球的堆叠体验,体验固体微粒之间存在着较强的相互作用,液体微粒之间相互作用较弱,所以可以自由流动。固体融化为液体,体积不会发生较大变化,因为这两种状态均为较紧密的排列方式。

线上体验:互动游戏:球盒(信息科技课学生程序设计作品)。通过在线鼠标游戏,体验如何使相等数量的大球和小球占据相同的空间,从而深刻理解 1 mol 气体体积相等的微观原因是气体微粒间的平均间距相等。

混合式体验:寻找合适的方法,测量一个标准篮球的体积,并估算标准状况下 1 mol 气体的体积与 1 个标准篮球体积大小的关系,并拍摄相应的测量视频,通过云平台和大家分享。这种混合式体验活动,不仅锻炼了学生的信息整合能力,

更对学生的跨学科知识迁移的能力提出了学习要求。

3. 开展项目学习,促进教学评的一体化

项目学习强调以项目为主体的任务式学习,关注的是从知识传授到能力发展,从教师主导到学生自主,和境脉教学有着天然的契合点。在设计项目学习活动时,需要强调教学、学习和评价是三位一体的,从而使学习活动的设计意图更为明晰,教学过程更为有效。

气体摩尔体积的教学中设计以神舟飞船火箭发动机为主题的项目学习任务,一方面落实立德树人的根本任务,另一方面侧重于高阶思维的训练和综合表达能力的培养。

项目学习内容:神舟系列载人飞船由专门为其研制的长征二号 F 火箭发射升空,该火箭采用液体推进剂偏二甲肼 $C_2H_8N_2$ 和液态 N_2O_4,点火后发生反应,分组建群讨论,并估算 1 g 的火箭推进剂完全反应后产生气体体积相比较原推进剂增大多少倍(产生气体均折合为标准状况计算),查阅相关文献,对比火箭发动机和蒸汽机,以 PPT 的形式向全班级云展示你的成果并说明火箭推进剂的优点。

该项目是一个综合的深度学习载体,1 g 的火箭推进剂必须按化学反应方程式的投料比计算才能完全发生反应获得最大体积的气体产物。通过计算,发现火箭推进剂体积扩大约 992 倍,而水变为标准状况下的水蒸气体积扩大约 1 244 倍,由此带来认知冲突,火箭发动机的推进效果是不是不如蒸汽机? 当然,仅从体积的扩大是无法解释的,还要综合考虑化学反应的速率、反应的热效应等。学生需通过查阅相关资料,线上和同学互动交流才能完成此项目学习。

构建混合式学习场,有力地推动了学习者作为学习主体,教师作为学习支持者的理念落实,教师在混合式学习中必须将教学目标转变为适切的学习活动和有效的教学行为。随着信息技术和人工智能的发展,必然对教师的知识储备和专业素养提出更高的要求。

(撰稿者:上海交通大学附属中学　张珂)

第一章
境脉教学有真实情境

学习的本质是学生参与真实的情境活动，是与环境相互作用的过程，是形成实践探究能力的过程。为了保证学生参与的有效性，情境必须是真实的，且要以学生的兴趣和需求为基础，如果情境远离学生，就不会有真正的参与。课堂教学应该回归知识的真实情境，提高学生的课堂参与度，让学生通过探究，学会学习，形成社会责任感、参与意识和决策能力，从而促进学科核心素养的发展。

一、构建基于学情的情境目标

在教学中,我们发现了一个值得深思的问题:高分的背后往往隐藏着关键能力的缺失。比如铁在氧气中燃烧的化学实验,在实验时,盛放氧气的集气瓶底部要留一定量的水或放少量细沙,其目的是防止集气瓶炸裂;实验产生的现象为火星四射、放出大量的热、有熔融物落下以及生成黑色固体。这些都是学生熟知的,但是,如果进一步追问:导致集气瓶炸裂的物质是什么?实验现象中的"熔融物"是什么物质?多数学生却目瞪口呆,不知所以。

为了解决这类问题,不少教育工作者已经做了大量研究,例如,有的将 CO_2 的教学内容融合在化学史或生活实际中进行探讨[1];有的则通过科学论证取向,进行原子结构的教学[2];也有的是基于学生的问题来驱动化学概念的生成进行教学[3],等等,都取得了很好的效果。但立足于真实情境来设计化学教学,尤其是在课堂上如何实施方面的研究却比较少见。

然而,教育部制定的《普通高中化学课程标准(2017版)》(以下简称"新课标")对高中化学教学却提出了更高的目标和要求。新课标"基于学科本质凝练了本学科的核心素养,明确了学生学习该学科课程后应达成的正确价值观念、必备品格和关键能力,对知识与技能、过程与方法、情感态度价值观三维目标进行了整合"[4],形成了化学学科核心素养的5个方面,包括"宏观辨识与微观探析""变化观念与平衡思想""证据推理与模型认知""科学探究与创新意识""科学态度与社会责任"[4]。为了如此高的目标的达成,新课标把创设真实情境、激发兴趣、改变学生的学习方式作为重点,在课程内容中提供了"情境材料建议",鼓励广大教师基于真实情境组织教学,这足以见得新课标对情境化学习的重视。

---

[1] 刘玉荣,詹利平.融合化学史和生活的二氧化碳教学设计[J].化学教育,2017,38(17):5-9.
[2] 任宁生,邓小丽.科学论证取向的原子结构教学设计[J].化学教育,2017,38(17):16-21.
[3] 王勇.基于学生问题驱动的化学概念教学[J].化学教育,2017,38(15):6-14.
[4] 中华人民共和国教育部.普通高中化学课程标准(2017年版)[S].北京:人民教育出版社,2018.

要真正有效地解决上述问题,境脉教学中的真实情境的构建是可行的路径之一。为了能够比较准确、清晰地阐述境脉教学中的情境化观点,本文以上海科学技术出版社出版的(以下简称"沪科版")高中化学高一第二学期教材第五章第一节中的"全球性的环境问题——酸雨"[1]为例说明之。

教学中,教学目标是我们课堂教学的核心,教学的一切行为都是围绕教学目标来展开的。情境化的教学目标的确定同样重视教材分析和学情分析。在沪科版教材中,以"全球性的环境问题——酸雨"作为课题,集中精力讨论了酸雨的形成、危害和治理,而对SO_2性质的讨论却相对薄弱。事实上,SO_2是一把"双刃剑",其广泛的应用价值不容忽略。教材侧重于酸雨问题,增强环保意识固然很重要,但忽略其正面作用也是一种缺憾。我们学习SO_2的性质,正是为了有效地控制其负面作用,使之能够更加有效地为人类服务。因此,课堂学习中,还应该突出SO_2在生产生活中的应用。

SO_2有关知识,实际上既是CO_2等酸性氧化物性质的延伸,也是氧化还原反应、原电池原理等知识的拓展应用,同时对H_2S与S性质也起到补充和完善的作用。因此,学生具备了学习SO_2的知识基础,具备了利用情境素材进行分析的能力,也具备了合作探究的学习能力。这些能力为学生的主动参与提供了保障,为完成从真实情境中发掘、梳理、分析、推理和实验取证,构建SO_2知识体系提供了保障。

因此,在二氧化硫的教学中,可确定如下教学目标:通过有关SO_2的真实情境,探究SO_2的知识、SO_2的应用价值;通过发现问题、实验探究和证据推理,构建模型认识,促进关键能力的形成;通过多范围、多维度的合作学习,体验同伴互助过程中学习的快乐。

二、真实情境素材的选择与分析

境脉教学是有真实情境的教学,其理论依据是情境学习理论。该理论是由美

---

[1] 高级中学课本化学(高中一年级第二学期)[M].上海:上海科学技术出版社,2007:6-9.

国加利福尼亚大学伯克利分校的让·莱夫(Jean Lave)教授和独立研究者爱丁纳·温格(Etienne Wenger)于1990年前后提出的。在情境学习理论看来,知识是基于社会情境的一种活动,而不是孤立的、独立存在的对象;知识是个体与环境进行交互过程中建构的一种状态,而不是既定的、固定不变的事实;知识是人类协调一系列行为,去适应动态变化发展的环境的能力[1][2]。因此,知识是情境性的,而学习也理应是在情境中进行的,所有教学都应该是情境性的[1]。

根据上述理论,知识的呈现方式要基于真实情境,学生的学习过程也强调实践和交互讨论的情境化。学生课堂参与度是情境化学习的外在表现。学生在教师的组织下,通过对情境素材的分析,提出问题,展开有序研究,或实验设计和操作,或学生交互讨论,或教师释疑解惑,最后共同总结,形成模型认知。这一系列的学习过程中,无论是听、说的对话,还是合作的实验操作,亦或是思考、记录、展示等等,都融入了学生的参与意识,这种情境化的化学教学是提高学生课堂参与度的有效途径,对促进学生形成正确价值观念、必备品格和关键能力具有重要意义。

基于真实情境来组织教学的关键是情境素材的确定。这需要教师多途径、多渠道地收集相关资料,从中遴选出与教学密切相关、对发展学生学科核心素养具有积极作用的有效素材,精心编排,形成情境素材库,以便教学中灵活应用。

真实情境素材的类型可以分为化学史实、化学典型事件、化学实际应用和化学实验及现象等。知识植根于情境之中,选择合适的情境资料是提高学生课堂参与度的关键。但情境资料不能是日常生活资料的简单堆砌,要基于教学目标,紧扣教材,要精心选择,将内嵌了学习内容的真实案例整合为学习脚本,以文本、图像、视频、实验、应用等形式再现于课堂,构筑合作学习的环境。例如,二氧化硫的情境素材涵盖了多种类型(见表1-0-1)。在课前将情境素材印发给学生,供学生结合教材自主阅读来学习。这样做可以使学生的思考时间充足,效益高。

---

[1] 梁影,倪其育.基于情境学习理论的学习环境设计原则[J].扬州大学学报(高教研究版),2009,13(1).
[2] 杨焓.情境学习理论及其对教学改革的启示[D].武汉:华中师范大学,2012.

表1-0-1 用于二氧化硫教学的情境素材

序号	情境素材类型	用于二氧化硫教学的情境素材
①	化学典型事件	2007年4月18日央视新闻报道的视频： 2007年4月16日贵州息烽县，因磷肥厂出现吸泵跳闸而造成SO_2泄露，导致附近450多名师生中毒住院，经医务人员全力抢救，所幸没有造成人员伤亡。
②	化学实际应用	常见制冷剂的沸点数据： | 制冷剂代号	R717	R22	R764	R600a	R134a
---	---	---	---	---	---
化学式	NH_3	$CHClF_2$	SO_2	C_4H_{10}	$C_2H_2F_4$
沸点/℃	−33	−41	−10	−11.8	−26	
③	化学实际应用	《化学鉴原补编》记载：凡藏酒之木桶烧硫于其内，则木质之孔所含能发酵之物即灭，藏以新酒而不致再发酵。
④	化学实际应用	世界著名葡萄酒的标签上面清楚地写着"二氧化硫"，葡萄酒不能马上喝，要先"醒酒"或"摇杯"。
⑤	化学实际应用	中华人民共和国食品安全国家标准(GB)有这样的记载：二氧化硫(sulfur dioxide, CNS号05.001, INS号220；功能：抗氧化剂、防腐剂、漂白剂)在食品行业的最大使用量(以残留量计)规定：经表面处理的鲜水果为0.05 g/kg，水果干类为0.1 g/kg，甜型葡萄酒及果酒系列产品为0.25 g/L。我们需要知道更多的SO_2的性质。
⑥	化学实际应用	以下与SO_2有关的两种电池： SO_2—空气构成的质子交换膜燃料电池，反应方程式为：$2SO_2 + O_2 + 2H_2O \rightleftharpoons 2SO_4^{2-} + 4H^+$。 Li—$SO_2$构成的电池，其中发生的反应方程式为：$2Li + 2SO_2 \rightleftharpoons Li_2S_2O_4$（连二亚硫酸锂）。
⑦	化学实际应用	工业生产硫酸的重要步骤是将SO_2转为SO_3，并且用氨水吸收多余的尾气。
⑧	化学实际应用	造纸工业上常用SO_2处理，使纸张变白，但陈年老报纸会发黄。

续 表

序号	情境素材类型	用于二氧化硫教学的情境素材
⑨	化学实验及现象	课堂中,可能用到的实验器材如下: 四只盛装 SO_2 的集气瓶和一瓶 H_2S,正立于实验台上;品红试液、酚酞试液、石蕊试液、NaOH 溶液、$KMnO_4$ 酸性溶液、Br_2 水(新制)、Cl_2 水(新制)、SO_2 饱和溶液(新制)、$BaCl_2$ 溶液;试管、试管夹、酒精灯、水槽等。
⑩	化学实验及现象	将品红试液、含有酚酞的 NaOH 溶液、Br_2 水分别逐滴滴加到 SO_2 饱和溶液中,有色溶液均褪色。
⑪	化学实际应用	化石燃料中通常都含有硫元素,燃烧时变为 SO_2 而造成酸雨,其主要成分为硫酸。20 世纪 40 年代英国工业城市伦敦出现"酸雨",20 世纪 50 年代美国某工业城市出现"酸雨",20 世纪 80 年代以来我国南方工业城市如重庆、贵阳等出现"酸雨"以及 1994 年重庆市下了四场黑雨。酸雨对动植物生长、建筑物等造成严重危害。

基于真实情境的学习,有助于学生产生好奇心和探索的欲望,但由于学生个体情况不同,课前阅读的效果也可能不同,教师应该关注到这种差异,给予不同的指导,为学生逐渐提高学习能力提供帮助。

三、化学知识的情境化处理

在附有真实情境的境脉教学中,其核心是情境资料与化学知识的密切结合,把化学知识和情境有机融合,这样才能使化学知识活起来,使其价值外显并贯彻到育人的目的中去。例如,在 SO_2 的教学中,主要以文本形式呈现了 11 个 SO_2 的典型实际事例(表 1-0-1),其中①主要用于引入新课,而①②⑨涵盖了 SO_2 的色、态、味、毒性、密度、溶解性、易液化等物理性质;③④⑤涵盖了 SO_2 的防腐性能;⑥⑨⑩涵盖了 SO_2 的酸性氧化物的性质和还原性、氧化性;⑨⑩涵盖了 SO_2 的漂白性;⑪涵盖了酸雨的形成和防治。将这些情境资料在课前分发给学生,要求学生提前阅读,理解资料中所陈述的内容。这样做有利于节省课堂时间,提高课堂效率。

教学中,针对 SO_2 的泄露事件,提出避免此类事件再次发生的合理化建议的问题,让学生在讨论中意识到知识不足带来的困惑,从而产生进一步学习 SO_2 的知识需要。由此引入课题,开启学习新知识的活动。接下来的教学内容主要包括三部分:SO_2的物理性质,化学性质(包括SO_2与水的作用、氧化性和还原性、漂白性)和酸雨的形成、危害及防治。在情境化教学中,值得重视问题有两方面:其一是教师定位于组织者、指导者;其二是讨论小组成员之间的协作,采用对话、商榷、启发、争论等形式进行学习。在教师组织下的交互式研讨是课堂的主体,是情境化教学的主要表现形式。

为使情境素材更好地发挥作用,提高学生的课堂参与度,保证学生合作学习的有效性,在课堂上宜采用小组交互讨论的形式进行。

1. 组建交互讨论小组

组建讨论小组是情境化教学的保障。由于学生基础各不相同,在组建讨论小组时,采用自愿组合和教师建议相结合的方式,使组内各类学生的分布相对均匀,这样可以保证交互讨论过程中的有效性。在讨论小组中,要设置组长(起协调、组织作用)、实验主操作员(组织各成员有效完成实验设计和操作)、记录员(负责记录实验现象、组员发言内容等)和陈述员(代表小组主要发言)等,而小组内部的分工只是便于形成不同侧重点的讨论中心,以便促进更好的合作和交流。

2. 学习活动设计的情境化

既然知识是在情境中生成的,那么学生的课堂学习也要情境化。情境学习理论认为,学习的本质是学生参与真实的情境活动,与环境相互作用的过程,是形成实践探究能力的过程。所以学习的核心是参与[1],在参与的相互作用中,对知识建立合理的解释和灵活的应用[2]。

课堂上,学生的参与度与学习效率直接关联,参与的意义包括两方面:一是塑造个体学生的自身身份,也就是能够被讨论小组的其他成员接纳和认可,成为其中的固定成员,而不是袖手旁观;二是形成积极的学习动机。当学生参与活动获得知识或应用知识时,就拥有了参与的内在价值,又会更加投入地参与活动,积极地完成任务。这两方面是紧密联系在一起的,学生越是投入地参与活动,就越能体会到个体身份的价值,就会更加投入时间和精力。为了保证学生参与的有效性,情境必须是真实的,且要以学生的兴趣和需求为基础,如果情境远离学生,就

---

[1] 姚梅林.从认知到情境: 学习范式的变革[J].教育研究,2003,2: 60.
[2] 梁影,倪其育.基于情境学习理论的学习环境设计原则[J].扬州大学学报(高教研究版),2009,13(1).

不会有真正的参与。

四、情境化课堂教学的实施

化学课堂教学应该回归知识的真实情境,尊重学习规律,提高学生的课堂参与度,让学生通过对化学知识的探究学会学习,培养认知思维、推理论证、实验探究和综合分析等学科能力,形成社会责任感、参与意识和决策能力、创新精神和实践能力等关键能力,从而促进化学学科核心素养的发展。

1. 合理设计导入新课的情境

时间分配:约 5 分钟。

情境素材:播放表 1-0-1 中①的情境素材——2007 年 4 月 18 日央视新闻报道的视频剪辑。

提出问题:为了杜绝这类事件的再次发生,你能够提出什么样的合理化建议?

师生活动:学生思考、小组内相互讨论。教师收集学生讨论得出的结论(见表 1-0-2)。

表 1-0-2 在学生讨论中收集到的结论

序号	学生讨论得出的结论
①	SO_2 有毒,应该禁止使用
②	建议政府取缔该磷肥厂
③	SO_2 能造成酸雨,要勒令禁止使用
④	不能禁止或取缔,要加强环保措施,可是不知道怎么做
⑤	我们需要知道更多的 SO_2 的性质
⑥	……

师:究竟该怎么做更好,这需要综合分析 SO_2 的利弊,为此有必要进一步认识 SO_2 更多的性质,这是本节课我们要共同努力而完成的学习任务。

2. 构建二氧化硫的物理性质

时间分配： 约 8 分钟。

提出问题： 研究物质的物理性质主要是从色、态、味、水溶性、毒性、密度和熔沸点等方面。那么 SO_2 的物理性质有哪些呢？

师生活动： 侧重于利用实验及现象类的情境素材进行学习。

学生从实验中获取 SO_2 的物理性质的相关情境素材，进行剖析。教师的指导主要是操作的规范性、现象的准确性和推理分析等方面。探究过程，推理、结论及疑问见表 1-0-3。

表 1-0-3　探索 SO_2 物理性质的研究活动记录

序号	情境素材及师生活动记录	推理、结论及疑问
①	观察表 1-0-1 中情境素材⑨盛装 SO_2 的集气瓶；扇闻气体的气味，部分同学操作不够规范，教师及时纠正。	无色；有毒（视频中 SO_2 泄漏造成人员中毒）；刺激性气味；比空气重（因为相同条件下，SO_2 摩尔质量大于空气；盛装 SO_2 的集气瓶正立于实验台上）。
②	研究 SO_2 溶解性时，部分同学不知所措，教师及时发现后指导，并提醒参照其他同学的操作进行实验。 有的同学将盛 SO_2 的集气瓶倒立于水槽中时，发现液面上升但又停下来；有的同学晃动集气瓶后液面继续上升。 教师要求思考"晃动能使液面继续上升"的原因。	由液面上升可知：SO_2 易溶于水。 但不知道出现"液面上升但又停下来"，而"晃动集气瓶后液面继续上升"的原因。
③	将阅读表 1-0-1 中情境素材②、③、④和⑤后的理解，告诉小组内的其他成员（有利于提高学生的参与意识）。	正是因为 SO_2 的毒性才使之具有杀菌作用，在食品安全国家标准控制的残留量允许范围内，可以用作葡萄酒、干果的防腐剂。 但是，饮用葡萄酒之前要"醒酒""摇杯"的原因是什么呢？ 还有，利用情境素材②中提供的"常用制冷剂的沸点数据"可以得到什么结论呢？

学生交流汇报： 由讨论组内负责发言的同学（陈述员）代表小组发言，陈述探索 SO_2 的物理性质过程以及尚未解决的疑难问题。具体内容见表 1-0-3。

教师释疑解惑： 教师针对学生提出的三个疑难问题，进行引导讲解。

① 将盛 SO_2 的集气瓶倒立到水槽中时，液面上升到一定高度会停止上升，是因为液体表面的 SO_2 饱和；晃动集气瓶后，饱和液被稀释，即 SO_2 可继续溶解，液面继续上升。说明 SO_2 在水中溶解度较大。

② 我们饮用葡萄酒时要先"醒酒""摇杯"，其原因是让酒里的用于保鲜的 SO_2 有足够时间溢出，以增加口感、减少 SO_2 带来的不适。

③ "常用制冷剂的沸点数据"中显示：SO_2 的沸点是"-10℃"，说明 SO_2 是容易液化的一种气体，可以用作制冷剂。

共同总结整理： 通过思维导图的形式整理 SO_2 的物理性质。（无色、刺激性气味、有毒、易溶于水，可以作防腐剂、制冷剂。）

3. 构建二氧化硫的化学性质

（1）二氧化硫与水的作用

时间分配： 约 7 分钟。

提出问题： 做一个演示实验给大家看。取少量 SO_2 水溶液，滴加石蕊试液，出现红色，加热，红色消失。这个实验说明"SO_2 水溶液"中含有 H^+，但我们感到奇怪的是：H^+ 是怎么产生的？加热时，红色又是怎么消失的呢？请大家思考这个问题。

师生活动： 侧重于结合教材对实验现象进行微观分析，形成模型认知。讨论过程中学生出现的情况见表 1-0-4。

表 1-0-4 学生在讨论活动中的思想记录

序号	在讨论中学生出现的情况
①	有的…眼睛瞪大了！确实感到奇怪了，因为，这里没有酸呀！
②	有的…似乎明白了，确定有反应发生，且生成了酸。但哪种物质反应呢？一时说不上来。其实答案已经在嘴边了。
③	有的…在思索：加热，红色怎么会消失呢？

师： 请大家回忆，像CO_2和SO_2这样的氧化物叫做酸性氧化物，CO_2可以和水反应生成碳酸，则由此推断，SO_2也能与水发生反应。另外，建议大家阅读教材相关内容："……溶于水的SO_2与水反应生成了亚硫酸。亚硫酸是一种弱酸，它不稳定，容易分解。"请同学结合这段话解释上述实验现象。

学生交流汇报： 讨论组的陈述员代表小组发言，教师指导或纠正，具体内容见表1-0-4。（溶于水时，发生化学反应：$SO_2 + H_2O \rightleftharpoons H_2SO_3$，加石蕊试液时，可以出现红色；加热时，$H_2SO_3$分解：$H_2SO_3 \xrightarrow{\triangle} SO_2\uparrow + H_2O$，$SO_2$溢出，自然就出现"红色消失"的现象。）

教师释疑解惑： CO_2和SO_2都属酸性氧化物，所以还可以与碱、碱性氧化物发生反应。像这样，通过物质的类别来研究无机物的性质是我们认识新物质的重要途径。

共同总结整理： 补充完善SO_2性质的思维导图。（SO_2溶于水后，可与H_2O进行化合：$SO_2 + H_2O \rightleftharpoons H_2SO_3$；受热时，$H_2SO_3$又会分解：$H_2SO_3 \xrightarrow{\triangle} SO_2\uparrow + H_2O$。）

（2）二氧化硫的氧化性、还原性

时间分配： 约10分钟。

提出问题： 在表1-0-1中情境素材⑥所提供的化学反应来看，两者都属于氧化还原反应，为进一步认识SO_2的氧化性和还原性，你能否从化合价的角度来加以分析？你得出的结论是否可以通过实验来验证？

师生活动： 侧重于证据推理与模型认知。在教师的帮助下，由硫元素的常见化合价推理得出结论，再通过实验论证结论的正确性。师生活动过程记录见表1-0-5。

学生交流汇报： 讨论组的陈述员代表小组发言，陈述本组活动情况，具体内容见表1-0-5。

教师释疑解惑： 通过元素的化合价变化来认识物质的氧化还原性，也是我们研究物质性质的重要途径。从含硫元素的物质H_2S、S、SO_2、SO_3、H_2SO_4，可以推知硫元素常见化合价有-2、0、$+4$、$+6$四种，其中SO_2中硫元素（+4价）是中间价，所以SO_2既有还原性又有氧化性。

表1-0-5 探索SO_2氧化还原性的研究活动记录

序号	情境素材及师生活动记录	推理、结论及疑问
①	有的同学对于氧化性、还原性的概念淡忘了(教师要及时为学生提供帮助)。 根据表1-0-1中情境素材⑥提供的化学反应可以推知:SO_2既有氧化性又有还原性。	在SO_2—空气电池反应中:$2SO_2 + O_2 + 2H_2O = 2SO_4^{2-} + 4H^+$,硫元素价态升高,$SO_2$表现出了还原性。 在Li—$SO_2$电池反应:$2Li + 2SO_2 = Li_2S_2O_4$中,硫元素价态降低,$SO_2$表现出了氧化性。
	在表1-0-1中情境素材⑦阐述了工业生产硫酸的关键步骤是将SO_2转化为SO_3,硫元素价态升高。	SO_2转化为SO_3的过程中,因硫元素价态升高,故此反应中SO_2也表现了还原性。 有的同学弄不清硫元素常见的化合价究竟共有几种。
②	如何通过实验来证明SO_2具有氧化性又具有还原性呢? 有的同学感到困惑;也有的同学设计的实验不规范,或现象不明显。 根据教师提示和教材阅读,有的同学"把SO_2和H_2S混合,发现瓶壁有黄色粉末和小液滴";又"将少量$KMnO_4$酸性溶液逐滴加到SO_2饱和溶液中,褪色"。	根据化合价的变化规律,由"瓶壁出现黄色粉末和小液滴"的现象,确认SO_2把H_2S氧化了,表现了氧化性。 由"$KMnO_4$酸性溶液褪色",表明SO_2被氧化了,表现了还原性。

共同总结整理: 在思维导图中完成知识总结。(SO_2既有氧化性:$2H_2S + SO_2 = 3S + H_2O$;也有还原性:可以使$KMnO_4$酸性溶液褪色,在表1-0-1情境素材⑦中工业制硫酸过程中也用到SO_2的还原性。)

(3) 二氧化硫的漂白性

时间分配: 约10分钟。

提出问题: 在表1-0-1情境素材⑩中,描述了向SO_2饱和溶液中分别滴加三种有色溶液时,有色溶液均会褪色。果真如此吗? 请通过实验验证,并通过实验来寻找褪色的原因。

师生活动：侧重于实验设计、操作和剖析现象类的情境素材应用。教师巡回视察、参与研究、适时为学生的探究提供帮助。师生活动过程情况记录见表1-0-6。

表1-0-6 探索SO_2漂白性的研究活动记录

序号	情境素材及师生活动记录	推理、结论及疑问
①	多数同学验证了表1-0-1中情境素材⑩中的实验现象，但设计出"探明其原因"的实验比较艰难。	
②	"有色溶液褪色"，一定是SO_2的某些性质导致的，但具体是哪个性质，一时想不出。	
③	将少量含有酚酞的NaOH溶液滴加到SO_2饱和溶液中，褪色。根据SO_2的性质来推测：应该就是NaOH被消耗掉了，而过量的SO_2饱和溶液显酸性，但怎么证明呢？教师建议：将褪色后的溶液分为两份，分别补加NaOH溶液和酚酞试液。	向褪色后的溶液中，补加了NaOH溶液，结果又出现红色，而补加酚酞试液时则不会再现红色。由此推断，"NaOH溶液被SO_2耗掉了"的结论是正确的。
	向溴水中滴加SO_2饱和溶液，褪色。但设计不出实验来探明原因。	根据SO_2还原性，可以推断：溴水褪色的原因应该是Br_2被SO_2还原为Br^-，而SO_2被氧化为SO_4^{2-}。
	教师建议：在褪色后的溶液中，补加$BaCl_2$溶液，再加硝酸，结果出现白色沉淀且不消失。	由此证明，反应中有SO_4^{2-}生成，故SO_2被溴水氧化，表现了还原性。
	向SO_2饱和溶液中，逐滴滴加少量品红试液，褪色，但想不出褪色的原因。教师建议：阅读教材第7页第5行。	SO_2与少量品红试液生成了无色物质。这种SO_2与某些有色物质反应生成无色物质的性质，即为漂白性。
④	表1-0-1中情境素材⑧显示：用SO_2漂白过的报纸，久而变黄。由此推测SO_2的漂白性和氯水是不一样的。怎样用实验证明呢？教师建议：做平行实验。将品红试液分别滴加到SO_2饱和溶液和氯水中，品红都褪色；加热，前者恢复红色。	实验情境探究表明：SO_2的漂白是不稳定的，可逆转的，而氯水则是不可逆转的。

学生交流汇报：各小组的陈述员代表小组发言,讲述自己的成果和困惑,详见表1-0-6。

教师释疑解惑：以上活动中涵盖了SO_2与碱反应、还原性、漂白性以及SO_4^{2-}的检验等,实则是这些知识的具体应用或延伸。这里需要辨析的一对概念是"漂白"与"褪色",两者是有区别的："褪色"可以是SO_2的还原性、酸性氧化物等性质而导致的颜色消失(如溴水、$KMnO_4$酸性溶液、含酚酞的NaOH溶液或含淀粉的碘水等遇到SO_2褪色);"漂白"则是单指有色色素与SO_2等物质生成无色物质的过程。

共同总结整理：完善SO_2性质的思维导图。(SO_2具有漂白性,在加热时又能恢复原来的颜色。这也是SO_2气体的检验方法。)

4. 酸雨的形成、危害及防治

时间分配：约5分钟。

提出问题：在表1-0-1情境素材⑪中显示曾多次出现过酸雨。那么,什么是酸雨?酸雨是怎么形成的?有什么危害?应该怎样防治呢?

师生活动：侧重于通过情境素材分析推理,利用SO_2的知识进行推理。师生活动过程见表1-0-7。

表1-0-7 酸雨的形成、危害及防治研究活动记录

序号	情境素材及师生活动记录	推理、结论及疑问
①	纯雨水样品本来就是酸性的,其pH在5.6—7之间,这是溶解了CO_2的缘故,而酸雨的pH一般小于5.6。	CO_2溶于水,生成碳酸,只显弱酸性;因此,酸雨中一定溶解了CO_2之外的物质。
②	由表1-0-1中情境素材⑪可知,酸雨的主要成分为H_2SO_4,这是怎么得到的?	根据SO_2的性质,SO_2溶于水得到H_2SO_3,又被O_2氧化为H_2SO_4,形成了酸雨。但在大气中,SO_2能直接变为SO_3而成为H_2SO_4吗?
③	根据酸雨的主要成分H_2SO_4的性质可知:酸雨可给动物健康造成不良影响,对植物生长也造成危害。	酸雨对植物生长是怎么造成危害的呢?

续 表

序号	情境素材及师生活动记录	推理、结论及疑问
④	化石燃料中通常都含有硫元素。根据硫及其化合物的性质,燃烧时则转化为 SO_2。所以,控制酸雨就得减少 SO_2 的排放。	由此可知,优先选用低硫燃料(如天然气);对煤、石油进行脱硫处理。

学生交流汇报: 各小组的陈述员代表小组发言,内容详见表1-0-7。

教师释疑解惑: 解答同学们尚未明白的两个问题。根据 SO_2 的性质,其在空气中可以直接被氧化为 SO_3,从而生成 H_2SO_4,但是需要烟尘中的少量金属氧化物做催化剂。酸雨可以直接作用于土壤,使土壤酸化,造成营养成分被酸溶解而流失,植物生长所必需的细菌无法在酸中生存,这些都对植物生长造成了危害。

共同总结整理: 完成 SO_2 的思维导图。(酸雨的 pH 小于 5.6、主要成分为 H_2SO_4;SO_2 的排放造成酸雨;防治酸雨的措施主要有:优先使用低硫燃料;对煤、石油等燃料要进行脱硫处理等。)

在以上课例中,完整地呈现了境脉教学中真实情境在实际授课过程中的位置,从中可以深切地感受到真实情境在授课中的积极作用。每一个教学内容都依照"提出问题、师生活动、学生交流汇报、教师释疑解惑、共同总结整理"完成。"提出问题"主要由教师的讲述(构建 SO_2 的物理性质)、教师演示实验的现象(SO_2 与水的作用)、教师情境事例的分析推延(SO_2 的氧化性、还原性和漂白性)等完成。"师生活动"是针对提出的问题,结合情境事例、实验现象进行对话式研讨,教师参与各讨论组的活动,适时给予帮助,起"脚手架"的作用;研讨活动中,学生的学习通常会出现两种情形:一是可以展示的对知识的感悟,二是需要求助的问题疑惑。这是学生积极参与课堂活动的必然结果,理应得到保护,并为之提供"展示"和"求助"的机会。"学生交流汇报"由各小组选派代表,交流发言,以学习成果的展示和疑难问题的求助为主,其中疑难问题如前所述:喝葡萄酒时要"醒酒""摇杯"的原因、常用制冷剂的沸点数据表的作用、漂白与褪色的区别等等。"教师释疑解惑"主要有以下四种途径:其一是通过讨论组之间的交流来完成,例如常用制冷剂的沸点数据表的作用、SO_2氧化性还原性的分析等；其二是通过阅读教材来完成，例如SO_2溶于水后呈酸性的原因、酸雨中SO_2转化为H_2SO_4的途径等；其三是通过实验现象来完成，例如将SO_2和H_2S两种气体混合来推导SO_2的氧化性、溴水中滴加SO_2水溶液后褪色的原因、含有酚酞的NaOH溶液中滴加SO_2水溶液后褪色的原因、SO_2漂白与氯水漂白的区别等；其四是通过教师的讲解来完成，例如喝葡萄酒时要"醒酒""摇杯"的原因、SO_2的集气瓶倒立于水槽中时液面上升，后停下来，晃动集气瓶后继续上升的原因等。"共同总结整理"主要是通过思维导图的形式对学习成果进行总结，形成相对完整的知识结构。

真实情境是境脉教学的重要组成部分。当化学基础知识和情境紧密地结合在一起时，化学知识便得到活化，也富有了生命力，能够更加有效地激发学生的学习兴趣，学习效率也就得到了保障，为解决前文所提到的学生"知其然而不知其所以然"的尴尬问题提供一条有效的途径。

（撰稿者：上海交通大学附属中学　李可锋）

实践智慧 1-1　头脑风暴情境：元素周期律

真实情境有着多种多样的类型，为使情境更好发挥作用，头脑风暴法是一种有效的教学组织形式。头脑风暴的教学情境能创造活跃的氛围、激发学生主动地探究学习新知，促进学生的学科核心素养的发展。以"元素周期律"课标要求为目标，参考沪科版 2021 年新教材，使用头脑风暴为学习形式贯穿始终，重点使用"化学史实情境"和"科学探究情境"为各个课时的"境"，探索单元教学设计的经验。以知识概念和认知的进阶为"脉"，梳理教学逻辑，选择情境合适的呈现方式，设计了包含 4 课时的单元教学和作业，对如何形成单元之"脉"，因"脉"设"境"的境脉教学思路进行了梳理与探讨。

境脉学习理论把学习者本身看成是个体境脉。该理论认为个体学习的过程就是个体境脉所构成的内部世界和外部信息发生有意义的交互作用的过程[1]。这种学生内部世界和外部世界的交互，以学生课堂参与度和课堂角色互动为主要呈现方式。如何创设构建真实的情境，激发学生内在世界主动地、充满兴趣地与外界未知的新知识产生连接，建构起新的知识结构是应用境脉学习理论的重要一环。本研究以"元素周期律"单元学习为例，通过头脑风暴情境创设出紧密整合的单元教学设计来吸引学生，帮助学生内化新知、实践"境脉"学习理论进行了探索。

一、课堂头脑风暴情境的创建

新课标提倡的真实问题情境，包括但不限于生活、生产、医药健康、科学原理、

---

[1] 王香云.基于境脉的混合式教学研究与探索[J].太原大学教育学院学报，2015，33（02）：93-95.

化学史、游戏等等[1]。高中课堂上,游戏或者多方辩论各抒己见是理科教学中使用较少的情境。这些情境需要被加工以适应课堂的时空学情限制。加工是为学习目标服务的,选取其中与教学内容、学生学情相适应的部分进行删繁就简,适当调整。这种加工不仅仅是内容的加工,也包括对活动组织形式、学习环境、学习氛围的调整。

头脑风暴法是指学习者通过自由联想,无拘无束地讨论,激发集体智慧和提出创造设想的思维方法[2]。它也代表着一种开放交流的氛围和组织形式,以学生为中心,以活动和问题为主线,以平等参与为原则,是头脑风暴教学法的基本特征。通过师生对话、生生对话给学生提供充分交流、思考、探究的机会,是头脑风暴的一般形式;鼓励学生实事求是地追求真理,是教师使用该法时的精神导向。这种学习形式具有培养其质疑、批判、反思、创新等思维品质,培育科学精神的功能。

使用头脑风暴法需要遵循七大基本原则:一、教学内容要具挑战性;二、课堂氛围轻松愉悦;三、鼓励想象,畅所欲言;四、聚焦目标,追求设想;五、鼓励借鉴,改进设想;六、不做评价性判断;七、风暴有限制时间。教师在实施该教学法的时候需要考虑头脑风暴的基本原则。具体来说,需要在课堂开始时抛出明确的需要解决的核心问题,同时将学生分成5—6人一组,经小组讨论后依次发言。对于不能直接获得解决方案的问题,教师提供一定的知识、实验、素材等资源进行学习后再分小步骤逐个进行头脑风暴。尽可能多的获得不同的问题解决思路和理解模式,过程中教师要控制节奏。头脑风暴结束之后,要对形成的方案、获得的知识进行归纳、总结、和评价。

二、境脉学习理论视角下对单元设计的基本理解

1. "境脉"来源于学科本身的知识结构

从课程立场看,单元是一个包含了知识、技能和活动的完整的学习过程[3]。

---

[1] 中华人民共和国教育部. 普通高中化学课程标准(2017年版2020年修订)[S]. 北京: 人民教育出版社,2020: 18.
[2] 马玉兰.运用头脑风暴 培育科学精神[J].中学政治教学参考,2018(19): 41-42.
[3] 上海市教育委员会教学研究室.中学化学单元教学设计[M].北京: 人民教育出版社,2018: 2.

在单元教学设计中"境脉"体现为一个单元的活动脉络，其创设往往是科学探究的逻辑需要和核心知识结构的要求。

元素周期律是中学化学的核心概念之一，能促进学生深化理解元素性质、物质性质及其变化规律。初中阶段，学生主要基于元素视角和分类观认识物质性质；高中必修阶段，学生先学习了卤素和硫氮性质，学会了从价类二维的角度认识物质间的转化。本单元需要学生进一步基于原子结构知识探寻物质转化背后的实质规律，学会理解和运用元素周期律并最终建构"构—位—性"与"宏—微—符"系统认知模型。使自身对元素化合物性质的认知由感性走向理性、从表象走向本质。为之后沪科版必修第二册中的"金属及其化合物"等章节中进一步学习金属元素相关性质知识提供理论指导和学习基础。要实现这一单元的教学目标，情境的创设是一大关键教学策略。

元素周期律所涉及的是抽象的化学基本原理。周期律的发展时代跨度较长，从情境选择上可选择的"真实生活情境"会比较少，而"化学史实情境"则较多，同时如果使用一些"科学探究情境"，则更有利于发展学生的证据推理和模型认知学科素养。一些特别的化学史实情境还可以设计为学生探究活动，比如文献报道过的一则案例[1]，将门捷列夫关于"类铝"的预言，设计为探索"镓"在元素周期表位置的学生探究性活动。受此启发，可以将门捷列夫预言的镓元素作为预测对象，将重走科学家的发现之旅作为整个单元的主线境脉。这样的设计既增加了"化学史实情境"的带入感，又有着"科学探究情境"的参与性，对提高学生迁移运用化学原理的能力有着巨大帮助。

2. 单元学习的境脉有主线、支线、背景等不同范围

娄延果老师提到，大量的课堂教学实践表明，课堂境脉大体有三种类型：单线直通型、多线并列型、多线交叉型[2]。实际课堂中，如果我们将师生互动，学生活动的组织形式以及学习氛围等广域因素都予以考虑，可以发现"境脉"有着更复杂的多种类型。

头脑风暴情境这种交流探索的组织形式，与串联知识的学习情境之间不是

———————

[1] 奚小玲.基于化学学科核心素养的教学实践与反思——以苏教版必修2"元素周期律"为例[J].中学化学教学参考，2019（5）：54—56.
[2] 娄延果.论课堂中的情境脉络[J].教育实践与研究，2021（03）：9—11.

简单的上下、前后的关系,而是一种交融、包含、表里的关系。以本单元而论,化学史实情境毕竟与学生之间存在着时间的距离,而科学探究又有着物质空间和条件的限制。仅仅通过素材和解决问题的逻辑设计情境,仍常常避免不了存在着学生个人内在世界和学习对象外在世界的隔阂。要使内外世界产生交互,创建起轻松、畅所欲言的学习氛围至关重要。因此,头脑风暴可以作为另一个维度上涵盖整个单元的大情境,成为整个单元的大氛围背景的创设策略。在这个大情境之内渗透化学史实情境和科学探究情境,共同组成有背景、有主线、有支线的复杂单元境脉,如图1-1-1。

图1-1-1 单元境脉关系

3. 单元学习的"境脉"要体现学习的进阶

基于境脉教学原理的单元教学设计要注重知识的进阶。本单元设计时,在三个课时之后才建立起来的完整的知识概念结构可用于理解元素周期表并应用在解决真实问题上。从知识内容上看,第二课时可以使用第一课时的内容作为学习工具,同样地,第三课时元素周期表的学习又可以使用前两课的内容作为工具。第四课时水到渠成地介绍当代元素周期表并应用整个单元的知识概念来重现科学家预测未知元素之路。

基于境脉教学原理的单元教学设计要重视认知的进阶。高阶思维的培养,需要有熟练扎实的低阶技能作基础。故而本单元每一节课,都强调回顾、运用上节课学到的观念和角度。认识水平从孤立的微粒原子进阶为原子集合体——元素;从单个元素到多个元素的性质再进阶为一般科学规律元素周期律;从几个方面来考察的元素周期律进阶为多维周期表的系统认识,单元中认知模型环环相扣,逐步深入。

基于境脉教学原理的单元教学设计要重视概念的进阶。一些基本概念学生在学本单元之前可能学过,比如原子结构。然而,初中对原子结构的要求和高中是不同的,高中必修和选择性必修课程的要求也有不同。故而在教学过程中要注意学生掌握这些概念所达到的水平,通过学生在随堂活动中的表现来实时评价学生的概念理解是否发生了进阶,利用头脑风暴的形式,使得每个学生都能在课堂上呈现出他原有的水平,使得课堂评价获得更准确的结果。

三、单元教材教法分析

"原子结构与化学键"一章,是沪科版 2021 年化学必修一中重要的承上启下的单元。对其中除化学键以外的内容进行重构,设计了以"元素周期律"为核心的单元整体教学。本单元中,通过在已经学过氯、硫、氮元素宏微性质的基础上进行归纳总结,认识元素周期表,并建立和使用元素周期律来系统地认识并预测各种元素之间的相似相异性质的模型。本单元教材教法分析结合"境脉"教学理论关注了单元知识与"证据推理和模型建构"这一学科核心素养的联系。

表 1-1-1 单元教材教法分析属性表

项目	属性	属性描述		
单元教学课程标准要求	学习内容学习水平	参考《上海市高中化学学科教学基本要求》以及沪科版 2021 年化学教材确定学习内容与水平		
^	^	学习内容		学习水平
^	^	1. 原子结构	1.1 原子和原子核的组成、原子结构模型	A
^	^	^	1.2 同位素	B
^	^	^	1.3 质量数、元素的相对原子质量	A
^	^	2. 元素性质	2.1 核外电子排布规律、原子和离子结构示意图、常见离子符号、电子式	B
^	^	^	2.2 原子半径、元素主要化合价	B
^	^	^	2.3 元素的金属性和非金属性	B
^	^	3. 元素周期律	3.1 同主族元素性质递变规律	B
^	^	^	3.2 短周期中同周期元素性质递变规律	B
^	^	4. 元素周期表	4.1 元素周期表的结构	B
^	^	^	4.2 元素在周期表中位置与原子结构的关系	B
^	^	^	4.3 元素周期表的应用	D

续 表

项目	属性	属性描述
单元知识与学科核心素养	地位和作用及与其他单元的联系	元素周期律是化学发展史上里程碑式的重要理论。它的设计原理，构建在对原子结构、元素性质的充分了解基础之上。有了必修一第2、3章氯、硫、氮三种非金属元素及其相关化合物性质的学习，学生有了归纳总理解元素周期律的基础。理解了通过周期律图式化形成的周期表，学生能将之应用于必修二中金属元素及其化合物性质的学习上。
	知识结构与学科核心素养	本单元的核心知识结构是元素位置、元素性质和原子结构三者之间"反映"和"决定"的三角关系。掌握了三角关系之后，需要升华为元素周期表的应用能力，其中需要建构元素观、微粒观等5大化学基本学科观念，发展以宏微结合、模型认知、证据推理和树立科学态度为主的学科核心素养。 图1-1-2 知识结构与学科核心素养
学情分析	知识与技能基础	通过之前的学习，学生已经知道原子的基本结构，掌握氧化还原的基本理论，价类二维的分析框架，离子反应的原理，氯、硫、氮三种元素的单质和化合物的性质和基本的实验探究方法。但对于原子核内结构(A)、核外电子排布规律还不熟悉(B)，元素的一般性质还没有经历过归纳和总结(B)，对于元素周期表的基本结构和它的应用还比较陌生(D)。
	兴趣与态度	学生对于系统性探究某种元素的单质及其化合物的性质并进行归纳总结还比较陌生，可以运用学生实验环节增加学生学习兴趣和锻炼实验能力；学生知道一些化学史的科普知识，但是未曾梳理过原子结构和元素周期表的化学史发展脉络，对其中因果关系和实验细节还不甚清楚，可以在本单元深入了解各个代表性科学家的成就，激发科学热情，发展科学态度和社会责任感。高中阶段学生乐于积极表达自己观点，喜欢相互辩论，可以经历头脑风暴来应用本单元学习的元素周期律新知，创造自己的元素周期表，增强创新意识。

续 表

项目	属 性	属 性 描 述
确定教学目标维度	教学目标维度	本单元涉及大量原子结构和元素周期表不断发展进步的化学史实，通过阅读、思考、讨论等活动帮助学生了解原子结构、同位素、核素、质量数等概念，学会画原子结构示意图，发展学生的宏观辨识与微观探析的水平(A)。教材提供了各种可以分析阅读讨论的图表数据，学生可以观察归纳总结出原子核外电子的排布规律，发展证据推理与模型认知水平(B)。实施相关学生实验证明元素的金属性的强弱关系，可以帮助学生理解元素金属性递变规律，建构出铝三角之间的转化关系；结合数据，分析推论硅、磷、硫、氯非金属性递变关系，推导出元素周期律的结论，发展学生的宏观辨识与微观探析、科学探究与创新意识水平(B)。阅读材料，考察元素周期表的历史变迁，观察元素周期表的基本结构，结合实验结论，可以帮助学生建立"位—构—性"三角认知模型；通过头脑风暴的游戏形式预测镓元素性质，建立推测元素性质和种类的思维模型，发展学生的证据推理与模型认知水平，体会量变到质变的自然辩证法思想(D)。
选择合适教法	教学方法	教学的组织应根据教学目标，依据教学内容、学生的生活实际和认知特点、思维能力来确定。本单元教材内容有丰富的化学史资料，可供学生阅读探讨，要注意其中的经典科学实验所包含的学科思想。学习过程中采用质疑、辩论的活动加深学生的理解。 本单元的核心知识"元素周期律"比较抽象，要结合具体物质性质和实验结果总结归纳。通过具体应用周期表，充分交流，激发系统、多角度分析真实问题的高阶思维，预测和鉴定未知元素化学性质，达到巩固和发展化学学科的核心素养的教学目标。

四、单元主题规划的分析

围绕核心问题"1875 年发现的门捷列夫预测的元素组成的单质是什么？"（学生陌生的元素镓）展开单元中 4 课时的分步问题线索，构建问题链：① 组成这种单质的微粒有怎样的结构？② 这种单质属于什么物质类别？有什么性质？③ 这种单质与铝有什么联系和区别？④ 如何在周期表中找到组成这种单质的元素？对应 4 个课时，通过层层推进，最终确定问题的答案，在这个过程中经历化学史的熏陶，实验探究的能力锻炼，头脑风暴的思辨讨论和图式建构的知识结构化过程，发展学生学科核心素养。其中，元素周期律的应用和元素周期表的"位—构—性"三角关系是本单元重难点，如图 1-1-3 所示。

```
┌──────────┐  ┌──────────┐  ┌──────────┐  ┌──────────┐
│  单元任务 │  │  问题链  │  │ 知识内容 │  │学科核心素养│
└──────────┘  └──────────┘  └──────────┘  └──────────┘
              ①组成这种单质的微粒  科学家发现原子
              有怎样的结构？       结构的化学史
 1875年发现的门 ②这种单质属于什么物质  元素性质的      证据推理与模型认知
 捷列夫预测的元 类别？有什么性质？     各个方面        宏观辨识与微观探析
 素组成的单质是                                      科学探究与创新意识
 什么？        ③这种单质与铝有    元素性质的周期     变化观念与平衡思想
              什么联系和区别？    变化规律
              ④如何在周期表中找到 元素周期表
              组成这种单质的元素？的排布规则
```

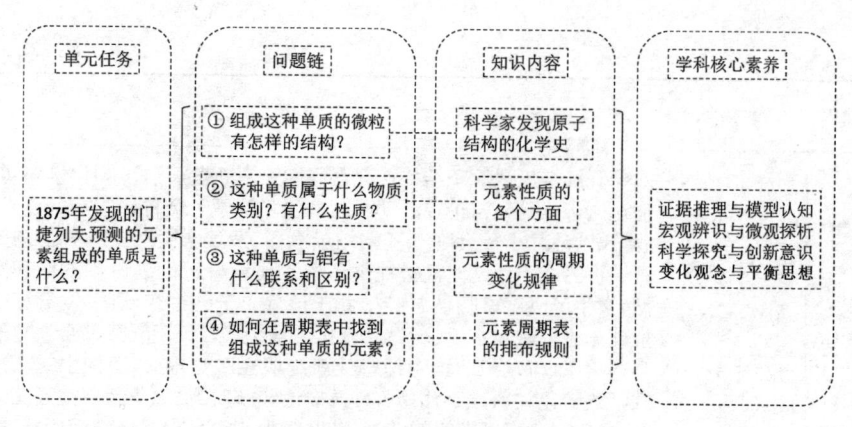

图 1-1-3　单元主题内容结构图

元素周期律是学生普遍感觉到学习起来有一定难度的单元，这一难度体现在需要学生有着丰富的各种元素知识、化学反应原理和物质性质的积累。当教学进行到这一部分时，常常发现学生之间的水平参差不齐。如何实现不同水平学生在各自原有知识和能力的基础上进一步发展核心素养是需要解决的难点。头脑风暴教学法正好可以呈现各类学生多层次的学科水平。可以借助各抒己见相互讨论的头脑风暴学习形式，实现学生更大程度上的普遍进步，便于教师随堂诊断，也便于学生相互观察、互相促进。

五、单元教学目标设计

本单元共划分为 4 个课时，每个课时对应一个为完成最终任务而设置的关键环节的驱动问题与由问题引出的核心相关知识，如图 1-1-3 所示。每节课的分目标为单元总目标服务，设计时按解决问题的逻辑顺序依次展开，同时也符合学科本身知识逻辑，如表 1-1-2 所示。

表 1-1-2　单元目标及重难点表

内容	体现的学科核心素养	属　性	属　性　描　述
原子结构（第一课时）	☑ 证据推理与模型认知 ☑ 科学探究与创新意识	☑ 知识与技能 ☑ 过程与方法 ☑ 情感态度与价值观	① 能说出原子和原子核的组成，画出 1—20 号元素的原子和常见离子结构示意图，并使用示意图解释原子达到稳定的倾向。

续 表

内容	体现的学科核心素养	属 性	属 性 描 述
原子结构（第一课时）			② 能列举古代哲学家、近现代科学家在探索原子结构过程中形成的主要观点。 ③ 能复述同位素、核素的概念，比较属于同位素的不同原子。能说出质量数、质子数和中子数之间的数量关系和元素的相对原子质量的概念。
元素性质（第二课时）	☑ 宏观辨识与微观探析 ☑ 变化观念与平衡思想	☑ 知识与技能 ☑ 过程与方法 ☑ 情感态度与价值观	① 能归纳常见元素原子的核外电子排布规律。 ② 能用电子式表示常见的原子和离子。 ③ 能说出原子序数与核电荷数的关系，能列举原子半径、元素主要化合价、元素金属性和非金属性等元素性质。
元素周期律（第三课时）	☑ 宏观辨识与微观探析 ☑ 证据推理与模型认知	☑ 知识与技能 ☑ 过程与方法 ☑ 情感态度与价值观	① 能归纳同主族元素的原子半径、主要化合价、元素金属性和非金属性等性质的变化规律（重点）。 ② 能归纳短周期同周期元素的原子半径、主要化合价、元素金属性和非金属性等性质的变化规律（重点）。 ③ 能应用原子结构示意图归纳短周期元素的原子核外电子排布的周期性变化；能应用核外电子排布的周期性变化规律解释元素性质的周期性变化。（重点、难点）
元素周期表的应用（第四课时）	☑ 证据推理与模型认知 ☑ 科学探究与创新意识	☑ 知识与技能 ☑ 过程与方法 ☑ 情感态度与价值观	① 能描述元素周期表的整体结构，理解元素周期表的编排原则，复述周期的概念，识别短周期、长周期，复述族的概念，识别主族、副族、零族和Ⅷ族，描述金属与非金属的分界线，描述金属元素和非金属元素在周期表中的分布情况。 ② 能应用原子核外电子排布规律来解释它与元素化学性质、元素周期律等之间的关系。能解释元素周期律和元素周期表的关系，说出周期序数与电子层数的关系，解释主族序数与原子最外层电子数关系，能根据元素在周期表中的位置推断其原子结构并预测性质。

续表

内容	体现的学科核心素养	属　性	属性描述
			③ 能书写主族元素最高价氧化物对应水化物和气态氢化物的通式，并归纳气态氢化物和最高价氧化物对应水化物酸、碱性的递变规律。 ④ 综合应用原子结构、元素性质与元素在周期表中的位置三者之间的关系解决有关问题。

六、单元学习活动设计

本单元教学内容范围已在单元教材教法分析中参考了《上海市高中化学学科教学基本要求》进行明确，进一步参考《普通高中化学课程标准(2017年版 2020年修订)》中学习活动建议、教学策略和情境素材建议等，逐条提取课标中相关内容进行归类，确保整个单元学习活动的设计能在新课标的引领下进行，具体见表1-1-3。

表1-1-3　单元课标要求和素材建议

学习活动建议	实验及探究活动：自主设计制作元素周期表；焰色试验；调查与交流讨论：讨论第三周期元素金属性、非金属性的递变，讨论碱金属元素、卤族元素性质的递变，借助元素周期律(表)，预测硅、硒、锗、镓等元素的性质；查阅元素周期律(表)对发现新元素、制造新物质、开发新材料的指导作用，查阅放射性同位素在能源、农业、医疗、考古等方面的应用。
教学策略建议	同周期、同主族元素性质的递变。
情境素材建议	元素周期律(表)的发现史料；用铝与氢氧化钠的反应疏通下水管道；稀土资源、核能的开发与利用。

课标建议的活动、实验和情境素材非常丰富。境脉教学理论提倡贯穿始终的脉络发展，因此，按照"教学基本要求"中难度最高的"元素周期表的应用"选取一个鉴定未知元素单质的大任务，作为整个单元的学习总目标。在达到目标的过程中，学习与元素周期表有关的核心概念。而在学习这些核心概念的过程中则选择

性地使用课标中建议的活动、实验和素材,以发展学生学科核心素养。比如选择探究同周期元素性质递变的实验作为课时 3 中元素周期律的课时活动,把元素周期表的发展史料作为课时 4 中的阅读活动。同时一些课堂上没有机会体验的活动,则设计入课后活动之中,使学生对核心概念有更完整的认识与体验,见表 1-1-4—表 1-1-6。

表 1-1-4 单元学习活动总体规划表

单元学习活动总目标	通过出示 1875 年发现的门捷列夫预言的物质,以头脑风暴的方式贯穿整个探究过程,体会对于化学元素的"位—构—性"三角认知模型的应用,理解元素周期律的内涵,熟悉元素周期表的使用,结构化原子结构、元素性质等相关知识。	
课时学习活动目标	课时学习活动 1	1. 通过鉴定未知单质固体的大任务,思考组成物质的基本微粒。跟随历代科学家的脚步探究原子结构的微观世界,理解原子核的结构。 2. 学会画原子、离子结构示意图和简单微粒的电子式。对组成未知固体的原子结构做出初步猜测。
	课时学习活动 2	1. 通过头脑风暴猜测未知单质固体属于金属还是非金属,观察实验,从宏观与微观两个角度理解元素的金属性和非金属性。 2. 梳理元素化合价、原子半径等元素性质,归纳原子核外电子排布规律。判断出未知固体属于金属。
	课时学习活动 3	1. 通过实验对比未知单质固体与金属铝的性质,结合碱金属和卤素的相关性质归纳出最外层电子数相同的元素性质的相似性。 2. 通过头脑风暴设计实验探究电子层数相同,核外电子数依次增加时元素性质的递变性。 3. 归纳总结"结构—性质"层面的元素周期律。猜测未知固体的组成元素与铝有相似的原子结构。
	课时学习活动 4	1. 了解历史上元素周期表的变迁,通过学习元素周期表的基本结构,将元素"结构-性质"的关系进一步建构为"位置—结构—性质"三角认知模型。 2. 通过元素周期表和元素周期律鉴定未知单质固体是"镓"金属,体会门捷列夫周期表的优越性与科学家为人类做出的巨大贡献。
单元课外活动(可选)	1. 阅读"《分子、原子概念的变迁研究》乔国才,中学化学教学参考,2015(7):42-46",深入理解原子分子概念的历史发展脉络。 2. 观看三种阴极射线管的实验视频,理解教材中简略提到的汤姆孙的阴极射线实验,加深对 α 粒子散射实验设计思想的感悟。	

续 表

	3. 阅读"《浅谈元素周期表的演化》修明磊,化学教学,2013(9):78-83",深入理解当代元素周期表的优点和源流。 4. 兴趣实验:镓腐蚀易拉罐实验;镓镜实验;镓铝合金与水的反应。 家庭实验:使用以铝粉与氢氧化钠为原料的管道疏通剂疏通下水道。 5. 查阅元素周期律(表)对发现新元素、制造新物质、开发新材料的指导作用。

表1-1-5 分课时活动与问题链细化设计表

单元任务	课时驱动性问题	课时活动	课时引导性小问题
1875年发现的门捷列夫通过元素周期表预测的未知元素是什么?	1. 原子的结构是怎样的?	**头脑风暴**:你能鉴定出这是什么物质吗? **实物、视频**:展示固体单质"镓",用视频介绍它神奇的性质。 **阅读**:历代科学家探索原子结构的化学史。	① 你认为这种物质由什么微粒组成? ② 历代科学家是怎样探究原子内部的结构的? ③ 我们已知哪些核外电子排布的知识? ④ 你认为未知物质的原子结构可能有哪些特征?
	设计意图:在宏观情境之中讨论微观结构,发展学生宏微结合的核心素养;通过对化学史实的学习,发展学生模型建构能力,感悟实验观、微粒观。		
	2. 元素有哪些性质?	**头脑风暴**:怎样确定这种单质的组成元素呢? **阅读**:不同核外电子排布表;原子半径图。 **作图**:最高化合价和最低化合价随核电荷数变化图。 **视频**:未知物质(镓)与不同物质反应的实验。	① 原子核外电子的排布规律怎样影响化合价? ② 原子结构对原子半径有怎样的影响? ③ 你能判定这种物质是金属还是非金属吗?
	设计意图:通过作图体验元素周期律的发现,发展模型建构的核心素养。通过实验在宏观上理解金属性和非金属性的特点,体会变化观。		
	3. 元素性质有哪些周期性变化规律?	**回顾**:元素的原子半径、最高化合价、最外层电子数随原子序数增加而呈周期性变化的规律。 **头脑风暴**:设计实验并实施,探究钠镁铝三种元素失电子能力强弱,比较三者最高价氧化物对应水化物的碱性。	① 怎样设计并实施实验比较同周期金属元素的金属性强弱? ② 阅读资料,同周期的非金属之间非金属性有怎样的递变规律?

续 表

单元任务	课时驱动性问题	课时活动	课时引导性小问题
		阅读：比较硅磷硫氯最高价氧化物对应水化物的酸性和四者氢化物的稳定性。 **归纳**：短周期同周期元素金属性与非金属性的递变规律。	③ 短周期同周期元素的金属性和非金属性有怎样的递变规律？ ④ 未知物质组成元素的金属性或非金属性与第三周期元素相比大约是什么程度？
	设计意图：设计并实施实验的高阶思维活动促进科学探究和创新意识的核心素养。通过总结的规律去判断未知物质的金属性或非金属性，体会化学学科价值观。		
4. 未知物质由元素周期表中哪种元素组成？		**头脑风暴**：设计你自己的元素周期表，要求体现元素周期律。 **阅读**：历史上科学家们设计的各种元素周期表，比较欧德林、迈尔、纽兰兹、门捷列夫周期表各自特点。 **讨论**：改进欧德林的周期表。 **单元成果**：确定门捷列夫预言的未知物质组成元素在周期表中的位置。总结确定未知元素的一般思路。	① 根据我们总结的元素周期律你能设计自己的元素周期表吗？ ② 历史上的科学家们设计的周期表与当代周期表有什么不同？ ③ 欧德林的周期表怎样改，才更能体现元素周期律？ ④ 怎样通过物质性质判断它的组成元素在周期表中的位置？ ⑤ 请归纳总结我们确定门捷列夫预言的这个物质组成元素的过程。
	设计意图：在自己设计周期表、重组周期表的过程中，体会化学学科的元素观、变化观。通过了解元素周期表的发展历史，发展学生证据推理与模型认知的核心素养。通过修改欧德林周期表体会近现代元素排序方法的区别，和现在周期表对化学性质的体现。		

表 1-1-6　课堂学习资源支持表

一、镓元素的性质
基本物理性质：元素符号：Ga，质子数：31，相对原子质量：69.72，银白色金属，熔点：301.8 K，沸点：2 676 K。
基本化学性质：高温下与氧气反应生成 Ga_2O_3，既能与酸反应也能与碱反应：
$2Ga + 6H^+ = 2Ga^{3+} + 3H_2\uparrow$
$2Ga + 6OH^- + 6H_2O = 2Ga(OH)_6^{3-} + 3H_2\uparrow$

二、欧德林设计的元素周期表和预设的改进方案

英国化学家欧德林制作了"原子量和元素符号表",如图 1-1-4。元素依据原子量大小进行竖排,同时参考元素的性质,出现了较完整的族的排列,如 F-Cl-Br-I、N-P-As-Sb-Bi。欧德林最大的贡献就是在表中适当的位置给未知元素留下了空格,但没有进一步对未知元素进行预测。由于对元素性质了解的欠缺和过渡金属造成的干扰,使得ⅠA和ⅡA族没有形成完整一行,课堂开始前预设的改进答案如图 1-1-5。

			Mo 69	W 184
H 1				Au 196.5
			Pd 105.5	Pt 197
Li 7	Na 23	—	Ag 108	—
Be 9	Mg 24	Zn 65	Cd 112	Hg 200
B 11	Al 27.5			Tl 203
C 12	Si 32	—	Sn 118	Pb 207
N 14	P 31	As 75	Sb 122	Bi 210
O 16	S 32	Se 79.5	Te 129	
F 19	Cl 35.5	Br 80	I 127	
	K 39	Rb 85		
	Ca 40	Sr 87.5	Cs 133	
	Ti 48	Zr 89.5		
	Cr 52.5	—	Ba 137	
	Mn 55			
	其他(FeCoNiCu)		V 138	

图 1-1-4 欧德林设计的元素周期表

			Mo 69	W 184
	H 1			Au 196.5
			Pd 105.5	Pt 197
			Ag 108	
		Zn 65	Cd 112	Hg 200
	B 11	Al 27.5		Tl 203

图 1-1-5 预设的重组的欧德林元素周期表

		C 12	Si 32		Sn 118	Pb 207
		N 14	P 31	As 75	Sb 122	Bi 210
		O 16	S 32	Se 79.5	Te 129	
		F 19	Cl 35.5	Br 80	I 127	
Li 7	Na 23		K 39	Rb 85		
Be 9	Mg 24		Ca 40	Sr 87.5	Cs 133	
			Ti 48	Zr 89.5		
			Cr 52.5	—	Ba 137	
			Mn 55	—		
			其他(FeCoNiCu)		V 138	

图1-1-5 预设的重组的欧德林元素周期表(续图)

三、贯穿多课时的单元大任务解决思路板书

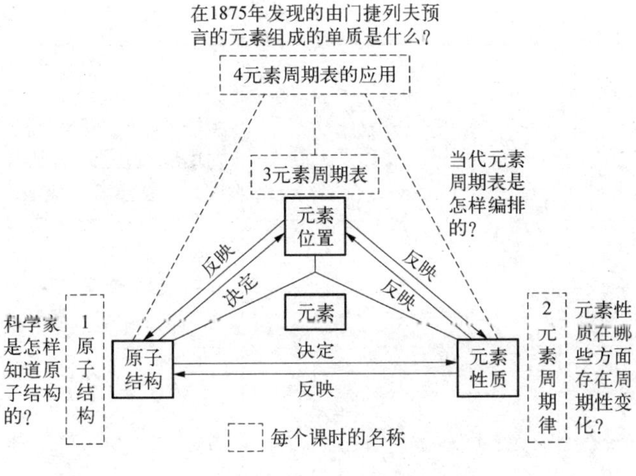

图1-1-6 解决单元大任务的思路图式

整个单元由完整的问题解决思路依次展开,采用由点及面、再立体化的思路图式联系起每节课的核心概念并发展学科素养落实深度学习的课标要求。需要说明的是,在该四面体图式中,元素性质与元素周期律分在第2、第3两个课时中,而元素周期表知识和问题的最终解决都放在了第4课时中,图1-1-6的四面体思路图式仅代表概念上的思路节点。

七、单元作业设计

表1-1-7 单元作业属性汇总表

题号	课时	类型	目标	水平	反馈方式
3-1	3	开放型 整合型	元素周期表的结构：理解元素周期表的编排原则。	B	制作PPT，演讲
4-1	4	开放型 整合型	元素周期表的应用：推断元素在周期表中的位置	D	书面：制作外星元素周期表

3-1：据统计，目前出现的元素周期表不少于700种。请查阅相关资料，寻找一种类型的元素周期表，介绍这种周期表的特征，并说明这种周期表的优、缺点，并制作PPT做5分钟课前演讲。（如塔式周期表，圆形周期表，螺旋式周期表等）

参考成果：

学生作品：

特征：短周期作为塔尖，长周期作为塔底，过渡元素是塔身。
优点：氢元素原子最外层只有一个电子，得一个电子可以达电子稳定结构。塔式周期表可以体现出氢元素既属于第ⅠA族，又属于第ⅦA族。能将过渡元素和镧系锕系元素都包含在一个表中。
缺点：不能体现原子半径大小周期性变化。其他一些周期表可能可以。

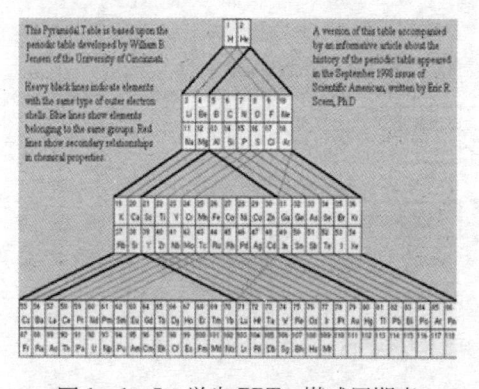

图1-1-7 学生PPT—塔式周期表

4-1：设想你去某外星球做了一次科学考察，采集了该星球上十种元素单质样品，为了确定这些元素的相对位置以便系统地进行研究，你设计了一些实验并得到下列结果：

单质	A	B	C	D	E	F	G	H	I	J
熔点(℃)	−150	550	160	210	−50	370	450	300	260	250
与水反应		√				√	√	√		
与酸反应		√		√		√	√	√		√
与氧气反应		√	√	√		√	√	√	√	√
不发生化学反应	√				√					
相对于A元素的原子质量	1.0	8.0	15.6	17.1	23.8	31.8	20.0	29.6	3.9	18.0

按照元素性质的递变规律,试确定以上十种元素的相对位置,并填入下表:

					A		
				B			
			H				

参考答案：

						A		I′
	I				B			C′
	C	D	J		G	E		
			H	F				

注：I与C在I′和C′位置亦可。

（撰稿者：上海师范大学附属中学宝山分校　顾一舟）

实践智慧1-2　实验探究情境：钢铁的腐蚀与防护

境脉教学强调真实情境的创建和情境间的结构关系。以鲁科版高中化学选择性必修1(2019版)中第一章第4节"金属的腐蚀与防护"内容为例，结合课标的具体要求和境脉教学原理，设计学生参与的以实验活动为板块任务的真实情境，每个环节提示学科认识模型的角度，按解决真实问题的逻辑设计了教学过程，呈现真实情境下学生认识发展的脉络，促进了学生关键能力和学科核心素养的培养。

"金属的腐蚀与防护"这一化学主题关注生活生产中的实际问题，有着广泛存在于学生周围的真实情境，与化学变化能量观、氧化还原基本原理及电化学模型有着紧密的联系。该主题在化学学科核心素养功能结构中同时承担着实践、认识和应用的角色[1]，能加深学生对学科原理及模型的认识，深化"证据推理与模型认知""科学探究与创新意识"等学科核心素养。

一、教学主题内容和相关教学设计分析

课标中"内容与学业"部分对于本课的要求是：知道金属腐蚀的危害；了解金属发生电化学腐蚀的本质，能利用电化学原理解释金属腐蚀现象；了解防止金属腐蚀的措施，能选择并设计防腐措施。"学习活动建议"中的相关内容有：吸氧腐蚀；讨论防止钢铁腐蚀的方法等[2]。

鲁科版高中化学选择性必修1(2019版)，第一章"化学反应与能量转化"第4节"金属的腐蚀与防护"是教材单元的最后一节。在经过该章之前几节课程的学习之后，学

---

[1] 郑长龙.核心素养导向的化学教学设计[M].北京：人民教育出版社，2021：12.
[2] 中华人民共和国教育部.普通高中化学课程标准（2017年版）[S].北京：人民教育出版社，2018.

生已经掌握了电池和电解池的基本概念和模型。第四节内容需要学生能利用之前三节掌握的电化学知识去理解和解决生活生产中广泛存在的腐蚀问题。但是与人教版和苏教版教材相比,对于电化学腐蚀原理的探究,鲁科版教材没有提供相应的实验内容,仅提供了微观原理的插图,为教师自行设计课堂实验提供了较大的选择空间[1]。

在检索到的相关教学设计中,有初中化学文献也是同主题内容[2],在义务教育阶段对学生认识要求主要集中在探究腐蚀发生的条件和知道几种简单防腐蚀的方法上,而高中阶段则进阶为原理模型的认识,既有原电池模型也有电解池模型的应用[3][4][5]。在本主题发表的教学设计中,有的侧重应用模型实现金属防护的任务,有的侧重落实金属腐蚀过程中原电池模型的理解应用。选取相关实验的时候,大多数老师都选择了比较容易得到的铁钉、铁粉作为原料,同时设计时注意论述化学原理带给我们生活的积极意义。考察这些文献,我们可以发现这些课例中实验的作用通常是依据真实问题任务线设计安排的,或者是结合概念来设计的[5]。化学原理模型在这些教学设计中主要是解释实验现象的依据,实验与模型认知素养的"脉"结合得并不明显和突出,简单讲即有"境"弱"脉",或者"境"归"境","脉"归"脉"。如果依据科学探究的过程来设计课堂教学脉络,用探究过程设计问题链,在每一个链节对应设计模型认识的学科角度,能提高学生学习的品质。

二、基于真实情境的境脉教学实践

1. 境脉教学的指导思想

基于真实情境的境脉教学,需要有意识地结合科学探究过程、素养发展的脉

---

[1] 罗田慧子,景一丹,代海晴,龙云开,李梦颖."金属的电化学腐蚀"在不同教材中的设计差异——以人教版、苏教版和鲁科版为例[J].中学化学教学参考,2018(19):24-26.

[2] 金新华."金属的腐蚀与防护"微主题探究式教学[J].中学化学教学参考,2022(02):36-38.

[3] 史文杰,李冉,郭玉林,田巧云.提升化学学科核心素养的高中化学教学——以"金属的防护"为例[J].化学教育(中英文),2022,43(05):34-39.

[4] 诸佳丹,朱康.培养"模型认知"核心素养的教学设计与实践——以"金属腐蚀"为例[J].化学教学,2022(04):61-66.

[5] 牛彩霞,邹映波.走向核心素养的化学深度学习——以"保护海洋平台——金属电化学腐蚀与防护"为例[J].化学教学,2020(08):39-43.

络和情境的变换。在本主题的教学设计中,以具体实验的探究作为情境是符合新课标理念的。新课标指出"倡导真实问题情境的创设,开展以化学实验为主的多种探究活动,重视教学内容的结构化设计,激发学生学习化学的兴趣,促进学生学习方式的转变,培养他们的创新精神和实践能力。"[2] 从中,可以看出"真实问题情境"与"化学实验探究"有着密切的关系。课堂上的化学实验探究是一种学生可以设计并动手操作的全真情境。

境脉教学理念为设计情境之间的主次、顺序,相互之间的联系方式提供了连接各个板块理论上的设计思路。一个核心化学问题,可以由一系列实验探究来揭示本质,这些实验情境之间必然蕴含着科学探究的一般思路,并走向核心问题的解决。教师顺势而为,不断引发新实验情境的教学活动,激发学生的好奇、探究欲望,迁移运用已经学过的原电池模型的各个组成部分,带领学生从各个角度深化对学科原理模型的认识,直到课程结束。有探究任务的教学主线,更要有每个环节中对学生学科视角的引导、方法思维的训练,境脉教学才有骨有肉,丰满生动。

2. 教学设计

(1) 学情分析

已有能力:能识别出原电池的基本结构,能判断出原电池的正负极,初步形成了使用模型进行分析未知情境的能力;能理解气体物质的量的多少与体积压强的关系,初步具备从宏观现象结合微观物质结构进行分析的能力。

发展能力:进一步拓展对基本模型的迁移运用能力;对压强等实验数据的分析能力;设计实验进行科学探究的能力。

(2) 教学目标

① 通过视频"腐蚀的秘密",知道金属腐蚀的危害;通过对不同条件下铁钉生锈的观察与讨论,了解金属发生电化学腐蚀的本质,增强从化学角度主动提出问题的意识,明确项目目标:怎样保护钢铁设施。(评价发展科学态度与社会责任)

② 通过小组讨论,参考相关提示,了解观察实验中气体体积变化的一般方法,设计改良证明吸氧电化腐蚀存在的实验装置,并说明现象和结论,增加实验探究的能力,理解腐蚀发生的必须条件。(评价发展科学探究与创新意识、证据推理与模型认知)

③ 根据实验结果,推测吸氧腐蚀时形成的原电池正负极的反应,书写吸氧电化腐蚀的电极反应式,利用电化学原理解释金属腐蚀现象。通过对比辨析"析氢腐蚀"和"吸氧腐蚀"的原理,结合使用手持技术得到的图像结果,猜测验证不同类型腐蚀的发生条件。进一步推测反应体系中气体压强的变化,增强分析数据的能力,理解发生电化学腐蚀的条件。(评价发展科学探究与创新意识、证据推理与模型认知)

④ 利用已学知识,通过从形成原电池和不形成原电池两个角度提出方案,设计保护跨海大桥、铁闸门、污水管道等不被腐蚀的电化学方法,并对本课知识进行梳理,增强创新意识,体会化学对社会经济可持续发展和生活质量方面的重要贡献,学会运用所学概念原理解决实际问题。(评价发展科学探究与创新意识)

（3）教学重难点

重点：了解金属发生电化学腐蚀的本质,能利用电化学原理解释金属腐蚀现象；了解防止金属腐蚀的措施,能选择并设计防腐措施。

难点：能利用电化学原理解释金属腐蚀现象；选择并设计防腐措施。

（4）教学流程

本文尝试实践设计一个指向真实问题"怎样进行不同钢铁设施的电化学保护"的境脉教学设计。依据问题解决的脉络采用真实实验情境来规划课时任务内容,重点关注学生模型认知,如图 1-2-1。

钢铁的腐蚀与防护

情境线：
- 任务一：观察讨论铁钉生锈的原理
- 任务二：设计验证吸氧电化腐蚀的存在的实验
- 任务三：分析推理钢铁腐蚀的电化学原理
- 任务四：设计生活中各种钢铁设施的电化学防护方法

脉络线：
- 腐蚀发生的条件是什么？
- 有吸氧电化腐蚀发生吗？
- 反应速率有快有慢的电化学原理是什么？
- 怎样进行不同钢铁设施的电化学保护？

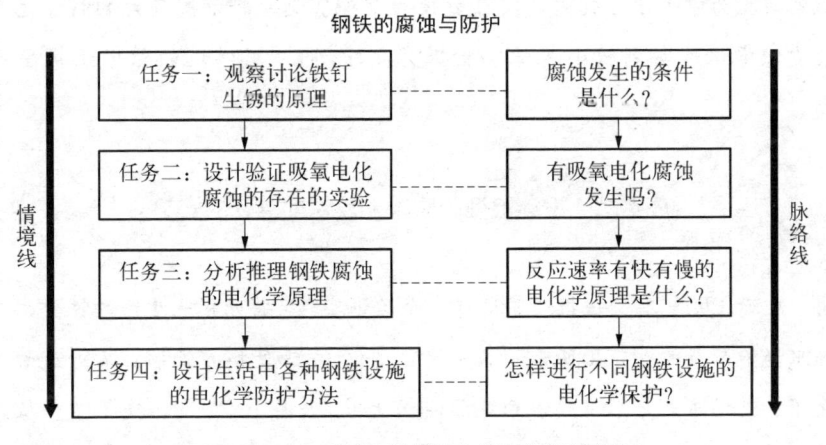

图 1-2-1 "钢铁的腐蚀与防护"设计规划

三、教学实录与设计意图

课前指导学生复习电化学中原电池模型的相关知识。

任务一　观察讨论铁钉生锈的原理

教师　播放 CCTV《走进科学-腐蚀的秘密》片段。展示不同条件下放置一周的铁钉,如图 1-2-2。提问学生腐蚀发生的条件和猜测腐蚀快慢的原因。

学生　观察实验现象,能说出腐蚀是由于铁和氧气发生了氧化还原反应,并猜测有原电池结构形成加速了腐蚀反应的速率。

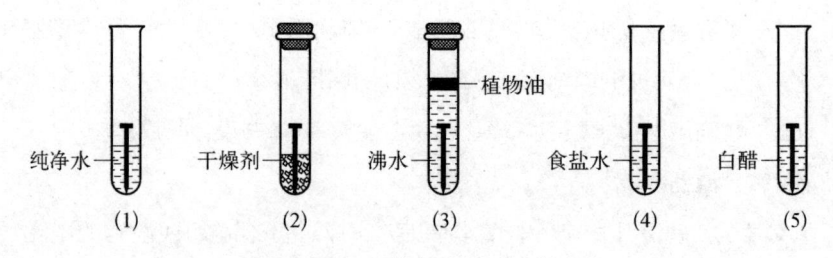

纯净水　干燥剂　沸水──植物油　食盐水　白醋
　(1)　　(2)　　(3)　　(4)　　(5)

图 1-2-2　铁钉生锈对比实验

设计意图:使用 CCTV 的科学节目为金属腐蚀提供大背景情境,使用铁钉生锈的实验室实验为学生学习提供真实可触摸的直观实例。将范围较大的科学态度和社会责任意识落实到较小课堂实验探究之中,同时对学过的原电池模型温故知新。

任务二　设计验证吸氧电化腐蚀的存在的实验

教师　出示 PPT:有文献报道了这样一个验证实验:将两根未生锈的铁钉用饱和食盐水浸泡后放入如下图所示的具支试管之中,支管外接导管插入右边试管中液面之下。大约半天之后可以看到导管液面上升,如图 1-2-3。提示学生从改进实验装置的角度思考:① 两颗铁钉吸收的氧气较少;② 将具支试管换为普通试管可以吗？③导管液面变化不太明显,放试管中不容易观察。

学生 讨论改进这个实验装置,画出实验装置新方案。主要方案为增多铁钉,或改成铁粉；增加反应容器体积；将原右部简单导管改成含液柱的U型管等。

设计意图：要发展学生的实验设计探究这一高阶思维能力,就

图 1-2-3
铁钉腐蚀现象图

需要给学生提供一定的支架和阶梯。抛出一个已知的非最优解来激发学生进一步思考的动力,为学生个性化和深度学习提供有思考空间的情境,为迁移原电池模型做铺垫。

任务三 分析推理钢铁腐蚀的电化学原理

教师 提供实验装置,在U型管中加入饱和食盐水,在U型管的两端插入铁片和石墨棒,用导线相连,放置15分钟后,引导学生进行操作,如图1-2-4。提示：Fe^{2+} 与 $K_3[Fe(CN)_6]$ 溶液（黄色）反应生成 $KFe[Fe(CN)_6]$ 沉淀（带有特征蓝色）,是检验 Fe^{2+} 的常用方法。

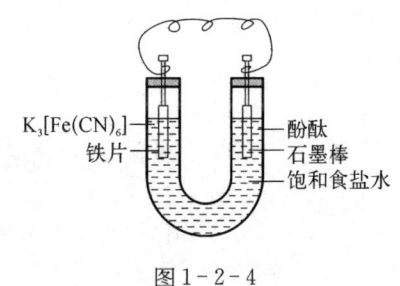

学生 在铁片一端滴入 $K_3[Fe(CN)_6]$ 溶液,在石墨棒一端滴入酚酞溶液。铁片端出现蓝色,石墨端出现粉红色。

图 1-2-4
铁片在盐水中腐蚀现象

学生 根据现象得到结论,书写正负极电极反应式：

铁发生吸氧腐蚀时,正极：$O_2 + 2H_2O + 4e^- =\!=\!= 4OH^-$

负极：$Fe - 2e^- =\!=\!= Fe^{2+}$

铁发生析氢腐蚀时,正极：$2H^+ + 2e^- =\!=\!= H_2\uparrow$,负极反应与吸氧腐蚀时相同。

教师 追问吸氧腐蚀发生后一段时间,Fe^{2+} 还能存在于溶液中吗？

学生 Fe^{2+} 和 OH^- 可以进一步发生反应形成氢氧化亚铁沉淀。

教师 追问氢氧化亚铁稳定吗？

学生 会进一步被氧气氧化。反应方程式是：

$$2Fe + O_2 + 2H_2O \xrightarrow{} 2Fe(OH)_2, 4Fe(OH)_2 + 2H_2O + O_2 \xrightarrow{} 4Fe(OH)_3$$

教师 拓展任务：通过手持技术观察，密闭容器中 0.1 mol/L 盐酸溶液中铁碳粉发生电化腐蚀后 pH、氧气含量变化图如图 1-2-5、1-2-6，你能说说析氢腐蚀和吸氧腐蚀发生的条件吗？两者能同时发生吗，还是在各自条件下发生？体系密闭，其中压强会随时间发生怎样的变化？

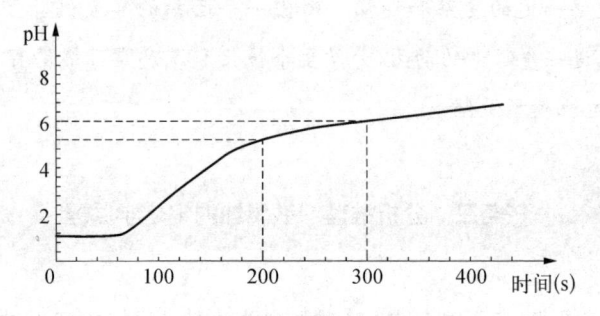

图 1-2-5　酸性环境腐蚀发生时溶液中 pH 变化

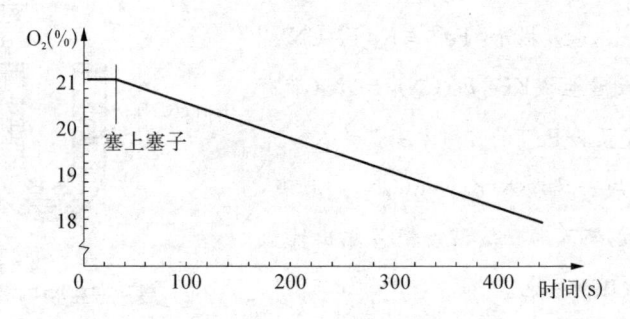

图 1-2-6　腐蚀过程中体系内氧气体积百分比变化

学生 分析得到结论，吸氧腐蚀的发生速率与 pH 无关，但析氢腐蚀在酸性条件发生得更快。如果从酸性条件开始发生腐蚀，析氢腐蚀在酸性条件下占主导地位；随着反应进行体系内氢离子浓度逐渐下降，而吸氧腐蚀逐渐开始占主导地位。在密闭体系中，气体压强会先增大后减小。

设计意图：以实验现象为推理证据，以动手实验为真实具身情境，促使学生对于学科原理有更加严谨的理解，体会实验是判断化学理论正确与否的根本依据。同时，使用当代传感器技术，能够在宏观视觉观察和微观想象之外提供一种新的视角，增加证据推理的深度和真实度。收集到的连续曲线，也可视为一种数据情境。电化学腐蚀的完整认识模型在这个环节得以完善。

任务四　设计生活中各种钢铁设施的电化学防护方法

教师　布置任务：我们生活中有很多处于类似条件的钢铁设施，比如江河入海口的铁闸门，跨海大桥上的钢铁构件，及小区中埋于地下的钢铁排污管。学完本课后同学们可以尝试从电化学角度设计方案并作图，防止这些重要的钢铁设施被快速腐蚀，一组同学选择一个设施进行设计，可以相互交流讨论。

学生　学生部分成果如图1-2-7。

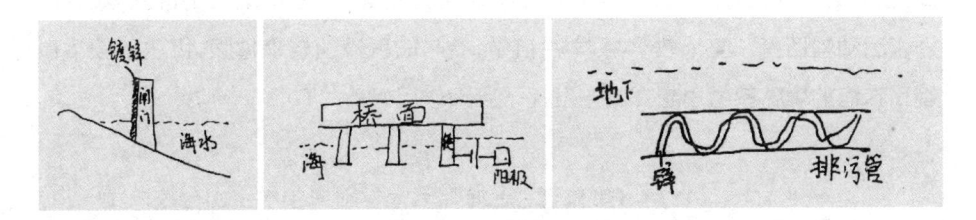

图1-2-7　学生设计的电化学保护钢铁设施方案

设计意图：经过整堂课的原理探究之后，回到开始的大背景之下联系实际，学以致用，促进学生的科学态度和社会责任感发展。同时开放式真实情境下的设计任务，能增加学生的收获感，发展创造性迁移运用原理模型的能力。

课堂总结　师生共同使用思维导图板书总结如图1-2-8。

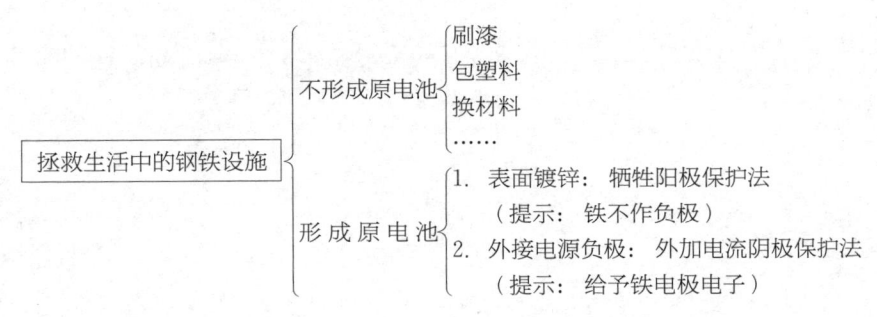

拯救生活中的钢铁设施
- 不形成原电池
  - 刷漆
  - 包塑料
  - 换材料
  - ……
- 形成原电池
  1. 表面镀锌：牺牲阳极保护法
     （提示：铁不作负极）
  2. 外接电源负极：外加电流阴极保护法
     （提示：给予铁电极电子）

图1-2-8　钢铁设施的防护方法

设计意图：板书思维导图可以促进知识结构化，厘清整堂课的思路。

四、教学效果与反思

选择真实的实验和实验设计为情境,能激发学生学以致用的内在动力,模拟世界和社会的真实环境,为学生提供了核心知识与概念技能的发展契机;同时通过解决问题逻辑优化的阶段任务和驱动性问题,使得整堂课有着完整的长思维线,有利学生发展高阶思维和进入深度学习状态;在每个探究环节由教师提示学科认识角度,发展了学生运用原理模型的能力。

在整个境脉教学思想指导的课堂实践过程中,学生自主学习参与度逐步提高,教师的参与度越来越低。课堂开始时教师是引导者,逐渐成为主持人,最后成为了活动辅助者。整个教学中,学生自学,参与的积极性越来越强,优化了教学情境和脉络的境脉教学思想在其中发挥了巨大作用。

(撰稿者:上海师范大学附属中学宝山分校　顾一舟)

实践智慧1-3　化学史实情境：苯

教学情境是教学的具体情境的认知逻辑、情感、行为、社会和发展历程等方面背景的具有文化属性的综合体,也是解决学生认知过程中的形象与抽象、感性与理性、理论与实践及旧知与新知的关系和矛盾的师生互动关系的载体。"化学史话"是教材的组成部分之一,"苯"是以化学史为引入情境,以化学家探究苯的历程为主线,以学生自主构建知识为前提的教学活动。

一、案例背景

核心素养培养理念下化学史与探究学习在化学教学中占有很重要的一席,科学家的科学探究与学生的科学探究的本质一致性决定了教师教学设计[1]。通过化学史的情境脉络结合实际教学内容,基于化学史针对探究学习的构成要素进行学生探究学习的教学设计,能有效地促进学生的探究学习。"苯"是沪科版教材高二上第十一章第四节《一种特殊的碳氢化合物——苯》第1课时,属于有机化合物的知识范畴。"苯"是在学习过烷烃和烯烃的基础上学习的,它有饱和烃与不饱和烃的性质,但又存在明显差异,是新的一类烃的代表,是第十一章《认识碳氢化合物的多样性》的收官之作。"苯"的学习,既能够一脉相承地在烷烃、烯烃、炔烃的基础上开展比较异同,又可以结合化学史和苯在生产生活中的作用,让学生感受到"结构决定性质"的化学学科特色,而且在探究学习的过程中,培养学生"证据推理与模型认知"的核心素养。

---

[1] 范斌.新课标理念下基于化学史的探究学习教学设计——以"苯"教学设计为例[J].广西教育,2015(14):64-66.

二、案例分析

1. 基于化学史进行境脉教学设计的可行性分析

从"苯的发现"化学史上我们可以发现，化学家们一般耗费了较长时间来对未知世界进行探究，其目的是发现科学原理和规律，建立科学理论，而学生的探究一般是在课堂上花费较短时间对科学家已发现的科学原理、规律和理论进行探究，目的是理解科学知识、掌握科学方法，是一个知识的再生产过程。尽管化学家的科学探究与学生的探究学习在探究的时间、目的和对象上有所差异，但两者在本质上是一致的，都是一个从未知到已知的探索、发现的过程，也都是把感知客体作为理解的前提，通过具体的实践活动达到对知识的理解。学生的探究可以站在巨人的肩膀上，而不只是重复科学家的步伐。比如从法拉第的发现中知道苯的用途，从米希尔里希的制备方法中比较物理提取和化学提取的区别，追溯日拉尔燃烧法测量苯的分子式等。

根据化学史的情境脉络，学生在老师的引导下对苯分子的结构进行探究。在这个过程中需要学生有化学史知识作为理论依据，如：苯分子中只有一种氢原子，苯分子是正六边形。进而通过实验探究发现苯分子中不存在典型的碳碳双键和碳碳三键，为进一步探究这个不饱和烃打开研究的思路。根据已经学习的取代反应和加成反应的特征，判断苯在不同条件下和氯气的反应，进一步得出苯分子中碳碳键的类型。

2. 基于化学史进行境脉教学设计的方法与策略

化学史实情境蕴含科学思维和科学研究方法，学习化学史就是真实再现理论产生的过程。基于化学史实的教学，可以引导学生置身于化学科学发展史的长河中了解当时的历史文化背景，真切、生动地感受科学知识的生成过程、科学概念和原理的发展过程，引发学生对相关化学知识、理论的理解的深度学习。关注化学理论的历史嬗变过程，引导学生寻找事实证据论证科学家的重要结论，建立结论和证据之间的逻辑关系，提升基于证据推理的学习能力，理性看待科学发展过程中的争议，甚至错误[1]。

---

[1] 白春英，王喜贵.化学课堂教学中的观念建构及实践研究——评《基于学科核心素养的化学教学课例研究》[J].中国无机分析化学，2022，12（01）：196.

(1) 设计化学史实,创设"提出问题"的情境

探究学习是基于问题为中心的学习模式,而问题是具有一定的情境性的。在教学设计中,我们教师都希望在课堂中创设恰当的问题情境,以便能更为自然地提出一些启发性、生动性的问题或者是在这种情境中让学生感知并主动地提出将要探究的问题。那么,哪里可以找到这方面的资料呢?毫无疑问,化学史例就是一个丰富的资料宝库[1]。因为科学家在开始进行研究时,也是在某些情境问题的引发下,经过周密的实验设计才揭开了自然界的许多奥秘。本例教学设计如下:

情境导入 同学们,在我们所知道的科学家里,英国的法拉第是一位物理学家,但是他在化学上也有卓越的贡献。比如我们今天讲的苯最早就是由他发现提取的。(视频《探索·发现》1825 年法拉第分离出苯)提取物质的方式除了有物理方法,还有化学方法,1834 年德国科学家米希尔里希通过化学方法得到了苯,他蒸馏苯甲酸和石灰的混合物得到碳酸钙和苯。米希尔里希之后,1835 年日拉尔发现了苯由 C、H 两种元素组成,含碳量高达 92.3%,密度是同温同压下乙炔(C_2H_2)气体的 3 倍,进而确定了苯的相对分子质量和分子式。请你根据以上信息计算苯的分子式。

本段教学以化学史引入,激发学生的好奇心。通过物理学家的化学贡献感受学科融合,体会化学和物理的联系在科学发现中的重要作用。然后抛出问题,激发学生的求知欲。

(2) 补充已有结论,提供问题解决的资料

资料的收集是探究学习的重要环节,收集的途径也有多种,由于课堂上的探究学习受到空间与时间的限制,学生通常并不能得到有效的资料。因此,需要教师提供一些与此有关的有用资料让学生去分析和处理,有效地帮助他们完成探究学习[2]。倘若这些资料能在一种历史情境中出现的话,学生将会觉得这样的探究会更有意义,也更有兴趣将探究进行到底。本例教学设计如下:

---

[1] 丁佐俊.挖掘"化学史话"教育价值的教学设计——以高中《化学选修5》"苯的结构"的教学为例[J].实验教学与仪器,2015,32(Z1):37-39.

[2] 杨玫.基于化学史的探究式教学模式的实践研究——以"苯"为例[J].科技视界,2021(25):127-129.

学生活动　学生们通过计算得出苯的分子式 C_6H_6，并写出苯可能的结构简式。（如图 1-3-1）

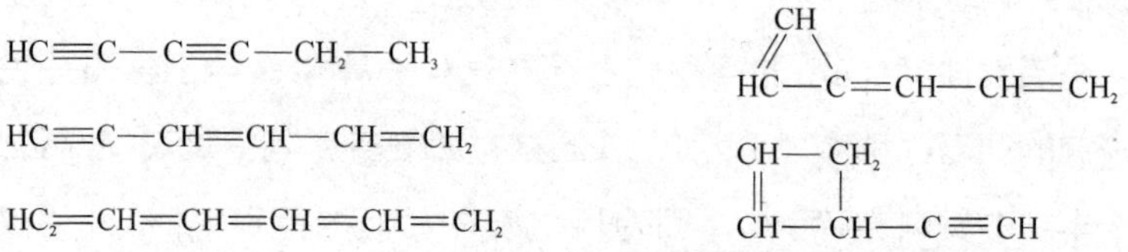

图 1-3-1　学生推测的苯的结构简式（一）

情境导入　科学家发现在三溴化铁（$FeBr_3$）的催化下，苯与液溴发生反应时苯的一溴取代物只有一种结构。通过现代核磁质谱仪技术，发现苯分子中只存在一个吸收峰，这又说明了什么呢？你能据此推断出苯分子的结构吗？

小结　苯中含有 6 个等效氢原子。

　　在发现了苯、提取苯之后，学生需要基于"同分异构现象"推测苯的多种结构，在已经罗列的结构中，需要借助化学知识和实验来证明。这是一个很好的过渡。根据化学史实的提示，学生很快能得出苯可能的结构（如图 1-3-2）。

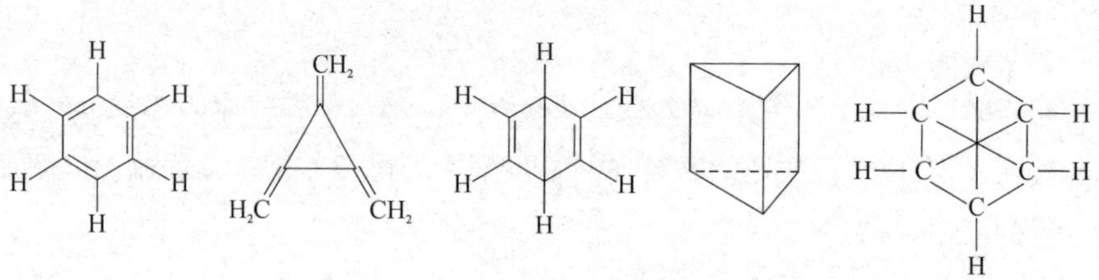

图 1-3-2　学生推测的苯的结构简式（二）

情境导入　1865 年科学家凯库勒提出了苯的凯库勒式（如图 1-3-3）。1935 年科学家詹斯通过 X 射线衍射技术证明了苯分子呈平面的正六边形结构。请问二位科学家的理论相符吗？

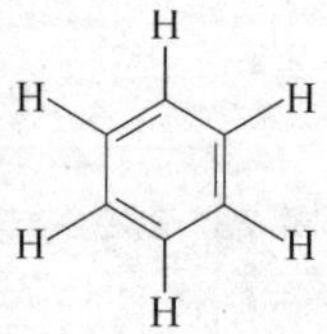

图 1-3-3　苯的凯库勒式

回答 不相符,凯库勒式并不合理,因为碳碳单键和碳碳双键键长不同,凯库勒式不是正六边形。

小结 苯分子呈正六边形。以上所推出的结构都不正确。

(3) 体验科学探究过程,动手验证实验

猜想与假设是科学探究过程中关键的一环,化学史中有大量的生动事例指出,化学大师们是如何熟练而巧妙地运用猜想与假设这些科学方法来取得重要成就的。化学教师如能利用这些事例重现科学家提出假说和验证假说的探究过程,可以让学生充分了解猜想与假设是科学探索的必经阶段,是正确认识客观规律的途径和有效手段,在模仿中让学生掌握科学研究的方法。

情境导入 从苯的分子式我们知道苯是一个不饱和烃,那么不饱和烃的典型反应是什么呢?如何验证呢?

回答 加成反应。探究苯能否使酸性高锰酸钾和溴水褪色。

学生实验 苯和酸性高锰酸钾、苯和溴水的反应。

小结 苯和酸性 $KMnO_4$ 溶液不反应;苯和溴水不反应,Br_2 溶解在苯中。苯分子不具有典型的碳碳双键和碳碳三键的性质。

本段教学打破学生对不饱和烃的旧知,对于苯的结构做进一步探究和思考。在否定了典型的碳碳双键和碳碳三键之后,学生会猜想碳碳单键,为下一环节探究苯的取代反应和加成反应作铺垫。

(4) 改进经典教材实验,拓展创新能力

化学家的每一个结论都是经过精心的实验设计,得出实验事实后再通过严密的逻辑推理得出来的。教师可以选择那些原理和操作方法较为简单的经典实验,组织学生按化学家的方法重新演示。在实验的展示过程中,学生感受到了科学的神奇和成功的快乐,感受到了科学家在实验设计时超人的聪明才智和对科学一丝不苟的精神。可是,本节课的逻辑并不适合直接演示苯和液溴的取代反应,根据为了发现苯分子的结构的教学逻辑,师生可以设计探究实验,改进课本实验,拓展实验创新能力。

演示实验一 实验药品和仪器:氯气的苯饱和溶液、试管、氯气采气袋、Vernier 气压传感器、Vernier 数据采集器、导气管。

实验原理

$$\text{C}_6\text{H}_6 + 3\text{Cl}_2 \xrightarrow{\text{紫外光}} \text{C}_6\text{H}_6\text{Cl}_6$$

实验步骤

实验操作：在试管中加入 1 mL 氯气的苯饱和溶液，再用氯气采气袋通入一定量氯气，试管内气体颜色变为黄绿色时停止通气。连接压力传感器，再用紫外光灯照射。实验结果：氯气和苯在紫外光照的条件下发生反应。实验现象：氯气和苯在紫外光照的条件下，气体颜色变浅，产生白色物质，溶液颜色变浅，反应容器内压强减小。（如图 1-3-4）

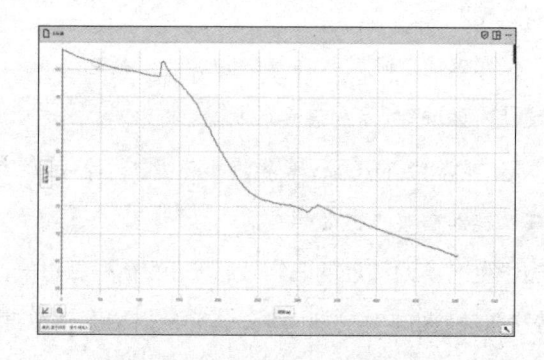

图 1-3-4 苯和氯气在紫外光反应实验中装置压强变化

小结 苯和 Cl_2 发生加成反应。

学生在验证苯的取代反应中打破了学生的思维定式，并且通过气压变化的角度发现苯和氯气反应的类型，得出苯中存在不饱和结构的特征。打破原有认知、思维定式，培养学生在探究实验中验证实验的方法。本实验中可以通过检验产物，也可以通过判断气压变化，并结合氯气易溶于苯的性质验证，具体情境具体分析。

演示实验二 实验药品和仪器：氯气、铁丝、苯、四氯化碳、注射器、医用三通阀。

实验原理

$$\text{C}_6\text{H}_6 + \text{Cl}_2 \xrightarrow[\text{Fe}]{\text{光照}} \text{C}_6\text{H}_5\text{Cl} + \text{HCl}$$

实验步骤 如图1-3-5,旋转A,把②中苯通入①中,用LED灯照射。苯和氯气在铁催化下充分反应。把①中反应后液体产物通入②,气体产物通入③。把③中气体排出,用湿润的pH试纸检验。实验现象：pH试纸变红,且不褪色。

小结 苯和Cl_2发生取代反应。

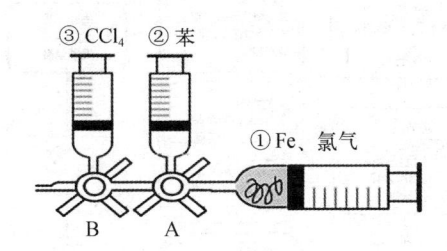

图1-3-5 苯和氯气在LED灯照射下反应装置

该装置可以实现苯和氯气光照条件下的反应,既可以在独立的反应装置中固液反应,又可以及时分离气液产物,连通洗气装置,分离出HCl气体,验证苯和氯气的取代反应。且整个装置封闭无污染,又是微型实验,能够减弱对实验师生的健康危害[1]。通过归类比较、分析综合、归纳演绎、概括抽象等方法,找出事实证据之间的本质联系和内在规律,从而形成科学结论。这是一个高水平的思维过程,同时也是学生形成超越已有的知识的新的理解,实现认识质的飞跃的过程。因此,借助教材经典实验,在学生的认知基础上进行创新,可以很好地发展学生分析并组织信息从而得出最后结论的能力。

通过以上教学环节,结合化学史的线索,探究活动的线索,学生们一起得出苯分子中碳碳键的特征：苯分子中碳碳键是一种介于单键和双键之间的特殊的化学键。至此完成整节苯分子结构课的闭环(如图1-3-6)。

三、结论与反思

1. 做有意义的探究,提高探究过程中形成结论的能力

基于境脉教学的化学探究,环环相扣。探究结论是在事实证据的基础上通过一

---

[1] 卜晓忏,朱燕秋.苯的溴化反应实验改进[J].中学化学教学参考,2021(04):55-56.

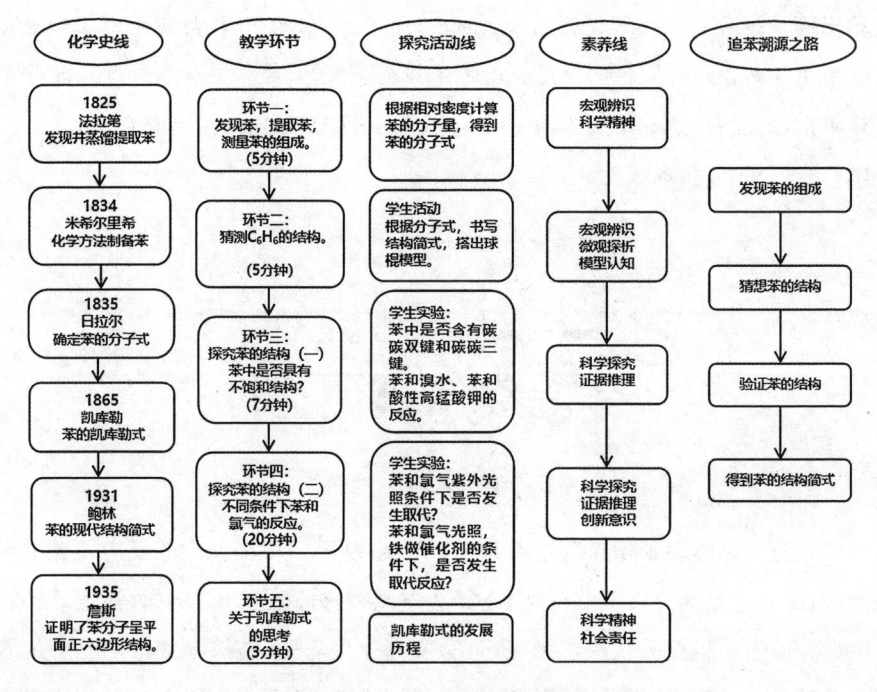

图1-3-6　教学案例设计流程图

定的思维方法,分析论证而得出的。化学发展史上的每一个科学结论的获得,都是化学家们通过获取和处理大量相关信息,在大量的科学事实和严密的推理论证基础上得出的。基于化学史的探究学习,教学设计可以让学生跟随科学家的研究思路,在收集大量证据的基础上,对事实与证据进行加工与整理,找出它们之间的相互联系和因果关系,找出事实证据与假设之间的关系。通过创新实验、归类比较、分析综合、归纳演绎、概括抽象等方法,找出事实证据之间的本质联系和内在规律,从而形成科学结论。这是一个高水平的思维过程,同时也是学生形成超越已有的知识的新的理解,实现认识质的飞跃的过程。因此,借助化学史实重现科学家的研究过程,可以很好地发展学生分析、组织信息从而得出最后结论的能力。在本例教学设计中,学生顺着科学家们和自己的探究过程可以很自然地得出苯分子特殊结构的结论。

2. "教、学、评"一体化,提高学生评价与反思能力

反思与评价贯穿于整个科学探究学习过程之中,是提高学生科学探究能力的关键。探究过程中,教师可引导学生分析评价化学家在科学研究时的成功与错误,促使学生用辩证的观点认识化学的发展过程,引导学生分析化学家如何在研

究中进行自我反思,培养他们多角度、多层次地对问题进行全面分析与思考的意识。如在"苯"教学过程中对凯库勒式的否定。但是在课后给同学们提出思考:为什么凯库勒式是不完美的,却成了我们表示苯的经典方式?

学生们在评价科学家们的发现的同时也在不断推翻自己的假设。本课例中,苯在不同条件下和氯气发生取代反应和加成反应,学生们在实验中发现了苯分子中碳碳键的特征。这比告诉学生苯可以发生取代和加成反应更有说服力。探究的最后,教师可以引导学生进行反思、评价化学家和自己探究的整个过程,使学生明确科学探究的步骤,掌握科学探究的方法,促使他们的探究活动成为一种有目标有策略的主动行为。

3. 融入学科思维,提高学生化学学科的核心素养

"结构决定性质"是有机化合物结构教学的灵魂。探究有机物的结构其实就是一种模仿科学家探究的过程。故借助于科学家的研究历程可以为学生的探究学习找到探究的素材、分析问题的思路和解决问题的方法,为学生对知识的意义建构找到捷径,在探究过程中提高他们的科学素养。以化学发展历程为线索进行教学设计,有助于进行科学方法教育。

境脉教学设计时,教师要深入梳理化学历史事件中蕴含的知识、方法与情感要素;可在分析相关历史事件与教学目标联系的基础上,删除枝节内容,突出化学发展的主线;要结合学生实际情况,设计具体的教学环节与教学过程。此外,在以化学发展历史为线索的同时,也需要关注知识逻辑结构问题。只有把握住了教学的逻辑,才能够更好地在各个环节设计中提升学生的探究能力,通过有机化合物结构的学习,提高学生"证据推理与模型认知"的核心素养。

(撰稿者:同济大学第一附属中学 刘林青)

第二章
境脉教学有逻辑主线

　　境脉教学是由让学习发生的一切环境、背景、事件组成的学习系统和学习事件交织发展的逻辑体系构成的。无论是科学事实、概念、理论所组成的知识的静态串联,还是提问、思考、实践、结论的动态活动发展,都需要遵循特定的脉络主线,遵循知识与知识之间一脉相承的逻辑关系,遵循学习活动的发生逻辑规律。教学设计要遵循学科知识逻辑,活动的安排要遵循情境的发展逻辑,学生认知发展要遵循素养逻辑,使学习能够真正有意义发生。

一、境脉教学的逻辑结构

根据多元智力理论，每一个学生个体都是多元智力的存在，而有意义学习就是对自己的优势智力进行不断开发，对自己的劣势智力进行弥补的过程。境脉教学可分为"境"和"脉"两个层面，"境"是学习的环境，它是由让学习发生的一切环境、背景、事件组成的学习系统；"脉"是学习事件交织发展的逻辑体系，是环境与学习个体交互作用的关系纽带。

"境"是教学中的"过程创造"，创造的静态素材包含教材、教学目标、知识内容，隐藏在教学过程中；富有启迪思考的问题设定、促进思考的师生主体对话、验证思考的实践活动和练习作为动态素材呈现整个教学过程的发生、发展中。

无论是科学事实、概念、理论所组成的科学知识的静态串联，还是提问、思考、实践、总结等动态活动发展，都需要遵循一定的脉络主线，遵循知识与知识之间一脉相承的逻辑关系，遵循活动问题提出、活动方案设计、活动任务实践、实践结论得出的事物发生、发展的先后逻辑规律。学生通过知识的教学性重构、活动类项目的实践体验，最终实现素养提升，形成适应未来生活的关键能力和必备品格。学科核心素养渗透在知识的建构和活动的开展中，化学学科核心素养从宏微、平衡角度认识化学学科，形成证据推理和模型认知的科学理性认知能力，上升到从理性、科学的角度对个人和社会担负起责任的高度，它是一个从感性认知到理性认知，从宏观到微观，从个体到整体的认知发展过程，从小我到大我的主体价值观的形成过程。

二、遵循基本学科逻辑

化学课堂教学中引入境脉教学必须遵循化学学科本身的知识逻辑。化学是一门在原子、分子水平上研究物质的结构、组成、性质和应用的自然学科，研究的对象是物质，研究的内容是结构、组成、性质、变化及应用，研究的方法是探究实验，研究的目的是促使学生思维发展，形成能够成功适应未来生活的可迁移性能力。2017版课程标准将化学必修模块分成五大主题：化学科学与实验探究、常见无机物及其应用、物质结构基础与反应规律、简单的有机化合物及其应用、化学与社会发展。化学知识的产生不是孤立的，知识与知识之间相互关联，我们要考虑知识的生成背景,既要关注学生原有知识水平,还要关注知识未来的发展和走向,将知识串成线、结成网,形成很多链接点。

依据现行教材和课程标准将中学化学知识分成五大模块(见图2-0-1)进行学习:物质结构基础、无机化合物、有机化合物、化学反应原理和实验探究,五块内容之间既存在独立教学,又彼此联系、彼此渗透,形成化学完整的体系。物质结构决定物质的性质,掌握物质结构知识可以解释、预测元素化合物的性质和变化,元素化合物的性质可以折射出物质的内部结构,如分子的极性与非极性由组成分子的原子类型、组成分子的空间结构决定,分子的极性又决定了其相互之间的溶解性,即"相似相溶性";再如原子的核电荷数、电子层数、核外电子排布、最外层电子数又决定了元素的非金属性和金属性的强弱,如 Na 原子电子层数与 Mg 原子的电子层数一致,但因为核电荷数少,半径大,最外层只有一个电子,核对外层电子的吸引力小,所以 Na 容易失电子,表现的金属性强,可以与冷水反应。实验探究是认识、研究物质的方式方法,渗透在所有模块知识内容的学习中。如探究电解饱和食盐水的产物时,可以在溶液中滴加酚酞,通过溶液颜色变红来判断碱的生成;通过产生气体的颜色以及能够使得湿润的淀粉碘化钾试纸变蓝,推测产物之一为氯气;从元素守恒、氧化还原的角度,结合爆鸣实验推测另一产物为氢气,从而得出电解饱和食盐水的反应物和产物。以实验探究为技术手段,来研究无机、有机化合物在化学变化上的本质和规律,以达到原子、分子水平上认识物质的结构本质,使我们能够预测物质性质、利用和调控化学反应才是化学这门学科的意义所在。

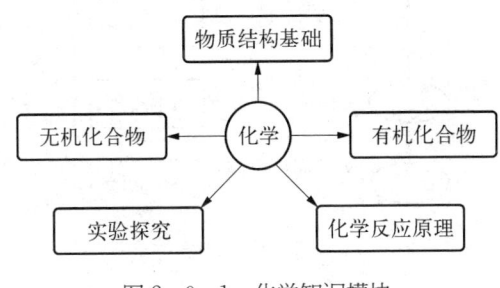

图2-0-1 化学知识模块

物质结构基础知识应遵循"由点及线,扩展到面"的基本逻辑。从原子的基本结构出发,认识原子发展史和原子的基本组成,由单一原子到离子和分子的基本变化,然后由分子、原子、离子通过化学键、分子间作用力来构成物质,再探讨不同微粒构成的物质多种性质差异的结构性原因。这是一个从微观到宏观的过程,从结构到性质的逻辑变化过程。我们在研究分子的稳定性、晶体的熔沸点过程中又会寻找结构上的原因,从原子或离子半径、离子带电荷数、分子间作用力大小、氢

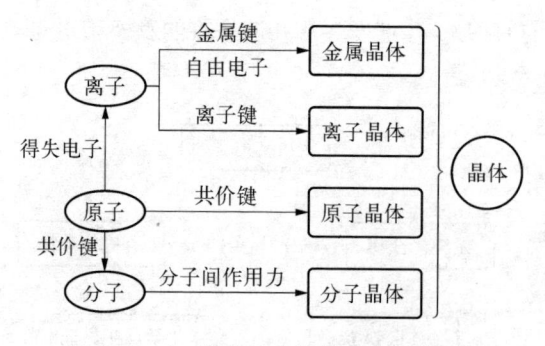

图 2-0-2 微粒构成的各种宏观晶体类型

键等多个角度进行解释,这是从宏观到微观的过程,这就是物质结构研究的逻辑线索。

关于无机化合物模块的知识,上海教材主要涉及的元素及其化合物有卤族元素、氮和硫及其化合物、金属铁及其化合物,无论是哪种元素及其化合物之间的转变,依据的是氧化还原反应基本原理以及复分解反应基本原理。上海高中教材中关于复分解反应(或称之为离子互换反应)一般是基于溶解度表的掌握,来判断反应的方向。而氧化还原反应原理可以从价—类二维图上看出物质变化的逻辑关系,图 2-0-3[1]以硫及其化合物之间的变化为例。

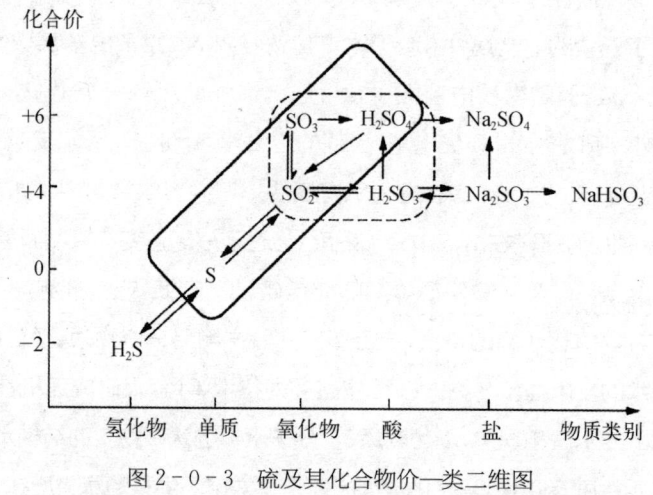

图 2-0-3 硫及其化合物价—类二维图

在梳理元素化合物之间的转化关系时,基于元素观,利用"价—类二维图"从物质类别和氧化还原反应的认知角度构建元素化合物转化知识体系。构建图示模型的优点是能将纷繁复杂的物质进行归类整理,呈现模块化,直观明了、共性明显,同时又能明确不同类别物质间的转化路线,逻辑清晰,便于记忆理解,也对陌生

---

[1] 赵宗芳.高中化学教学中学生思维能力的培养[J].化学教学,2021(07):23-26.

情境中的物质转化有积极的借鉴意义和思考方向。

参照多地教材编写,会发现有机化学的学习呈现"由典型代表物到一类化合物"学习特征,如学甲烷的性质后推测烷烃的性质,学乙烯后在选修中学烯烃,学乙炔后再学炔烃。这种学习模式遵循的是由易到难,由简单到复杂的逐渐进阶的逻辑规律。如在同分异构体的学习中,首先学习的是碳原子的成键特征以及有机物种类繁多的原因,由碳原子成键特点得出同分异构体的存在,继而书写简单的碳链异构,当碳碳双键官能团出现后,会再引出官能团的位置异构,到学习烃的衍生物中出现氧原子后,又出现了官能团的类别异构,逐渐进阶难度,提升水平,体现由浅入深螺旋上升的过程。

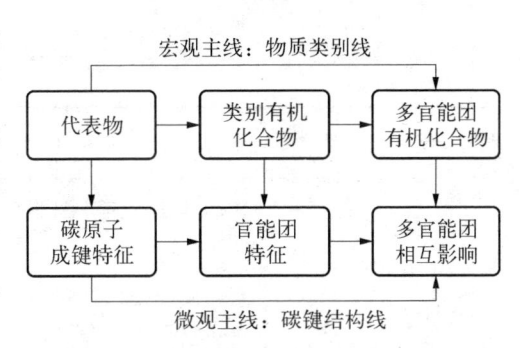

图 2-0-4 有机化合物学习主线

化学反应原理是对物质变化本质和变化规律的概括性认知,是人们利用和调控化学反应的依据[1]。化学反应原理包括氧化还原原理、化学反应速率和平衡移动原理、反应与能量。化学反应原理是对自然规律的概括性认知,抽象的规律认知需要以对物质的认知和变化为载体,实现对原理的理解性认知。无论是在氧化还原反应的学习中还是在化学反应速率与平衡移动原理的学习中,都依照着由静到动的逻辑认知。如氧化还原反应的学习中我们是从熟悉的化合价的变化,到探知化合价变化的本质原因电子转移;平衡的学习中我们是先判断平衡状态,再到平衡移动,同样是由静到动的变化。"由静到动"符合人类认识事物的客观性规律,我们总是对静止的东西更有安全感、更有把握,就像儿童在肢体不够协调的时候更容易抓住静止的事物,同样人们的认知也是一样,对静的理解更容易,在静的基础上再把握动则相对来说要简单些。

三、创设化学情境逻辑

2017 年版课程标准的每一个主题模块下都设置了学习活动建议和情境素材

---

[1] 王磊.基于学生核心素养的化学学科能力的研究[M].北京: 北京师范大学出版社, 2018.

建议,强调教师在教学中要有目的地创设化学情境背景,运用情境素材帮助学生理解化学知识,发展学科能力。化学课堂的"境"可以是实验探究、科学史料、社会新闻、知识背景,"脉"则是由这些"境"产生的发展脉络和活动脉络。情境发展遵循起因、经过、结果的事物发展逻辑,化学课堂教学情境中又暗藏着知识的发生发展和学生能力素养的养成逻辑。如以自来水的消毒剂选择来学习氧化还原的情境设计:

表 2-0-1　氧化还原情境逻辑

情 境 明 线	脉 络 展 开	素 养 暗 线
问题提出(因)	2016年里约游泳池池水变绿原因分析	关注社会新闻,引起社会责任感
原因分析	水藻疯长,承包商将H_2O_2误倒入泳池使含氯消毒剂遭到破坏	从化学视角寻找原因
本质研究	$H_2O_2 + ClO^- = Cl^- + H_2O + O_2\uparrow$,$ClO^-$被还原后失去了杀菌消毒能力,同时生成的$O_2$有利于水体中的藻类植物生长	贴合教学目标,落实基础知识,从微观角度分析本质原因,建立化学观
解决方案	再次加入足够的ClO^-消毒剂	制定方案
情境衍生1	水体消毒剂的类别:ClO_2、K_2FeO_4	从氧化还原的视角找寻其他消毒剂
情境衍生2	ClO_2过量的处理方法	从氧化还原视角、安全的角度寻找还原剂
情境衍生3	K_2FeO_4的制备	贴合实验探究主题下的知识逻辑

从表2-0-1可以看出,以水体消毒剂这一情境一串到底,贴合氧化还原的知识逻辑线,同时情境设计还可以衍生出实验探究主题中的:物质制备、检验、收集的过程,既包含了水体污染处理方法、水体消毒剂的选择、水体消毒原理、水体消毒剂的评价、水体消毒剂的制备这样的情境明线,又在每个小情境中将化学观、微粒观、氧化观、平衡观等化学学科核心素养暗藏,形成一条素养暗线。情境的展开以因果联系,一个事件是上一个事件的果,也可能是下一事件的因,互相

串联,层层递进。

四、融入核心素养逻辑

化学课程标准中详述了"化学"的课程性质,告知我们什么是化学,化学与其他学科的联系,学生通过学习化学能够获得怎样的认知体验和关键能力,形成什么样的核心素养,对学生适应未来生活具备哪些不可替代的作用。学生才是教学的主体,知识的获得应该围绕学生的素养形成。表2-0-2[1]体现了化学核心素养与化学学科内容与教师教学之间的关系。

表2-0-2 化学的知识内涵与核心素养的对应关系

化学学科核心素养	化学知识的内涵及价值			教学问题	知行心视角
	知识的内涵	具体表现	内在价值		
变化观念与平衡思想 宏观辨识与微观探析	知识的特征	研究对象及内容 核心概念与原理	学科价值	化学学什么	知
证据推理与模型认知 科学探究与创新意识	知识的形式	认知方式(视角) 思维方式(方法) 实践方式(形式)	认知价值	化学怎么学	行
科学态度与社会责任	知识的价值	价值取向和目标追求	社会价值	为什么学化学	心

学生素养的形成不是一蹴而就的,也无法进行定量的测量,但是这种能力却渗透在学习、生活的方方面面。实践—认识—再实践(应用),是哲学认识论的一般过程[2](如图2-0-5)。

---

[1] 叶跃娟.高中化学新教材中铝和硅元素的知识编排及教学逻辑[J].化学教学,2021.04.
[2] 郑长龙.2017年版普通高中化学课程标准的重大变化及解析[J].化学教育,2018(09),41-47.

```
┌──────────┐   ┌──────────────┐   ┌──────────┐
│化学科学实践│   │ 化学科学认识  │   │化学科学应用│
│          │──▶│宏观辨识与微观探析│──▶│          │
│ 科学探究与 │   │变化观念与平衡思想│   │ 科学态度与 │
│ 创新意识  │   │证据推理与模型认知│   │ 社会责任  │
└──────────┘   └──────────────┘   └──────────┘
```

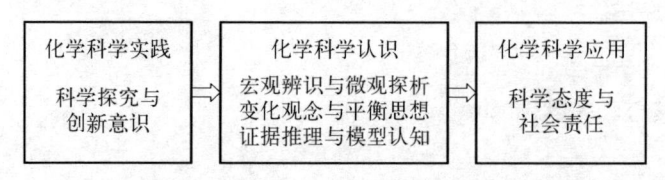

图 2-0-5 化学核心素养与科学认知

学生学习化学的认知过程就是化学核心素养的养成过程,这一过程呈现多层次、多水平的进阶。在新课程标准中化学核心素养分成五大部分、四个水平,水平一到水平四呈现出认知水平螺旋上升趋势,如图 2-0-6。

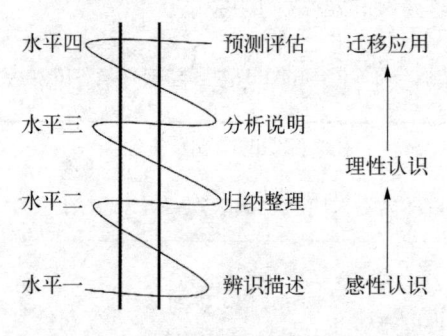

```
水平四 ─┤  预测评估    迁移应用
         │               ↑
水平三 ─┤  分析说明       │
         │              理性认识
水平二 ─┤  归纳整理       │
         │               │
水平一 ─┤  辨识描述    感性认识
```

图 2-0-6 核心素养层级递增水平体现

新课程标准强调在情境中开展教学,然大千世界镜像万生,如果没有一双透亮的眼睛,往往会有万花迷人眼的疑惑,而教学的逻辑主线给予了明确的教学方向和选择,用一脉相承的知识明线,情境发展的脉络主线,隐藏学生素养形成的暗线,让教学有章可循。

(撰稿者:上海交通大学附属中学 孙世云)

实践智慧 2-1　问题解决主线：氯及其化合物

2020年初新冠疫情席卷全球，含氯消毒剂在抗击新冠疫情中发挥重要的作用。利用这一真实而有力的生活情境，围绕"生活中的含氯消毒剂"这一主题，整合高中化学新教材中"氯及其化合物"章节的知识内容，依托境脉教学中"情境主线，知识主线，素养主线"的教学方法和理论，组织章节学习内容，在发现和解决问题过程中，增加学生教学过程的参与度和学习效率，完成知识的内化，培养学生的化学核心素养和社会责任感。

一、问题提出

抗击新冠病毒过程中，化学技术是一种不可替代的力量，公民主动或被动地接受着化学科普教育，这为教与学提供真实情境。含氯消毒液是重要的抗疫物资，本课将"抗疫"这一社会性议题引入教学，结合化学学科特点与育人价值，确立以"含氯消毒剂"为主题的"氯及其化合物"单元研究。

"氯及其化合物"是学生在高中阶段接触到的第一类元素化合物，涉及的核心物质比较多，例如氯气（Cl_2）、次氯酸（$HClO$）、次氯酸盐等。虽然学生在初中已形成从物理性质和化学性质两个角度认识物质的基本方法，也已掌握常见物质的检验方法，但缺乏基础的实验能力，从未综合运用已学知识来探究物质性质，对化学学科的实验探究与证据推理非常陌生。以往的教学，通常采用分阶段教学方式，从物理性质、化学性质出发，依次罗列性质，背诵化学方程式，课堂比较单调乏味，学生很难找到知识脉络，最终因为知识点内容庞杂、易混淆，知识点线索相似，难以理解等各种问题，影响学生学习元素化合物的积极性。

利用境脉教学理论，依托"生活中的含氯消毒剂"真实情境，采用问题链配合实验探究的模式，形成一系列具有科学性、逻辑性、探究性的问题，在每一步探索中强化证据推理意识,激发学生学习欲望,通过问题解决和任务完成,落实基础知识与基本技能,提升学生的核心素养与能力[1]。

二、教材分析

《普通高中化学课程标准(2017年版)》明确指出:结合真实情境中的应用实例或通过实验探究,了解氯及其重要化合物的主要性质、用途和对环境的影响,认识氯和氯的化合物应用对社会发展的价值、对环境的影响,能有意识运用所学的知识或寻求相关证据参与社会性议题的讨论[2]。

"氯及其化合物"是学生进入高中接触到的第一类元素化合物,具有很强的代表性。一方面,通过本章的学习,既对第一章"物质的分类、分离提纯、检验"等内容有更多理性的理解和迁移应用,又为后续"氧化还原和离子反应"等理论学习提供丰富的素材,有利于学生构建知识体系,并为学习其他元素化合物提供一般性的思路和方法,感受化学在生活中的应用。

三、教学目标

表2-1-1 单元教学逻辑主线

单元目标	课时内容	课时目标
1. 利用本单元教学素材,掌握粗盐提纯的基本方法,以及氯气、次氯酸等重要物质的性质和用途。	第一课时:粗盐提纯与氯碱工业	(1) 知道海水中提取食盐的方法,理解从粗盐中除去可溶性离子的本质是离子反应; (2) 通过粗盐提纯初步学会物质分离提纯的一般方法,体验分离提纯方案的一般设计;

---

[1] 汪纪苗,王淼淼,任雪明."境脉"视角下的化学教学实践与思考[J].中学化学教学参考,2017(13):15-17.
[2] 中华人民共和国教育部.普通高中化学课程标准(2017年版).北京:人民教育出版社,2018.

续　表

单元目标	课时内容	课时目标
2. 能够通过不同需要设计实验、实施实验，收集和加工处理信息，得出结论，提升实验探究能力和创新能力。 3. 体验真实情境、合作学习对知识形成的重要作用，培养团队合作精神。	第一课时：粗盐提纯与氯碱工业	(3) 了解利用氯碱工业制备氯气，体会化学工业对人类社会发展的重要作用，感悟化学对生活生产的指导性作用。
	第二课时：氯气	(1) 结合生活实例，建立价类二维图，探究氯气化学性质，与第一章的物质分类联系起来；
		(2) 理解氯气的性质及相互转化，逐渐感受、形成化学学科的"微粒观"，初步建立研究非金属单质及化合物的思路和方法；
		(3) 在动手实验的过程中，培养学生相互合作，敢于质疑，勇于创新的科学研究意识以及社会责任感。
	第三课时：探究氯水的成分和次氯酸盐的性质	(1) 设计学生实验，引导学生对实验现象进行观察和记录，启发学生对实验现象的分析和归纳；
		(2) 强化用转化的思想检验微粒，掌握氯水中存在的微粒与氯水的性质，提升宏观辨识与微观探析素养；
		(3) 总结次氯酸的性质，养成运用知识解决实际问题的能力，体会化学科学的社会价值。
	第四课时：制作84消毒液和漂白粉实验方案的设计	(1) 回顾氯气与氢氧化钠溶液的反应，类推氯气与石灰乳反应，并写出化学反应方程式；
		(2) 通过分析84消毒液性质以及消毒原理，深化对氯气、次氯酸钠和次氯酸三者转化的认识，提升微观探析、变化观念等素养；
		(3) 设计并改进实验方案。

四、单元教学活动设计

《普通高中化学课程标准(2017年版)》明确指出：科学探究是进行科学解释和发现、创造和应用的科学实践活动；能发现和提出有探究价值的问题；能从问题和假设出发，依据探究目的，设计探究方案，运用化学实验、调查等方法进行实验探究；勤于实践，善于合作，敢于质疑，勇于创新。

学生在初中是从物质的角度学习化学的，比如说身边的物质，二氧化碳和水，而高中从元素的角度研究学习化学，卤素就是他们进行化学学习的第一个元素，卤素的选取很有代表性，以氯元素作为代表，具有可变价态，可以从氧化还原角度研究单质和不同可变价态化合物之间的相互转化，还可以从电解质溶液、电离角度研究强弱电解质等。从纵向看，卤素元素——氟氯溴碘，其单质和化合物，存在递变规律，可以从结构的角度来研究。

我们新时代的高中生，往往喜欢动手实验，但是缺乏实验技能，他们比较喜欢新奇的现象，但是只是爱好现象的新奇而已，没有仔细探究现象背后的本质，缺乏探究能力。因此，依托境脉教学理论，从"情境主线，知识主线，素养主线"设计本单元的教育教学内容和活动，突出化学知识在生活真实情境中的应用，提高学生参与度，提升学生的探究能力。

1. 第一课时：氯之"源起"——海水晒盐，氯碱工业

海水晒盐是第二单元的开篇，引入"氯以及化合物"的主要来源，也是对初中的"粗盐提纯"的进一步认识和学习。在初中的学习中，学生从宏观物质角度初步了解杂质的去除方式和思想，在本课时中，利用第一单元中的"微粒观"思想，引导学生侧重于从微观的角度，将粗盐提纯时的思维方式，由除物质转变为除离子，并应用除杂的方法，获得纯净的氯化钠，再学习氯碱工业，体会海洋资源的重要性，体会到食盐在生活生产中的重要作用，感受化学学科的应用价值。

学习评价　该课时实验方案设计包括三部分：(1)海水中氯化钠的蒸发结晶；(2)泥沙的过滤到可溶性杂质离子的去除；(3)沉淀试剂的用量和加入顺序等。学生通过阅读、讨论等方式完善自己的实验方案，安全、有效完成实验，极大程度地促进了学生思维能力的发展。

表 2-1-2　第一课时教学逻辑主线

情　境　主　线	知识主线	素　养　主　线
视频：海水晒盐		信息加工与运用
讨论卤水密度范围	制备粗盐	学会分析数据解决问题
除杂方案的设计和比较	制备精盐	掌握分离物质的一般方法，初步建立微粒观，提升实验设计与操作能力
演示实验：电解饱和食盐水	氯碱工业产物	了解化学物质在生活中的应用、在社会发展中的重要价值

2. 第二课时：氯之"迁衍"——活泼的氯气和氯气的实验室制备

生活中含氯物质有很多，如食盐、84 消毒液、漂白粉、洁厕灵，这些含氯的物质是从何而来的？这跟氯气的性质有何关系？

通过学生实验和演示实验（氯气和铁反应、氯气和铜反应、氯气和氢气的反应）了解并且掌握氯气是一种活泼的单质。从宏观辨识到微观探析，根据氯原子的结构，解释氯元素在迁衍过程中的物质形式和转化时的化学反应原理。绘制氯元素的迁衍循环图，强化了学生的微粒观，建立元素循环意识和平衡思想，引导学生关注可持续发展问题、环境保护问题。利用初中已学的制备气体的方法，探索实验室制备氯气的原理和装置。通过具有逻辑性的过程，气体发生、气体净化、气体收集、尾气处理，引导学生利用已学的化学原理和化学装置，完成实验室制备氯气的设计。不仅从理论角度深化氧化还原理论及其对现实指导意义的理解，而且从实践角度分析和夫除杂质，建立模型；通过尾气处理的研究建立绿色化学概念，培养科学素养和可持续发展的理念。

整节课紧紧抓住依靠实验活动，促进探究推理的思想理念，既有实验现象的观察、实验原理的探究，又有实验装置的改进，形成一系列具有科学性、逻辑性、探究性的问题，在每一步探索中强化证据推理的意识，激发学生学习欲望。本节课的教学设计充分发挥了学生学习主体的教学理念，学生在教师的引导下，逐渐探究实际生活中的含氯化合物，构造氯元素的价类二维图，并用实验进行验证，符合学生的学习认知规律。在教学过程中，对比法、实验法、探究法等均有充分的演绎。

表 2-1-3　第二课时教学逻辑主线

情境主线	知识主线	素养主线
氯气是一种活泼气体	从氯原子的结构,解释氯元素在迁衍过程中的物质形式和转化时的化学反应原理	通过绘制氯元素的迁衍循环图,建立元素循环意识和平衡思想,引导学生关注可持续发展问题、环境保护问题
实验室制备氯气	实验原理,实验装置	通过实验室制备氯气的原理探究,深化对氧化还原理论及其对现实指导意义的理解;通过对气体杂质成分的分析和除杂方法的设计,建立模型;通过尾气处理的研究,建立绿色化学概念,培养科学素养和可持续发展的理念

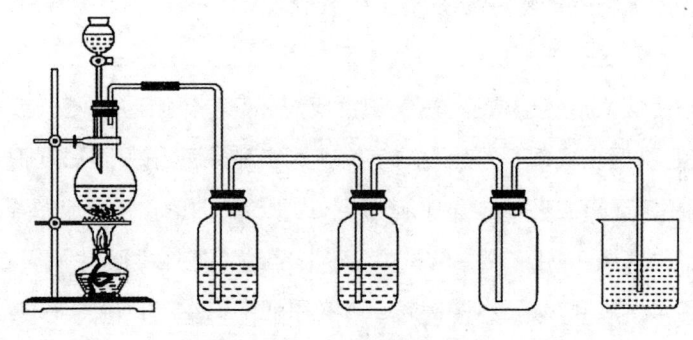

图 2-1-1　氯气的制备装置

学习评价　本节课的教学设计充分发挥了学生学习主体的教学理念,学生在教师的引导下,逐渐探究实际生活中的含氯化合物,构造氯元素的价—类二维图,并用实验进行验证,符合学生的学习认知规律。在教学过程中对比法、实验法、探究法等均有充分的演绎。

3. 第三课时:氯之"消毒史"——自来水养鱼

借助"自来水养鱼"真实生活情境载体,导入氯气性质的探究。利用学生初中具备的检验离子的方法,研究"氯水中的微粒"这一复杂体系。整堂课基于生活真实情境,采用问题链配合实验探究的模式形成一系列具有科学性、逻辑性、探究性的问题,在每一步探索中强化证据推理的意识,激发学生学习欲望。多条线索并行。第一条是"载体线索":依靠"自来水养鱼"贯穿整个课堂,自来水能不能直接养鱼,自来水为何不能直接养鱼,自来水如何处理能实现养鱼,最后如何检验处理得到的自来水是否符合要求。第二条是设计线索:从氯气引入氯气和水的反应,进而探究次氯酸性质,再利用性质去除和检测次氯酸。第三条是问题线索:学生已有的初中知识是单一离子的检验,而氯水是一个复杂的体系,里面含有的微粒众多,并且微粒又在发生变化。如何从整个复杂体系中,设计实验探究微粒的种类?需要老师设计合适的问题,一步一步引导学生提出假设,实验验证,推导归纳。

在本堂课的实施中,紧紧抓住依靠实验活动,促进探究推理的思想理念,做到了四从:"从虚拟到真实,从宏观到微观,从静态到动态,从书本走向生活"。

从虚拟到真实:从100多年氯气用于自来水的消毒情境开始,了解氯气用于自来水消毒的历史,参观自来水厂,了解用氯气消毒自来水在历史舞台中的重大作用,感受科学的神奇。从宏观到微观:从宏观辨识到微观探析,是化学核心素养的重要内容之一,不仅关注氯水漂白紫色石蕊试剂、氯水漂白干花,还要深入微观,探究氯气在水中的行为,探讨氯水成分,研究次氯酸的分解,分析宏观现象背后隐含微观微粒的行为和性质。从静态到动态:氯气的知识是静态的,课堂需要动态的生成,通过设计多样的课堂活动呈现丰富的课堂,如学生实验(氯水中的离子鉴定),演示实验(84消毒液加稀盐酸漂白),小组活动(探究氯水中的微粒),拓展活动(研究定量检测余氯方法的本质),学生在活动和探究过程中,提高认知概括、推断分析、归纳小结、预测验证能力。从书本走向生活:我们以"自来水不能直接养鱼"作为情境引入,通过一系列的探究,帮助实现"自来水经过处理养鱼",从生活走进化学,再运用化学解决生活问题,让学生们真切感知化学是一门有实用价值的科学学科。

表2-1-4 第三课时教学逻辑主线

情境主线	知识主线	素养主线
能不能直接用自来水养鱼	氯水中微粒成分的探究	提出假设,收集证据,分析推理
为什么不能用自来水养鱼	次氯酸的性质: 弱酸性;不稳定性;强氧化性	探究氯气在水中的行为:设计并完成实验,形成宏微结合、科学归纳的学科能力;掌握氯水中存在的微粒与氯水的性质

第二章 境脉教学有逻辑主线 85

续 表

情境主线	知识主线	素养主线
怎么处理自来水养鱼	利用已学的次氯酸的性质,学以致用	科学态度,社会责任
如何评价处理的效果		科学态度,社会责任

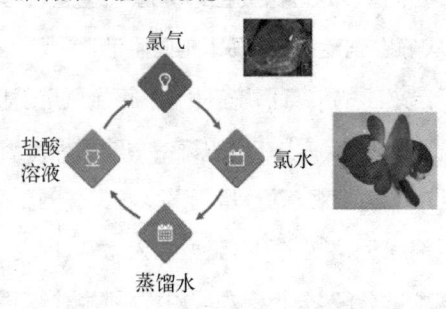

图 2-1-2 研究氯水中的微粒

图 2-1-3 探究久置氯水的成分

学习评价 探究氯气用于消毒自来水的本质原因。次氯酸具有强氧化性、漂白性和杀菌能力,但是次氯酸不稳定,在生产和生活中使用不方便,为引入漂粉精和 84 消毒液提供背景。

4. 第四课时:氯之"消毒"——新冠消毒剂

学生已经具备氧化还原知识、电解质溶液知识,学习了氯气的性质,了解氯气与水反应生成的次氯酸具有强氧化性,次氯酸不稳定,见光易分解。但生活中的消毒液有效成分是次氯酸钠,学生无法建立氯气、次氯酸钠和次氯酸三者之间的关联。84 消毒液在新冠疫情中发挥重要作用,本节课选择"84 消毒液"这一生活情境作为切入点,研究含氯化合物,研究氧化还原反应。84 消毒液性质的探究,最大的亮点在于:(1) 探究对象来源于生活;(2) 探究方法科学有效,实验取材简单,设计方便;(3) 探究的结论能够运用到实际生活中,学以致用。本节课教学充分发挥教学情境与问题的教学价值,通过真实情境下的问题探究活动,引导学生认识 84 消毒液的性质及消毒原理,探究其消毒效果的影响因素,学会正确使用 84 消毒液,科学预防和抗击新冠肺炎。

表 2-1-5　第四课时教学逻辑主线图

情 境 主 线	知 识 主 线	素 养 主 线
84消毒液能有效杀灭新冠病毒	次氯酸的杀菌漂白原理	结合疫情，切入主题，引起学生的关注
杀菌消毒本质	次氯酸钠与水 次氯酸钠与碳酸	由宏观现象辨识物质及其反应，对变化进行分类
白醋增强消毒效果	消毒液的增效	设计对照实验方案，客观记录，并进行解释
消毒液和洁厕灵混用	消毒液的使用注意事项	基于实验现象得出结论，形成安全意识
次氯酸钠发生装置	消毒液的制备	对情境中的关键要素进行分析，运用化学符号描述物质及变化
漂粉精资料卡	漂粉精的制备、使用	类比迁移，完善知识结构

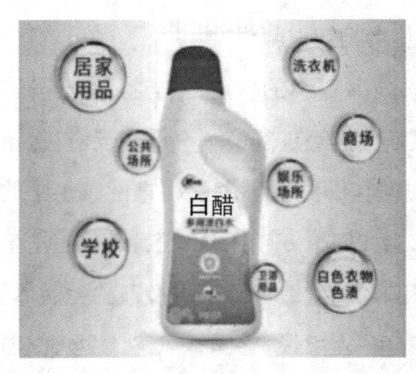

图 2-1-4　白醋增强消毒效果

表 2-1-6　白醋增强消毒效果

实 验 试 剂	实 验 现 象	原 　 理
紫色石蕊试剂 84消毒液 白醋	迅速褪色	次氯酸根转换成次氯酸，漂白的微粒是次氯酸
紫色石蕊试剂 84消毒液	缓慢褪色	

图 2-1-5　新冠疫情下，自制消毒剂

学习评价　能设计完整、可行的"制作84消毒液和漂白粉"实验方案。

五、教学反思

1. 注重学情分析，重构好元素化合物知识脉络

"氯及其化合物"是高中化学必修课程中的核心内容之一，氯气的化学性质中，氯气和水的反应尤为复杂，这是学生接触到的第一个可逆反应，氯水体系中的微粒成分特别多，性质各不相同，如何帮助高一学生迅速掌握氯水中的成分？绝不能停留在死记硬背方程式上。那么如何改变以往枯燥的教学，使学生建立起研究物质性质、物质之间转化的思路和方法呢？从"知识讲授"向"生活体验"转变是一种很好的解决思路。以"自来水养鱼"为主线，穿插了氯气、氯水、次氯酸的各个性质，同时为进一步引入次氯酸盐作好铺垫。为了让课堂的整体实效性更高，增加知识小卡片；在提出假设环节，本课针对大多数学生只关注"局部"的现象，进行分层次假设、预测，教师通过与学生的对话、对学生评价等策略的实施培养学生思维的严密性和全面性。

2. 研究实验教学，创设好实验情境

实验是化学教学的主战场。高中生对于新鲜事物比较新奇，特别是对化学实验充满好奇和期待，所以尽可能多设置一些实验，动手操作，提高学生的综合素质。在进行教学实验活动设计时，应该充分考虑学生的已有知识经验，结合生活

真实情境,正确把握学生依靠调研、推理、讨论及简单实验等方法可以触及的知识和能力范围。最好的灵感来源于现实的生产和生活,这就要求教师有一颗易感的心,热爱生活、关注生活,时刻带着学科的视角、教师的视角积累活动素材和活动创意,应用于教学活动设计[1]。

3. 聚焦思维发展,营造好互动氛围

本单元涉及的知识点多,综合性强,学生思维活动量大,对学生的证据推理与模型认知能力、科学探究与创新意识、宏观辨识与微观探析能力都有较高要求。利用境脉理论的"情境主线,知识主线,素养主线",从多角度设计教学课堂,推进教学内容,最终实验基于氧化还原反应的"宏观辨识与微观探析",基于实验探究的"科学探究与创新意识",基于正确使用化学品的"科学态度和社会责任"等学科核心素养。同时深化学生对"含氯消毒剂"的认识,在辩证认识物质的基础上养成健康的生活方式。

(撰稿者:上海交通大学附属中学　姚斐娜)

---

[1] 朱琼芬.基于学生核心素养培养的教学活动设计研究[J].化学教育(中英文),2021(01): 61-65.

实践智慧 2-2　学科知识主线：海带提碘

境脉教学是有知识主线的教学，"海带提碘"这一简单的课时，蕴含氧化还原反应知识的应用，物质提纯方法的实践。通过对"海带提碘"教学内容优化和重整，创设真实问题情境，设置合适的学生活动，挖掘内容所承载的育人价值，从情境线、学生活动线、核心素养线这三个逻辑过程出发进行教学设计，并进行"素养为本"的教学实践，旨在为深入研究新教材、新课堂提供思路。

《普通高中化学课程标准（2017年版）》（以下简称"2017版课标"）建议教师在化学教学与评价中紧紧围绕"发展学生化学学科核心素养"这一主旨，优化教学过程，有效提高教学质量，发展素质教育，落实立德树人根本任务。"境脉"式教学突出情境脉络的预设，并把情境脉络与活动脉络、知识脉络、素养脉络有机结合，指向化学核心素养的培育，是核心素养目标在实践层面的呼应。笔者以"从海水中提取溴和碘"的第二课时"海带提碘"为例，进行"境脉教学"的实践操作。

一、教学要求分析及目标确定

"海带提碘"是高中化学高一年级第二章"海洋中的卤素资源"中第三节内容。本节课主要内容包括：溴、碘单质的物理和化学性质；海水提溴和海带提碘流程设计。学生在学习食盐、氯气等知识的基础上，进一步学习"溴、碘的性质"，再通过"海水提溴和海带提碘"工业生产的真实情境，培养学生运用已有知识和技能解决实际问题的能力，了解化学工艺流程设计的基本方法和步骤，体现了化学与社会密不可分的关系。

笔者任课班级的学生已具备常见物质分离与提纯的技能和方法，学过氧化还原原理；对化学学习有较大的兴趣、较强的求知欲望。但是，学生读取和筛选文字、图表等信息的能力不足;对于复杂的工业生产涉及的化学问题,不能从多角度、辩证地综合分析和解决问题。笔者基于学情,制定本节课知识主线的四个目标:① 理解海带提碘的原理并描述其提取步骤;② 通过海带提碘中核心问题的探究与解决,学会基于证据进行逻辑推理,感悟科学、技术与社会生活的紧密联系;③ 通过海带提碘的流程设计,初步建构"工业提取微量元素物质的思想流程"模型;④ 了解我国发展海洋强国的战略思想,增强社会责任感和使命感。其中,教学目标②和③是重点和难点。

二、教学设计思路

"海洋中的卤素资源"涉及三种元素:氯元素、溴元素、碘元素,三种元素有共性,有特性,也有递变性。就卤素单质提取而言,海水提氯、卤水提溴、海带提碘,知识主线一脉相通,隐含富集思想,即需要根据元素的浓度选择合适的提取原料,这也为我们从自然界中提取微量元素提供了一个模型。如果说提取是一只有形的手,可以拿到实实在在的物质,那么富集是一只无形的手,它配合提取原料、提取手段、提取方法的具体情况进行具体分析。在学生过往的学习过程中,笔者发现学生对于富集思想比较陌生,思路会比较混乱,比如:什么时候需要富集?利用什么性质富集?使用什么手段富集?而在"海带提碘"中,这些都有比较集中的体现。笔者选择从富集作为突破口,通过"境脉教学"完成课堂设计。

境脉教学是有逻辑性的教学,本节课笔者根据"海带提碘"设置两条知识主线。一条是明线——碘单质的提取过程:先提取海带中的碘离子,再氧化碘离子得到碘水,碘水浓度较低,进一步萃取富集得到碘的有机溶液,最后通过反萃取法得到固体碘单质。另一条是暗线——碘元素的富集过程:生物富集:通过海带和海水中含碘量的对比,感受大自然的神奇魅力,拓展学生思维;试剂富集:碘水的浓度小,而且碘单质易升华,因此用常规的物质分离方法不合适,通过有机试剂萃取富集,得到高浓度的碘单质有机溶液;化学富集:先加碱,再加酸,碘单质从四氯化碳溶液中又回到了水中,并以沉淀形式析出。这个过程中,调动学生已有的知识储备,充分的知识铺垫,足够的讨论和思考时间,再配合学生实验,让学生直观形象地感受整个过程,同学们在老师的一步步引导下逐渐靠近真相,学生的知识获得感和成就感较强。通过本节课的学习,学生建立从自然界中获取微量元素的模型。

教学设计中采用了知识问题链学习方法,将教学内容转化为一系列具有科学性、系统性、层次性、逻辑性的问题,"如何将海带中的碘转移""过量氯气可以充分氧化碘离子吗""如何分离碘和水""如何分离碘和有机溶液"等,涉及实验原理的问题,也有操作及装置原理的问题,根据境脉教学,"先验新知接境——创设任务启境——学习脉动入境——建立脉络出境",按照学生的思维结构来解决这些问题,让整堂课的重点与难点通过学生已有的知识突破,让教学知识结构与学生的思维结构吻合,最大限度的发挥学生主体作用,是本节课教学活动设计的重心。

三、教学主要过程及分析

表2-2-1　教学流程

知识板块	活动线	情境线	问题线	素养线
碘的用途和来源	原料选择	海洋、海水,海产品碘含量数据分析	如何从海洋中获得碘单质	社会责任
提取和检验碘离子	原料性质	学生实验:探究浸泡是否可以把碘离子转移到水溶液中	海带浸泡液中是否存在碘离子	科学探究 证据推理
氧化碘离子	反应原理	演示实验:过量氯水氧化碘离子	如何使海带浸出液中的碘离子尽可能完全氧化	科学探究 证据推理
提取碘单质	水和碘单质分离	综合物质提纯的方法,学生自主设计分离方法,通过视频、图片等形式,展现各种分离方法的适用性,让学生明白分离方法取决于物质性质	如何从碘水中获得固体碘单质? 1. 蒸发结晶可以吗? 2. 升华凝华可以吗? 3. 为什么萃取分液?	科学探究 证据推理 科学态度 社会责任
	CCl_4和碘单质分离		如何从碘的四氯化碳溶液中获得固体碘单质? 1. 蒸馏可以吗? 2. 一定量四氯化碳中的碘单质转移到等量水中会有什么现象?	

续 表

知识板块	活动线	情 境 线	问 题 线	素养线
			3. 用什么方法把碘从四氯化碳转移到水中？ 4. 将碘水中的碘，萃取到四氯化碳溶液中，加碱加酸得到碘水，前后两次碘水有什么区别，这样做的目的是什么？	

　　知识主线一：课的引入：碘是生命元素、海洋元素。

　　问题：为什么要从卤水中提溴，为什么不从卤水中提碘？

设计意图　通过碘在生活中的应用引入提取碘的必要性，利用生产碘的能耗数据证明富集碘的必要性，利用数字信息提高学生分析能力，凸显提取微量元素需富集的重要思想。

　　知识主线二：探究过程：海带中的碘如何提取？

　　问题1：如何证明海带浸泡液中有碘离子？

　　问题2：充分的氯水能够完全氧化碘离子吗？

设计意图　通过实验现象引发学生的认知冲突，激发学生对氧化过程的思考，掌握氯水必须适量。

　　知识主线三：探究过程：如何从碘水中提取碘单质？

　　问题1：如何从碘水中获取固体碘单质？

　　问题2：为什么萃取可以？

　　问题3：如何从碘的四氯化碳溶液中提取碘单质？

　　问题4：如何从碘的有机溶液中获取固体碘？蒸馏可以吗？

　　问题5：在碘的四氯化碳溶液中先加碱，再加酸的目的是什么？

设计意图　通过实验方案的设计，分析评价，看视频、图片、表格数据等形式，完成碘的富集和提取，提高学生对已有知识的处理和运用能力，提高学生的实际动手操作能力。

　　知识主线四：归纳总结：连续富集和提取的流程。

设计意图　通过归纳总结,了解大自然神奇的生物富集,掌握工业提碘的方法。

四、进一步思考

境脉学习中,学习者以高阶思维的发展和实际问题的解决为目标,以整合的知识为内容,积极主动地、批判性地学习新的知识和思想,并将它们融入原有的认知结构中,且能将已有的知识迁移到新的情境。

根据境脉学习理论,课堂教学基本流程分为四步:"先验新知接境——创设任务启境——学习脉动入境——建立脉络出境",通过四步教学完成三个世界的关联,学习就在"整体把握学习的全部情境"下发生建构意义的正向变化。

1. 先验新知接境:能够考虑学生的先验认识,结合学生通向新知的"临界点"实施教学。笔者本节课是建立在"海水提氯,卤水提溴"基础上面,通过两者的差异,利用数据分析,得出"海带提碘"。

2. 创设任务启境:情境创设,符合一定的语境、题境、问境和学情,利于学习任务驱动和发展;大问题驱动,任务解决具有迫切性和纲领性。本节课,笔者以问题链贯穿整节课,以"为何提碘""从何提碘""如何提碘"三个大问题出发,设计一系列具有梯度的小问题,在层层问题的提出和解决中,构建新的知识体系。

3. 学习脉动入境:知识点目标定位准确,通过"富集思想的两条知识主线"实现"伞柄式"支撑的教学任务。课堂教学脉络清晰,板块推进以"学生为本"的逻辑重构。利用"学生实验""小组讨论""观看视频"等形式,流程清晰,注重学生的参与式学习,学习活动设计有针对性,互动有效,小组合作有分工有合作,效果明显。

4. 建立脉络出境:设计两个课后作业:① 饱和碘水中的碘单质提取;② 除了浸泡外,查阅"海带提碘"其他方法。注重内外世界的经验关联,利用已经学过的知识,联系实际生产生活,梳理知识,鼓励基于学生总结的课后提炼,学会迁移应用,适度拓展,建立新的学习脉络。

(撰稿者:上海交通大学附属中学　姚斐娜)

实践智慧 2-3　情境任务主线：质量守恒定律

"境脉"视角下的化学课堂教学以特定的教学目标为导向,设计能突出学生主体、激发学习兴趣、具有动态生成空间又一脉相承的教学情境,从情境中衍生出问题与任务,以问题解决和任务的完成来实现对相关基本知识与技能的落实,并提升学生的核心素养与能力[1]。

一、问题提出

质量守恒定律是初中化学定量分析的唯一定律,是学生对化学反应的认识从宏观辨识到微观探析的重要方法,是学生形成守恒思想与动态变化观念的重要开始、是学生科学探究化学实验的重要内容,因此,质量守恒定律在复习阶段占有非常重要的地位。以往"质量守恒定律的应用"复习课教学设计的知识主线不够清晰、情境创设不够连贯、互动对话不够充分,学生缺乏应用质量守恒定律知识解决真实实验问题的学习体验,难以转化为解决实际实验问题的能力,不利于学生学科核心素养的发展。为此,本节课基于境脉学习理论,以真实实验问题解决为情境线索,旨在帮助学生在复习阶段加强对质量守恒定律的认知水平,提高应用质量守恒定律解决真实问题的能力。

二、教材分析

在《上海市初中化学学科基本要求(试验本)》[2]第八单元"物质变化的规律"

---

[1] 汪纪苗,王淼淼,任雪明."境脉"视角下的化学教学实践与思考[J].中学化学教学参考,2017(13): 15-17.
[2] 上海市初中化学学科基本要求(试验本)[M].上海: 上海科学技术出版社,56-57.

中要求运用质量守恒定律解释一些简单的问题和现象；运用质量守恒定律推断化学变化中的反应物或生成物，并书写化学方程式。

表 2-3-1　质量守恒定律学习要求

学习内容		具体要求	学习水平		
			Ⅰ	Ⅱ	Ⅲ
8.1 质量守恒定律	8.1.1 质量守恒定律及其微观解释	说出质量守恒定律的概念 从微观角度解释质量守恒定律	B	B	A
	8.1.2 质量守恒定律的应用	运用质量守恒定律解释一些简单的问题和现象 运用质量守恒定律推断化学变化中的反应物或生成物，并书写化学方程式	C	B	A

三、教学目标

（1）通过创设真实实验情境，巩固化学方程式的计算方法，掌握原子守恒的计算方法，形成从宏观质量守恒、元素守恒到微观原子守恒的守恒观。

（2）通过对实验的误差分析，学会对真实问题做出预测并能够多角度分析真实问题，培养学生动态认识和分析化学变化的能力，形成变化与守恒、理论与实践、定性与定量的辩证统一的化学观念。

（3）通过对实验的优化改进，激发学生的求知欲，培养学生的创新意识和科学态度。

四、教学构思

本节课针对学生原子守恒计算方法的知识盲点、分析真实问题中反应物的量的学习难点和改进实验方案的创新弱点，以实验室制取氢气、氢气还原氧化铜、水蒸气与硫酸铜反应为实验情境，以化学方程式的计算、反应物的量的分析和实验方案的改进为逻辑脉络,将化学计算、物质性质、仪器使用、实验操作、实验设计等有机整合,引导学生应用守恒观念从理论到实际来解决实际问题。

情境线	知识线	素养线
理论计算实验产物质量	化学方程式计算 质量守恒定律的解释	化学观念
分析实验误差及其原因	对真实问题做出预测 多角度分析真实问题	科学思维
改进实验	对真实问题提出优化方案 确定实验操作步骤	科学探究与实践

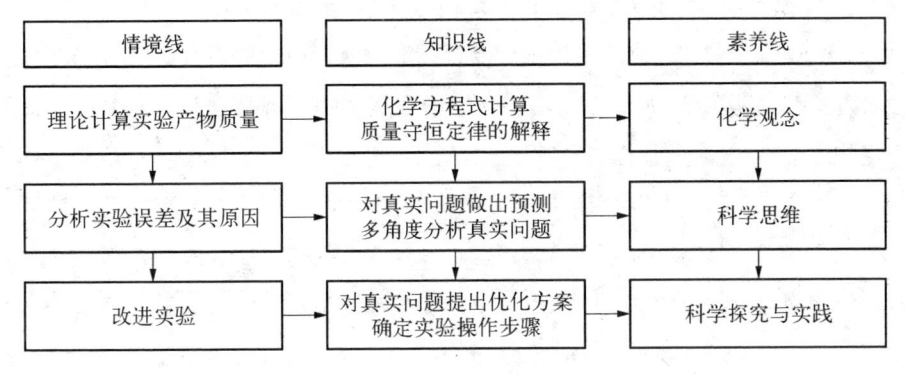

图 2-3-1 教学逻辑主线图

五、教学设计

1. 剖析学情,精准把握薄弱点,链接复习主题知识脉络

复习课的作用是温故知新、查漏补缺。因此,在复习课的设计过程中,教师要明确学生的知识盲点、学习难点和能力弱点,精准掌握学情,梳理、规划、筛选学生的薄弱点后形成有逻辑的知识主线,形成课堂学习的脉络。

在复习阶段,学生能够根据质量守恒定律对物质宏观元素的种类和质量进行推断和计算,也能根据微观示意图分析物质的微观构成。但是,由于学生对质量守恒定律的理解相对粗浅,缺乏在具体真实情境中动态分析物质变化的能力,导致综合应用质量守恒定律存在困难。为此,本节课充分考虑学生原有经验,明确最近发展区,确定课堂教学的知识主线。从宏观到微观的角度,先巩固宏观元素守恒的计算方法,后教授微观原子守恒的巧算方法;从静态到动态的角度,先根据化学方程式理论计算物质的质量,后在动态实验中预测物质的质量并分析误差原因;从思维发展的角度,先分析确定的实验装置,后改进实验装置,再到各种优化的实验方案。由于固守而不死守知识逻辑顺序[1],根据学生的原有经验,调整了

---

[1] 王先锋."序"的新解: 追寻高中化学必修教科书的灵魂[J].中学化学教学参考,2021(6): 4-7.

知识板块的顺序,形成了清晰的知识脉络,便于学生将"质量守恒定律"内化和应用,提高复习效率。

2. 设计实验,紧扣关键点,创设情境任务学习主线

本节课"应用"的基础是对质量守恒定律的理解,"应用"的目标是解决实际问题。"应用"需要场景,如何围绕知识脉络创设适切的情境开展教学,织补学生知识网络的漏洞,就对教师提出了挑战。

实验室制取气体、还原氧化铜、气体检验是初中化学学习的关键实验,涉及的知识面广、实验操作要求高、实验装置变化多。本节课选取其中三个关键实验:实验室制取氢气、氢气还原氧化铜、水蒸气与硫酸铜反应,将其有机融合为一个实验情境。课堂现场展示实验过程提供真实的学习情境;通过设计有逻辑、有梯度的任务驱动学生学习和探索。

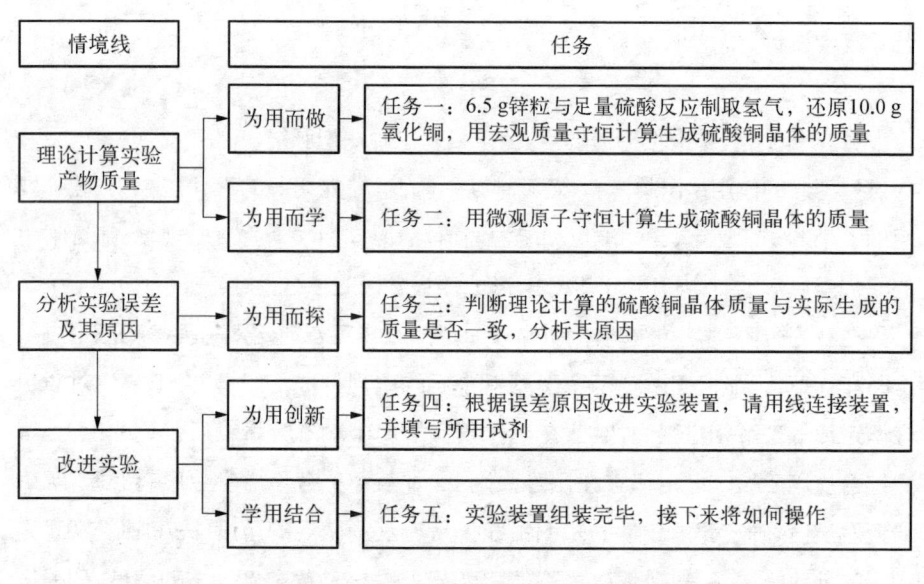

情境线		任务
理论计算实验产物质量	为用而做	任务一:6.5 g锌粒与足量硫酸反应制取氢气,还原10.0 g氧化铜,用宏观质量守恒计算生成硫酸铜晶体的质量
	为用而学	任务二:用微观原子守恒计算生成硫酸铜晶体的质量
分析实验误差及其原因	为用而探	任务三:判断理论计算的硫酸铜晶体质量与实际生成的质量是否一致,分析其原因
改进实验	为用创新	任务四:根据误差原因改进实验装置,请用线连接装置,并填写所用试剂
	学用结合	任务五:实验装置组装完毕,接下来将如何操作

图 2-3-2 创设实验情境设计驱动任务图

任务一 用宏观质量守恒进行计算,巩固化学方程式计算方法

PPT 展示 实验室用6.5 g锌粒与足量稀硫酸反应制取氢气并还原10.0 g氧化铜,

实验装置如图所示(装置气密性良好,夹持仪器省略,无水硫酸铜足量),请计算生成 $CuSO_4 \cdot 5H_2O$ 的质量。

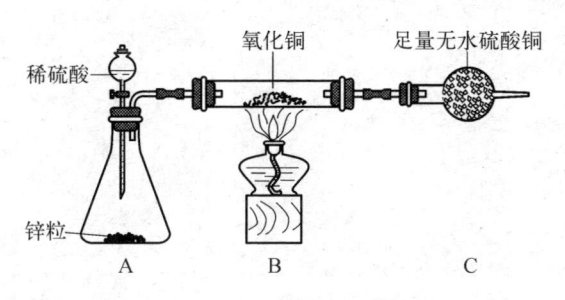

图 2-3-3 实验装置示意图

设计意图 通过创设学生熟悉的实验情境,引导学生巩固和复习化学方程式的计算方法,学生在没有方法约束的情况下,选择自己掌握的方法进行计算,分享自己不同的解题思路、过程和方法,激发学生从不同角度、不同路径解决方程式计算问题。

任务二 用微观原子守恒计算,教授原子守恒计算方法

提问 是否有更简单的计算方法?

讲解 根据质量守恒定律,化学反应前后原子的种类和个数不变。该实验中,消耗的硫酸分子中的氢原子一定等于生成的硫酸铜晶体分子中的氢原子,因此,可以根据氢原子守恒求得硫酸铜晶体的质量。

设计意图 引导学生利用原子守恒思想,从方程式列式的计算到物质间原子守恒关系的计算,落实质量守恒定律的微观原子守恒,帮助学生形成变化与守恒的思想。

任务三 在真实实验情境中,分析实验结果产生误差的原因

设计意图 在真实实验情境中,通过理论计算的硫酸铜晶体与实际生成的硫酸铜晶体的质量在数值上不相等,引发学生产生认知冲突,激发学生探究兴趣;从实验操作、实验装置、实验设计三个方面帮助学生梳理实验中产生误差的原因,培养学生多角度分析问题的能力。

氧化铜10.0 g

锌粒6.5 g

硫酸铜+干燥管25.1 g

图2-3-4　反应前后实验装置中的现象图

任务四　改进实验装置，减少实验误差；用线连接装置，并填写所用试剂

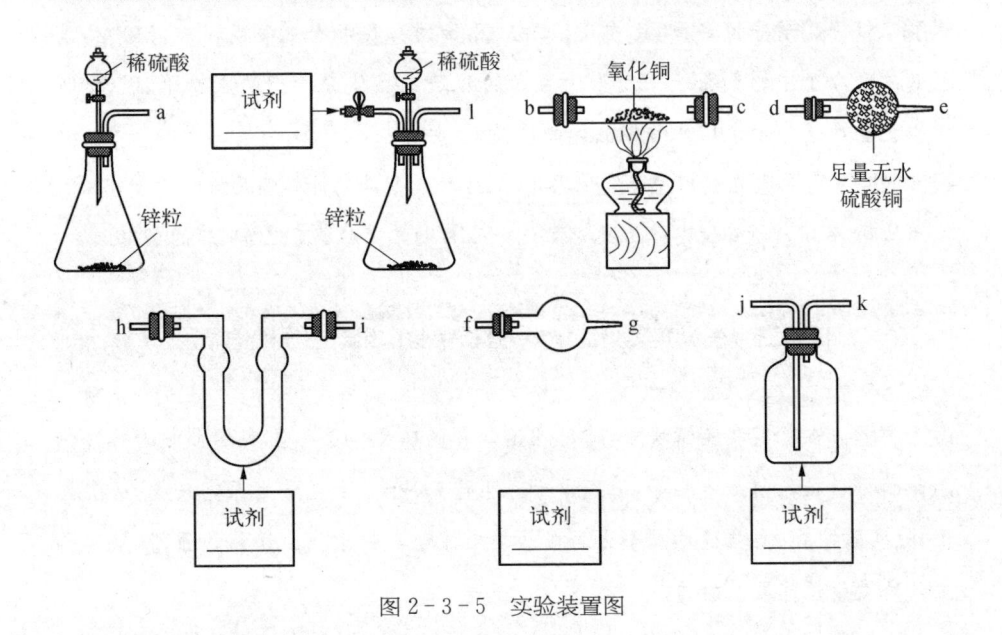

图2-3-5　实验装置图

设计意图　引导学生根据实验装置中的实际问题,提出自己的解决方案,培养学生的创新能力。

> **任务五**　组装完实验装置后,应该如何操作,操作的目的是什么

设计意图　创设实验操作的问题情境,引导学生解决实际问题,提高问题解决能力。

通过创设真实的实验情境,将学习置于特定的、熟悉的时空,学生能够建构原有知识、技能和能力体系,在"用中学"任务的驱动下,学生为用而听,以用促探[1],用而创新,形成了有效的学习机制。

3. 互动课堂,关注生成点,促进深度思考学习能力

学生是学习的主体,在境脉学习中开展的学习活动是自主的、能动的、建构的[1]。教师是课堂学习的设计者、组织者、引导者[1],因此教师要关注课堂互动,创造有助于学习互动的教学氛围。

(1) 与情境互动

> **任务六**　在真实的实验情境中,分析实验结果产生误差的原因

提问　理论计算的硫酸铜晶体的质量与真实实验中得到的硫酸铜晶体的质量一致吗?

展示　视频展示实验,同时现场演示实验。

学生　不一样。

追问　产生实验误差的原因有很多。请先从实验操作的角度分析原因。

学生　实验开始前,先要通一段时间的氢气,排尽空气防止爆炸,这样参加反应的氢气会减少,生成的硫酸铜晶体质量就会偏小。

学生　实验结束后,还要继续通一段时间氢气,直至冷却至室温,这样也会消耗一

---

[1] 徐燕萍.境脉学习：一种引导学习转型的新范式 [J].江苏教育研究,2017 (29)：23-27.

部分氢气，致使生成的水偏少，生成的硫酸铜晶体质量偏小。

学生 装置B中可能会留有反应生成的水蒸气，生成的硫酸铜晶体质量偏小。

追问 实验装置是否会导致实验误差？

学生 实验结束后，装置内残留氢气，装置B内生成的水会减少，生成的硫酸铜晶体质量偏少。

学生 装置A中锌粒在溶液中反应，在实验过程中会带出水蒸气，生成的硫酸铜晶体质量偏大。

学生 装置C与空气相通，空气中的水蒸气可能进入装置C，生成的硫酸铜晶体质量偏大。

追问 实验设计是否会导致实验误差？

学生 会。当反应结束后，无法使装置B中剩余的水蒸气被装置C完全吸收。

追问 为何根据质量守恒定律计算的结果是错误的？

学生 不参加反应的物质不能计算在内。

（2）与自己互动

> **任务七** 改进实验装置，减少实验误差；用线连接装置，并填写所用试剂

学生 独立完成连接装置，填写所用试剂并交流改进方案。

PPT展示 某位学生设计方案。

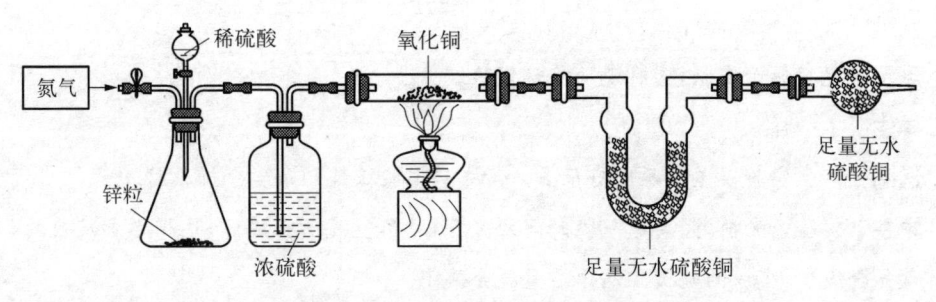

图2-3-6 某位学生设计方案图

提问 通入氮气的目的是什么？是否可以用其他气体替代？

学生 使装置内生成的水蒸气被U型管中的硫酸铜完全吸收。氮气可以被替代，

可以用稀有气体等。

追问 选择气体的依据是什么？

学生 不与装置内的物质发生反应，无毒。

提问 浓硫酸的作用是什么？

学生 浓硫酸起到干燥气体的作用。

追问 装有浓硫酸的装置可以用什么替换？使用什么试剂？

回答 可以替换成U型管或干燥管。盛放的试剂可以是氧化钙、无水硫酸铜或碱石灰。

讲解 根据某一位置的实验目的，选择合适的试剂、确定试剂的用量；然后根据试剂的状态选择合适的装置。同一功能的试剂可能不止一种，放置同一状态试剂的装置也不止一种，只要满足实验目的即可，因此，实验装置会有很多的排列组合，同学们要抓住的关键就是实验目的。

（3）与同伴互动

任务八 组装完实验装置后，应该如何操作，操作的目的是什么

学生 分组讨论实验操作步骤，交流本组讨论结果。

表2-3-2 学生分组讨论结果

实 验 步 骤	操 作 目 的
组装装置，检查装置气密性	确保实验顺利进行
打开弹簧夹，通入一段时间氮气，关闭弹簧夹	排尽空气，防止爆炸
打开分液漏斗的塞子，然后打开分液漏斗活塞（液体进入后关闭活塞），点燃酒精灯	反应产生氢气，使氢气与氧化铜反应生成水
反应结束后，熄灭酒精灯	停止加热，确保实验安全
打开弹簧夹，通入氮气至冷却至室温	防止铜被氧化

提问 你是如何判断反应停止的？

学生 装置B或装置C的质量不再增加。

提问 实验过程中能否判断装置B质量不再增加？

学生 不能判断，因为实验过程中装置B在受热，无法称量。

提问 如何判断装置C的质量不再增加？

学生 可以用电子天平称量装置C的质量。

学生在课堂上主动参与情境任务，潜移默化地引导学生与情境互动、与自己互动、与同伴互动、与教师互动，形成了多个维度的有效对话，促进学生"质量守恒定律的应用"的深度学习，提高了复习效率。

六、教学反思

1. 注重学情分析，重构好复习知识脉络

复习阶段，教师往往重视巩固知识的多少，而忽略薄弱知识的重点复习。因此，复习课的教学设计需要细致、深入地研究学情。从教学内容来说，需要掌握班级整体掌握到什么程度，以及从学生个体现有知识水平形成教学班级的知识网络图谱，针对班级整体和学生个体知识漏洞来复习知识、梳理、重构、设计形成特定教学班级的复习网络体系，形成单元复习计划，有序推进教学，才能提高复习效率。

2. 研究实验教学，创设好复习实验情境

化学实验是化学教师的专属教学策略，也是化学教师必备的教学技能，因此教师要潜心研究实验教学，在复习阶段多做实验，创设好复习实验情境，有效促进学生深度学习。备课时，需要考虑实验室的实际情况进行实验情境设计；为了有利于学生课堂观察，需要站在学生的观察角度调整好铁架台的高度和位置；为了控制演示时间，需要调整稀硫酸的量和浓度。在课堂实践中，每个学生都全神贯注于现场实验，课后还有很多学生主动近距离观察实验现象、实验装置，表达自己对实验的想法。

3. 聚焦思维发展，营造好复习互动氛围

复习是为了学生思维增值、素养提升，教师所谓的为了"节约时间"而进行的"填鸭式"的复习模式并不能满足学生真实的学习需求。复习课上，学生需要时间

去思考、交流、创造和反思,教师应该更加耐心地倾听,诊断学生的短板和空白,营造有利于学生与教师、学生与同伴、学生与情境、学生与自己的互动时空,让学生在有效互动中主动学习、主动建构,提升思维品质。

(撰稿者:上海理工大学附属初级中学 郑嬿珍)

第三章
境脉教学有主体参与

在境脉教学中,学生的主体参与是通过在一系列有逻辑关系的情境脉络中的学习行为展开的,情境脉络背后的逻辑关系会使学生的课堂参与行为具备类似的逻辑关系,且这些行为逻辑会随着教学过程的持续,逐步内化为学生的行为习惯,从而对培养学生的学科核心素养形成特殊的价值。通过设计合适的情境脉络,在教学过程中,引导学生逐步梳理出情境脉络背后的知识脉络和学习逻辑,对于提高学生课堂参与主动性和深度,有重要促进作用。

教学是以课程内容为中介的师生双方教和学的共同活动,是学校实现教育目的的基本途径,其特点为通过系统知识、技能的传授与掌握,促进学生的身心发展[1]。从对象上看,教学的参与主体是教师和学生;从时间上看,以课堂为核心的教学可分为三个阶段,即课前、课中和课后;从目标上看,教学的成果最终体现在学生是否达成了学习的目标,对于化学教学而言,也就是学生是否通过教学活动具备了化学学科核心素养。境脉教学设计和实施的主阵地是课堂,学生的课堂参与对化学学科核心素养的达成起着至关重要的作用,因此这里我们将主要探讨在境脉教学中学生的课堂参与。

《普通高中化学课程标准(2017年版)》在课程基本理念第4条中提出,重视开展"素养为本"的教学,开展以化学实验为主的多种探究活动,重视教学内容结构化设计,激发学生学习化学的兴趣,促进学生学习方式的转变,培养他们的创新精神和实践能力[2]。笔者认为"素养为本"指"化学学科核心素养"是化学教学实施的本源和目标,其对化学教学活动的设计有着提纲挈领的指导作用。在教学的课堂教学设计和组织上,要把帮助学生养成化学学科核心素养培养作为最终的目标。有效的课堂参与,对化学学科核心素养的培养有着至关重要的作用。

学生课堂参与的形式是多样的,不同风格的教师、不同的教学内容,甚至不同的授课时段,与其相匹配的最佳参与形式可能都会有所不同。因此,进行境脉教学单元设计的过程中,了解学生的课堂参与的类型、课堂参与的现状以及影响学生课堂参与的因素,是非常有必要的。

一、主体参与的方式类型

作为一线教师,一般认为学生的课堂参与形式包括问答、讨论、笔记、实验、聆听、思考等具体的行为动作。而笔者在查阅文献时发现,教育教学的理论研究人员对学生的课堂参与有更完整、深入的研究。如下表所示(见表3-0-1)[3]:

---

[1] 顾明远.教育大辞典[M].上海: 上海教育出版社,1999: 185.
[2] 中华人民共和国教育部.普通高中化学课程标准(2017年版)[S].北京: 人民教育出版社,2018: 2.
[3] 陶佳丽.高中化学课堂即时评价对学生参与的影响研究[D].武汉: 华中师范大学,2014.

表3-0-1 学生课堂参与类别

研 究 者	参 与 类 别
曾绮(2001)	消极参与型、主动参与型和被动参与型
王升(2002)	内发性参与和外发性参与
孔企平(2003)	行为投入、认知投入和感情投入
福瑞克(2004)	行为参与、认知参与和情感参与

当前得到教育教学界广泛认可的是福瑞克的观点,他在研究中对这三种参与进行了具体的描述:行为参与是从事学习各项活动中表现出的外在的行为;认知参与包含理解、思维、创造等活动,主要是策略的使用;情感参与指在参与中投入的情感,包括态度、兴趣等[1]。

华中师范大学的皇甫倩博士和王后雄教授等人对学生参与的三个维度及其下位指标做了进一步的界定,如表3-0-2所示[2]:

表3-0-2 学生课堂参与维度界定

维 度	项 目	概 念
行为参与	专心	反映学生在课堂教学过程中的认真与努力程度
	钻研	反映学生在课堂教学过程中做课堂习题时的钻研情况
	时间投入	反映学生在课堂学习之外学习化学所占用的时间
认知参与	浅层次策略	属于较低层的认知水平,是一种死记硬背的、机械的认知方式
	深层次策略	属于较高层的认知水平,是一种能够独立理解、练习和反思的认知方式
	依赖性	反映学生认知策略不成熟、认知水平不稳定的程度

[1] 王后雄,李佳.化学教育测量与评价[M].北京: 北京大学出版社,2013: 17-18.
[2] 皇甫倩,王后雄.高中生课堂参与度现状及其影响因素的调查研究[J].教育理论与实践,2015(23): 55-57.

续 表

维 度	项 目	概 念
情感参与	乐趣感	反映的是学生对学习过程及学习内容感到有趣不枯燥
	焦虑感	主要指学生对于考试或测验所反映出来的担心、忧虑
	成就感	指学生对化学虽兴趣不大,但当他们在取得良好的学习成绩或是完成学习任务之后会产生满足、愉悦等情绪
	厌倦感	表现为学生对于化学学习活动存在厌恶和倦怠的情感
	参与意向	表现为学生在课堂教学过程中希望被老师提问或积极参与小组讨论的意向

笔者认为,上述对学生课堂参与类型的分类非常全面,也有了广泛的研究基础,因此可以迁移应用于指导境脉教学学生课堂参与的相关设计。通过上表可知,为了更好地在进行境脉教学单元教学设计时提高教学中学生的有效参与,需有意识地设计情境、问题,提高学生认知参与中的深层次策略,并尽量避免学生情感参与中的焦虑感和厌倦感,提升学生的乐趣感和成就感。

二、主体参与的影响因素

将教育教学理论转为注重实践的单元教学设计,往往需要教师打破自己常规的教学设计思路,做出一定的改变,而这并非一蹴而就。改变的前提是知道学生和自身的现状,即须先调查明确当前课堂教学中学生的课堂参与情况,并在此基础上进行自我审视。

通过文献学习,笔者注意到研究者们通过问卷调查、访谈、课堂观察等多种手段对不同地区、不同学段的学生的课堂参与情况进行了系统的调查研究。

娄艳秋(2016)通过问卷调查发现学生在学习中解决问题时欠缺主动,并且忽视科学知识与日常生活之间是有联系的,说明高中化学课堂上学生在行为参与"钻研"这方面的情况不够理想;学生在化学学习中自主性差,能依赖别人则依赖,学习方法不知变通,多是机械学习,缺乏对化学学习的反思;成绩不理想的学生在课堂参与的过程中易产生厌倦感和焦虑感[1]。曾琦(2003)通过访谈、开放式问卷调查和课堂观察相结合的研究方法,发现北京某小学在学生参与的范围、形式、目的、角色等方面都存在严重的误区:学生的参与仅限于课堂,学生的参与仅限于答问,学生的参与只是教师组织教学的手段,学生的参与是对教师的服从等[2]。陶佳丽(2014)从人口学的角度通过对3所高中不同年级和性别的学生的问卷调查发现:各年级学生在认知参与维度上存在显著性差异,高二学生在认知策略上显著优于高一学生;各年级学生在情感参与维度上无显著差异,只是高一学生的专心、乐趣感、成就感项平均得分高于高二和高三学生;从性别来看,男生在行为参与和认知参与维度上显著优于女生,而在情感参与上不同性别的学生无显著差异[3]。而笔者结合自身的教学实践,尤其是在疫情期间网络教学的过程中,也发现很多学生在老师和家长监督缺位的情况下并不会认真参与教学过程。总之,学生的课堂参与现状不容乐观:一方面浅层次的参与非常普遍,另一方面参与的主动性非常欠缺。

影响学生课堂参与的因素是多样的,许多研究人员通过理论分析和问卷调查相结合的方式对此进行了系统的研究。笔者整理认为,影响学生课堂参与的因素可分为外因和内因两个方面,具体维度和指标如表3-0-3所示:

表3-0-3 影响学生课堂参与的因素

因素	维度	指标
内部因素	自我效能感	① 自信心;② 性格;③ 意志力与自控力
	人口学因素	① 年龄;② 性别
	学习因素	① 学习兴趣;② 学习动机;③ 学习成绩;④ 学习策略

---

[1] 娄艳秋.高中化学教学过程中学生参与及影响因素的研究[D].石家庄:河北师范大学,2016.
[2] 曾琦.学生课堂参与现状分析及教育对策——对学生主体参与观的思考[J].教育理论与实践,2003(8):42-45.
[3] 陶佳丽.高中化学课堂即时评价对学生参与的影响研究[D].武汉:华中师范大学,2014.

续表

因素	维度	指标
外部因素	学校因素	① 学校资源;② 学校归属感;③ 学校氛围
	班级因素	① 班级学习氛围;② 班级凝聚力;③ 班级秩序和纪律;④ 班级竞争;⑤ 班级角色
	教师因素	① 教学方式;② 教学风格;③ 教学设计
	评价因素	① 课堂即时评价;② 同伴互评
	社交因素	① 同学关系;② 师生关系;③ 亲子关系

通过上述研究可知,影响学生课堂参与的因素是多元的,且不同因素对不同课堂参与类型的影响程度也会有所差异。例如,陶佳丽的研究表明课堂即时评价对学生的行为参与、认知参与和情感参与均有一定的影响作用,解释率分别为13%、13%和19%[1]。可见,深入研究各因素对不同课堂参与类型的影响程度仍有大量的工作要进行。

三、提升参与的基本策略

在以班级授课制为主的现代教学体系中,教师的教学设计和教学实施对学生的课堂参与往往发挥主导作用。因此,笔者将主要从教师进行境脉教学设计的角度分析提高学生课堂参与的策略。

1. 加强教育教学理论学习,提高认识水平

没有教学理论指导的教学实践是盲目的。教学理论不仅仅是对现行教学实践的描述和阐释,而且是对现行教学实践的一种超越,从而表现出对教学实践的限定、调节和规范的作用[2]。笔者认为,在境脉教学中提高学生的课堂参与程度,首先,教师要通过理论学习转变学生课堂参与的观念,例如北京师范大学的曾

---

[1] 陶佳丽.高中化学课堂即时评价对学生参与的影响研究[D].武汉: 华中师范大学,2014.
[2] 徐继存.教学理论反思与建设[M].兰州: 甘肃教育出版社,2004: 104.

琦教授认为教师需树立学生主体参与观,即"参与是一种状态,是一个动态的过程;参与的基础不是服从,而是平等、认同;参与不只是行动上的呼应,更重要的是思维同步、情感共鸣;参与是沟通,不仅要表达自己,还要倾听他人;参与是每个集体成员的基本权利"[1]。其次,教师要通过理论学习了解学生课堂参与的类型、现状和影响因素,笔者在前两部分已进行了相关说明,在此不再赘述。第三,教学要通过理论学习理解境脉(即情境脉络)教学的特征,在此基础上更加有针对性地开展有助于提高学生课堂参与程度的境脉教学教学设计。

2. 设计有趣的问题情境,提高学生课堂参与广度

情境是教师根据学习的需要在知识和技能的发生、发展的过程中所设计的学习环境,在这种环境下,学生可以产生强大的内部研究和学习的动力[2]。创设情境的一个很重要的作用就是激发学生的学习兴趣,进而让学生参与到教学过程中来。例如朱鹏飞等人在"二氧化硅和信息材料"的教学设计中,以"玩游戏时手机为何会卡顿"这一学生热衷讨论的话题引入硅的用途、讨论单晶硅的性质,以手机更新迭代、高纯硅消耗大引入硅的冶炼并进一步引入二氧化硅的性质,实践效果表明,选择以手机芯片为问题情境贯穿于教学过程中,学生兴趣较高,学习热情高涨[3]。

3. 基于情境脉络梳理知识逻辑脉络,提高学生课堂参与深度

笔者认为,在境脉教学的过程中,教师通过用问题链和情境链相结合的方式把知识链呈现给学生,带领学生通过不断解决一系列层层递进的问题从而厘清知识脉络、掌握知识逻辑,能够有效的提高学生课堂参与的深度。例如,在讲解复分解反应(离子互换反应)的本质时,可进行如下设计(见表3-0-4)。

在上述教学设计中,通过四个实验情境,把"复分解反应的本质"这个大问题,分解为若干个小问题层层剖析,引导和帮助学生架起思维的台阶,促使学生将宏观现象与微观本质逐步建立起联系,能够提高学生的课堂参与的深度。

---

[1] 曾琦.学生课堂参与现状分析及教育对策——对学生主体参与观的思考[J].教育理论与实践,2003(8):42-45.
[2] 蔡璞.创设情境提高效率[J].甘肃教育,2017(20):22-23.
[3] 朱鹏飞,陈敏,徐惠.以情境-实验-问题突破传统——"二氧化硅和信息材料"的教学[J].化学教育,2019(9):41-45.

表 3-0-4 复分解反应教学设计

情 境 脉 络	问 题 链	知 识 链
向澄清石灰水中通入 CO_2（为增强趣味性可以用可乐制备 CO_2）	这个反应为何能发生？	复分解条件：产生气体、沉淀、弱电解质
在氯化钙溶液中通入 CO_2	为何不发生反应？	问题较为棘手，从溶液中存在的离子的角度进行进一步思考
	二氧化碳在溶液中生成碳酸，存在哪些电离平衡？	碳酸的电离平衡、水的电离平衡
	碳酸溶液中哪种离子浓度较高？哪种离子浓度较低？	结合氯化钙、水、碳酸的电离，得出溶液中存在的离子
	根据实验现象可知，溶液中有大量的 Ca^{2+} 和 HCO_3^-，而 CO_3^{2-} 浓度很低，为何没有 $CaCO_3$ 沉淀？可结合 K_{sp} 来解释。	当氯化钙溶液中碳酸根离子浓度很低时，不会产生碳酸钙沉淀
	结合碳酸电离平衡的移动，再次解释澄清石灰水中通入 CO_2 为何能反应？	从碳酸根离子浓度变化的角度解释复分解反应的发生
学生回答出方案后，向上述溶液中滴加氨水	怎样做能够让通入 CO_2 的氯化钙溶液中也产生沉淀？	离子浓度能够决定复分解反应是否发生
向两支盛有硫酸铜溶液的试管中分别滴入硫化钠溶液和氢硫酸	从硫离子浓度的角度分别解释相关现象。	进一步强化离子浓度能够决定复分解反发生的认识
	复分解反应发生后，溶液中离子浓度发生了怎样的变化？	复分解反应的本质：反应总是向使溶液中某些离子浓度降低的方向进行

4. 课堂教学过程中提炼智慧，落实学生的课堂参与

完成教学设计，相当于写完了剧本，可以说仅仅是完成了前期的准备工作，而真正的"演绎"则是课堂教学的实施过程。在教学中，教师努力创设和谐的师生关系、营造轻松的课堂氛围，有助于提高学生的参与热情；教师鼓励质疑与探索，有助于加深学生参与的深度；教师持续关注学生的课堂表现并能即时评价学生的行为，有助于促进学生的持久参与；等等。

教师在组织教学的过程中，要更多的站在学生的角度思考课堂参与的价值。例如组织学生小组合作学习，叫组内一位代表交流汇报时，不应只关注结论，而应引导汇报的学生首先分享小组讨论的过程及在此过程中哪位同学的观点对自己的帮助最大。教师如此引导能鼓励学生学会合作学习时两个最重要的方面：倾听和表达，同时还有对同伴"知识产权"的尊重。如此一来，小组内真正发挥作用的同学会得到认可，也有助于激发后续大家参与小组讨论的积极性。

境脉教学更加关注课堂教学过程中不同情境间的关联，相信通过一系列有意思、有逻辑、有意义的教学情境设计，结合合适的教学策略，将能有效激发学生课堂参与的兴趣，维持学生课堂参与的热情，提升学生课堂参与的品质，帮助学生逐步养成化学学科核心素养。同时笔者认为，素养的外在表现即行为，在无外部干扰的情况下决定行为的常常是习惯，而习惯常需经历一段时间的反复训练和强化，逐渐积累形成。在境脉教学中学生的课堂参与是通过在一系列有逻辑关系的情境脉络中的学习行为展开的，情境脉络背后的逻辑关系会使学生的课堂参与行为具备类似的逻辑关系，且这些行为逻辑会随着化学教学过程持续，逐步内化为学生的行为习惯，从而对培养学生的化学学科核心素养形成特殊的价值。境脉教学的理念下，通过设计合适的情境脉络，在教学实施过程中引导学生逐步梳理出情境脉络背后的知识脉络、逻辑脉络，对于提高学生课堂参与主动性和课堂参与的深度有着重要的促进作用。在课堂教学中经过一段时间的改变与坚持，必然能够潜移默化地影响学生的行为习惯，进而逐步帮助学生形成化学学科核心素养。

（撰稿者：同济大学第一附属中学　许祥龙）

实践智慧 3-1　倾听教学：物质变化中的能量变化

作为教学参与主体中的主导者，教师倾听学生的表达是教学成功的重要前提。本单元案例设计过程中，通过丰富的实践活动和问题链设计，充分给予了学生表达和教师倾听的机会，有效的帮助学生建立起了从微观角度理解和解释宏观现象的观念。

笔者在教学过程中，时常遇到反复讲解过的题型过段时间后仍不会做的学生。在个别交流时，发现这一类学生在听课过程中接收到的信息与老师要表达的本意出现了偏差。作为课堂教学参与的主体，由于年龄、认知水平、知识储备等的差异，在班级授课过程中，教师和学生"不同频"的情况时常出现，尤其是在抽象理论学习的过程中。这种情况如果不能被及时纠正，无疑会影响学生对知识的理解和建构，干扰教学效果。因此，教师在课堂上要善于倾听学生的想法和观点，多鼓励和引导学生回答问题。通过学生的回答教师能够在第一时间了解学生的思路和逻辑，找准学生的模糊点和理解误区，进而通过个人讲解纠正学生的错误、加深学生的理解层次。

这里，笔者以基于落实化学学科核心素养的"物质变化过程中的能量变化"单元教学设计为例，浅谈自己对倾听教学的认识和实践。

一、单元规划

《普通高中化学课程标准（2017年版）》在课程基本理念第4条中提出，重视开展"素养为本"的教学，开展以化学实验为主的多种探究活动，重视教学内容结构化设计，激发学生学习化学的兴趣，促进学生学习方式的转变，培养他们的创新精神和实践能力[1]。笔者认为"素养为本"指"化学学科核心素养"是化学教学实施的本源和目标，

---

[1] 中华人民共和国教育部.普通高中化学课程标准（2017年版）[S].北京：人民教育出版社，2017：2.

其对化学教学活动的设计有着提纲挈领的指导作用。在课程标准中将化学学科核心素养概括、凝练为五个主要方面,这就意味着需要在时间跨度更长的单元教学中浸润式地实现对学科核心素养的培养。因此在课堂教学设计和组织上,要基于学科核心素养培养,结合教学基本要求,把教学内容整合为具有一定主题的结构化的教学单元。

教学活动是化学课堂教学实施的直接载体,教师和学生在教学活动中完成教与学的过程[1]。化学学科核心素养的培养主要是在课堂教学活动中达成和实现的。基于核心素养的培养的结构化的教学单元目标的落实,需进行结构化的单元教学活动的设计。境脉教学强调不同情境背景的逻辑关系,在设计单元教学情境时,突出不同课时间的情境关联,有助于学生经历完整、统一的学习过程,进而帮助学生逐步形成化学学科核心素养。

学科核心素养视域下的单元教学需要教师以"学科大概念"为引导,分析知识内容与素养的关联,以相关主题为单元教学的串联引线[2]。化学科学的核心观念是在化学科学认识活动中形成并指导化学科学认识活动的基本观念[3]。本单元希望学生能够从微粒间形成作用力放出热量和破坏作用力吸收热量相对高低的角度解释物质变化过程中的能量变化,涉及"能量观""微粒观"等化学核心观念。

从微观的角度解释物质变化过程中的能量变化有助于学生形成"能量观",这是一个相对较为抽象的过程。高中生的思维能力正是从形象思维到抽象思维的过渡时期,尤其是高一学生形象思维常多于抽象思维,而对抽象概念的学习离不开感性材料的支持。所以,本单元教学之前,将开展"冰火奇缘"的活动,组织学生动手制作"冰宝宝"和"暖宝宝",丰富学生的感性学习材料。在学习本单元内容之前,学生已学习并掌握了共价键、离子键、分子间作用力等微粒间的相互作用,具备了从微粒间相互作用解释物质变化过程中能量变化的知识基础,但尚不能将抽象的微粒间相互作用与宏观的物质变化过程中的吸放热现象联系在一起,因此进行本单元教学设计时,将通过不同课时间有逻辑关系的情境脉络引导学生参与学

---

[1] 郑长龙,许凌云.论中学化学课堂教学活动的选择[J].教学月刊·中学版(教学参考),2015,(021):48-49.

[2] 朱鹏飞,陈敏.化学学科核心素养为本的单元教学设计[J].化学教与学,2020(1):6-9

[3] 吴俊明,吴敏.化学课程中的科学观念教育——关于科学观念和科学观念教育的思考之二[J].化学教学,2014(5):3-4.

习活动、解释宏观现象，逐步形成物质变化过程中的"能量观"。

本单元的教学内容包括物质三态变化、溶解及化学反应中的能量变化，还可以进一步迁移应用于通过比较微粒间作用力强弱判断、解释晶体熔沸点高低。本单元具体的设计框架如图3-1-1所示：

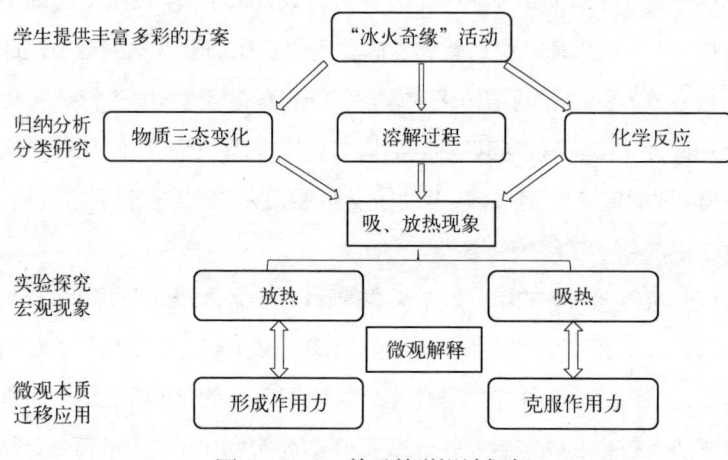

图3-1-1 单元教学设计框架

二、课标分析

吴俊明和吴敏教授对现行化学课程标准中有关能量的内容进行了详细、全面的梳理，具体如表3-1-1所示[1]：

表3-1-1 化学课程标准中与能量相关的内容

内容	初中化学	高中必修	高 中 选 修
化学中的能量和能量变化	知道物质发生化学变化时伴随有能量变化，认识通过化学反应实现	中和热的测定。知道化学键的断裂和形成是化学反应中能	能说出元素电离能的含义，能应用元素的电离能说明元素的某些性质。了解晶格能的应用，知道晶格能的大小可以衡量离子晶体中离子键的强弱。

---

[1] 吴俊明，吴敏.化学课程中的能量与化学能量观——关于科学观念和科学观念教育的思考之六[J].化学教学，2015，37（1）：10-11.

续表

内容	初中化学	高中必修	高中选修
	能量转化的重要性。	量变化的主要原因。	能用键能说明简单分子的某些性质 了解反应热和焓变的含义，能用盖斯定律进行有关反应热的简单计算。 知道活化能的含义及其对化学反应速率的影响。 了解燃烧热的含义。
化学中的能量形式及其转换	认识燃料完全燃烧的重要性。 知道一些对生命活动具有重要意义的有机物（如葡萄糖、淀粉、脂肪等）。	了解化学能与热能的相互转化。 举例说明化学能与电能的转化关系及其应用。	了解化学反应中能量转化的原因。 认识化学反应中能量转化的基本规律（化学反应原理模块目标）。 能说出常见的能量转化形式。能举例说明化学能与热能的相互转化。 认识化学能与电能相互转化的实际意义及其重要应用。

由此可见，能量部分的教学内容贯穿分布于初、高中不同年段。学生进入高中学习相关内容之前，已经具备了一定的知识积累和生活经验，了解了化学反应中存在能量变化，知道了化学变化过程中的能量变化对人类的生存、发展有重大作用。而高中阶段则需从微观化学键的形成与断裂的角度认识和解释化学变化中的能量变化，并能在此基础上理解化学键的强弱对晶体溶沸点、分子稳定性的决定性作用，等等。目前上海新教材选修部分在具体内容上应与上述课标的要求变化不大，另外考虑到本单元教学针对的更多的是必修部分的内容，因此将重点从物质三态变化、物质溶解及物质化学反应过程中的能量变化的角度进行设计，在此基础上略做拓展引导学生思考化学键的强弱对晶体溶沸点、分子稳定性等的影响。如此，既能运用好学生已有的知识经验，又能为后续内容的深入学习奠定基础。

三、单元学习目标

学生单元学习的目标应该以学生的学业质量要求为依据。学业质量是学生在完成本学科课程学习后的学业成就表现。学业质量标准是以本学科核心素养及其表现水平为主要维度,结合课程内容,对学生学业成就表现的总体刻画。

参考教育部颁布的《普通高中化学课程标准(2017年版2020年修订)》,本单元的学习目标设置如下:能说明物质三态变化和溶解过程中的能量转化,并解释其原因;能分析化学变化中能量吸收和释放的原因;能设计实验方案探究物质和能量的转化;能结合生产和生活中的实际情境说明化学变化中能量转化的重要应用;能从宏观与微观、定性与定量等角度对物质变化中的能量转化进行分析和表征;能依据化学变化中的能量转化的原理,提出利用化学变化实现能量存储和释放的有实用价值的建议[1]。

上述学习目标的落实,与课堂教学的成效密切相关。对部分学生来说,从微观角度准确理解物质变化过程中的能量变化存在一定的认知困难,需要教师在课堂教学的过程中善于察言观色,在不影响教学进度的前提下给"表情痛苦"的学生以表达的机会。

四、单元教学设计

笔者认为,境脉教学的理念下,通过设计合适的情境脉络,在教学实施过程中引导学生逐步梳理出情境脉络背后的知识脉络、逻辑脉络,对于提高学生课堂参与主动性和课堂参与的深度有着重要的促进作用。从类别上看,本单元的教学情境主要包括活动情境、问题情境及实验情境等类型;从实施的时间上看,教学情境包括课前、课中及课后;从逻辑关系看,课前的活动情境能够为本单元3个课时的教学提高感性素材,课堂中的问题情境和实验情境将为解释活动情境中的感性认知提供理论依据,逐步帮助学生形成对物质变化过程中能量变化的微观分析和抽象理解,课后的活动情境可以引导学生学以致用,借助理论反思、改进自己的活动设计方案,进一步加深对相关知识的理解和认识。总体而言,本单元的情境设计始于活动,最终又回归于活动,希望学生在参与问题解决的活动中更积极、更深入的参与教学过程。具体设计如下:

---

[1] 中华人民共和国教育部.普通高中化学课程标准(2017年版2020年修订)[S].北京: 人民教育出版社,2020: 61-65.

课前活动：在单元教学之前组织学生开展实施"冰火奇缘"的活动项目，要求以小组为单位设计至少三种应用不同原理制作的"冰宝宝"或"暖宝宝"。活动海报如图3-1-2所示：

图3-1-2　"冰火奇缘"活动海报

这项活动作为学生在本单元学习过程中隐含的线索，会在后续教学过程中逐步展开，本单元3课时的教学设计如表3-1-2所示：

表3-1-2　物质变化过程中的能量变化单元教学设计

课　时	情　境　线	任　务　线	素养线
第1课时　物质三态变化过程中的能量变化	"冰火奇缘"活动制作暖宝宝、冰宝宝成果交流与总结	教师引导学生在介绍成果时必须要突出本小组各成员的贡献和作用，并认真倾听各小组的成果	课堂参与合作学习
		学生从"三态变化""溶解""化学反应"等角度对成果进行分类	分类思想宏观辨识
	生活中水的三态变化	归纳水三态变化过程中的吸放热情况	宏观辨识
	微观粒子的图示模拟水的三态变化过程	理解作用力与水三态变化过程中能量变化的关系，形成从微粒间作用力的角度解释能量变化的意识	微观探析

续 表

课 时	情 境 线	任 务 线	素养线
第2课时 物质溶解过程中的能量变化	冰箱、空调等的制冷原理	交流分享物质三态变化过程中的能量变化在生活中的应用,复习回顾上节课知识	学以致用 复习旧知
	实验情境:物质溶解过程中的热效应	小组合作利用温度传感器测物质溶解中的温度变化。结合实验结果,归纳总结常见物质溶于水时的吸放热情况	课堂参与 合作学习 分类思想 宏观辨识
	实验情境:硫酸铜粉末和硫酸铜晶体溶解过程中的热效应	温度传感器测量无水硫酸铜粉末和硫酸铜晶体溶解过程中的温度变化	发现问题 提出假设
	溶解时溶液中颜色的变化 硫酸铜粉末生成硫酸铜晶体	溶解:扩散过程 破坏作用力——吸热 温度升高 水合过程形成作用力——放热 溶解过程的热效应取决于水合放热和扩散吸热的相对大小	实验验证 微观探析 得出结论
第3课时 化学变化中的能量变化	硝酸铵溶解时水结冰冷敷处理扭伤	交流分享物质三态变化过程中的能量变化在生活中的应用	学以致用 复习旧知
	生活情境:生活中利用化学反应吸放热的案例	学生列举已知的放热反应和吸热反应,以小组为单位交流,又快又多的小组获胜	课堂参与 合作学习
		学生从反应类型的角度对常见的吸放热反应进行归纳	分类思想 宏观辨识
	动画展示化学反应的微观过程(分子分解为原子、原子重新结合为分子)	化学变化中旧键断裂会吸收能量,而新键形成会放出能量	迁移应用 微观探析

单元课后活动:通过本单元内容的学习,学生反思"暖宝宝"和"冰宝宝"的制作,并结合相关理论,解释自己制作的"暖宝宝"和"冰宝宝"的原理,进而改进方法,重新设计制作。

总而言之，境脉教学的设计理念对学生的课堂参与程度、学科核心素养的落实等有积极的影响。笔者在进行"物质变化过程中的能量变化"单元教学设计的过程中，主要形成了以下几点认识：第一，学习目标的落实上要有梯度，学科核心素养的培育并非一蹴而就的，需要在不同的课时中借助不同的教学内容、教学活动循序渐进地逐步浸润养成；第二，活动设计上要有新意，课堂教学效率的提升和教学效果的提高与学生的课堂参与程度密切相关，而有新意的活动可以吸引学生的眼球，提升其在课堂中的参与程度，进而提升课堂教学效率；第三，活动结束后要重评价，在课堂活动实施过程中，由于活动过程很难形成文字性的记录，这就需要教师事先设计好活动评价的维度和方式，在活动实施过程中给予学生即时的评价，从而提高学生在活动过程中的收获；第四，学生的表达和教师的倾听对于课堂活动推进和教学成效有着至关重要的作用，教师要有意识地、更加积极地倾听学生的想法，并通过各种手段促进学生之间的相互倾听，让学生习得知识的同时学会思考和表达，推动学生化学学科核心素养的发展。

（撰稿者：同济大学第一附属中学　许祥龙）

实践智慧3-2　师生共振：溶解平衡

准确了解学生、精准把握课堂是教学成效的重要保障。"最近发展区"理论为教师提供了了解学生、把握课堂的理论武器。笔者在相关理论的指导下，在溶解平衡教学设计中认真分析学情、酌情制定教学目标、层层递进推进认知发展。在课堂教学中充分倾听学生表达、及时帮助学生搭建认知发展脚手架，充分发挥了课堂参与主体的主观能动性，实现了良好师生共振。

维果茨基在其"最近发展区"理论中指出，教师首先要确定个体的两种发展水平：一是现有发展水平，二是学生在其发展的现阶段还不能独立解决问题，却能借助成人的指导或与同伴合作等达到的发展水平。这两种水平之间的差异，决定了学生心理发展的最近发展区。布鲁纳在此基础上提出的脚手架理论指出，学生的学习并不是一个简单的个体学习过程，而是可以凭借教师、同学等其他人提供的辅助从而完成自己尚不能独立完成的任务的过程，通过他人的帮助，学生逐渐将主动性控制在自我手中，学生自主自动学习，并通过学习建构真正属于自己所理解、领悟、探索到的知识，此时，作为脚手架功能的辅助物可以慢慢撤离，最终学生脱离对脚手架的依赖[1]。

教学的过程中，教师可以通过倾听学生的表达快速、准确地帮助学生搭建起学习的"脚手架"，充分发挥教师起到的支撑作用，并在此基础上引导学生自主讨论，帮助学生理解，从而帮助学生完成对知识的建构[2]。在这一过程中，学生成为了认知的主体，并最终成为了知识的主动建构者，这将在很大程度上促进学生的发展。同时，教师在倾听学生观点、帮助学生搭建脚手架的过程中，也更加准确地认识到了学生的发展水平和思维方式，有助于实现教师教与学生学的同频共振。

---

[1] 陈琦，刘儒德.教育心理学[M].北京：高等教育出版社，2005：195.
[2] 钟萌萌.倾听教学下和谐师生关系的研究[D].长春：吉林大学，2014：34.

一、认清学生已有发展水平——学情分析

本节课是高三化学平衡复习的第三个版块,之前学生已经学习了化学反应平衡和弱电解质的电离平衡,对于平衡的特征、平衡移动的原理等都有了比较深刻的认识。且了解了化学平衡常数和电离平衡常数,能够从定量的角度对平衡进行解释和说明。

经过高中阶段的化学学习,学生具备了一定的化学思维基础和基础实验技能,能对实验现象及结果做初步分析和处理。

本节课前,学生已经复习了溶解过程中的热效应,能够从扩散吸热和水合放热相对多少的角度解释溶解过程中的热效应。经过高一对相关内容的学习,也知道了饱和溶液中存在溶解平衡。

二、明确学生预期发展水平——教学目标

1. 知道溶解平衡的特征,能够结合实验证明溶解平衡的存在
2. 能够正确书写溶解平衡的表达式
3. 能够说出影响溶解平衡的因素
4. 知道沉淀相互转化的规律,并能从溶解平衡的角度加以解释
5. 能够运用溶解平衡的原理解释生产、生活中的现象

三、提供思维脚手架——设计思路

虽然本节课的授课对象是仍然使用老教材的高三学生,但在教学设计和实施的过程中也融合渗透了"新课程、新教材"的理念,具体如下:

借助真实情境,激发学习兴趣。在学习了化学平衡和电离平衡后,再看溶解平衡,就会发现这部分内容相对简单,对于高三学生而言,思维容量略显不足。为了调动起学生的学习兴趣,在教学过程中融入了雪碧中二氧化碳的逸出、胆固醇晶体的溶解、龋齿的防护等真实情境,有助于帮助学生体会到学习的乐趣和知识的用途,激发他们运用化学原理分析生活中现象的兴趣。

巧设认知冲突，加深知识理解。高三学生经过长期的强化训练，会形成很多"理所当然"的固定思维模式，学生在解题时也常会因思维定式或对知识理解的不够到位而掉入命题老师的"陷阱"。本节课通过设置"氯化钠溶液和盐酸混合后有现象吗？""硫酸铜晶体放入饱和硫酸铜溶液中质量会变大""难溶电解质是否可转化为相对易溶的电解质（课后思考）"等环节，让学生在学习过程中体会到看似简单问题背后可能会有"坑"，希望能够帮助学生逐步养成认真审题、全面思考的习惯。

四、教学流程

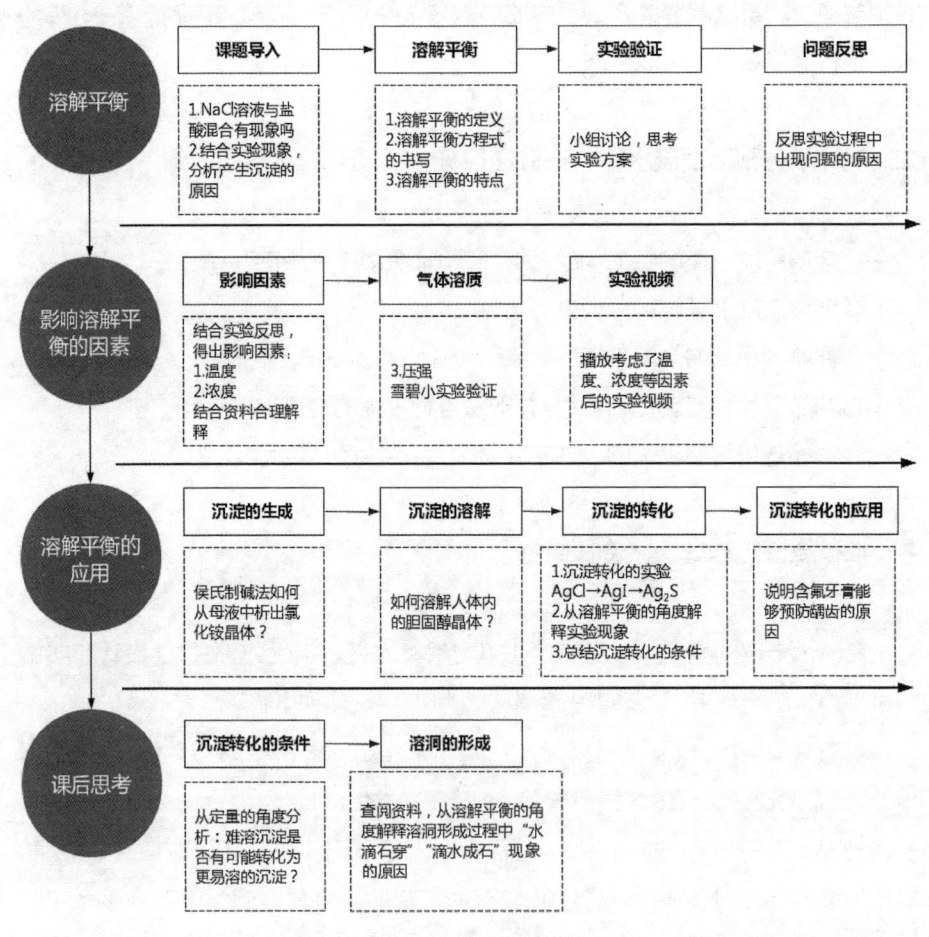

图 3-2-1 溶解平衡教学流程图

详细教学流程及设计如表 3-2-1 所示：

表 3-2-1 溶解平衡教学设计

教 学 环 节	情 境 线	任 务 线	素 养 线
环节一 溶解平衡	实验情境：向饱和食盐水中滴加浓盐酸	观察实验现象 思考原因 从溶解平衡的角度进行解释	宏观辨识与微观探析
		溶解平衡的定义和特征	
	实验情境：硫酸铜晶体在饱和硫酸铜溶液中的变化	通过实验证明溶解平衡的存在	变化观念与平衡思想
环节二 溶解平衡的影响因素	问题情境：实验过程中发现：硫酸铜晶体外观变得规则，但质量却变得更大	小组讨论，得出溶解平衡的影响因素	科学探究与创新意识
	改进后实验情境：实验结果与理论分析吻合	提出实验解决方案：需保持恒温、避免水分蒸发等	
环节三 溶解平衡的应用	侯氏制碱法从母液中获氯化铵	溶解平衡的角度重新理解母液中析出氯化铵的操作	变化观念与平衡思想
	胆固醇结晶的形成与预防	从溶解平衡角度思考多喝水能否将胆固醇结晶溶解，并解释，进而提出预防结晶的方案	
	$AgCl \to AgI \to Ag_2S$ 的相互转化 含氟牙膏可以预防龋齿	动手实验，感受沉淀的相互转化，并从溶解平衡的角度进行解释	

在丰富真实的情境和有意识的引导下，本节课在教学实践过程中，学生课堂参与的积极性非常高，与教师的互动很多。同时在回答问题方面有不完整、不严

谨的地方，为笔者搭建"脚手架"提供了丰富的素材，学生在课堂上基本能够跟随老师的思路和讲解进行思考和重新完成对相关知识的建构。在教学过程中基本达成了预期的教学目标。

  同时，由于在课堂上让学生回答问题时出现了一些超出预期的情况，为了把问题分析清楚不得不投入更多时间，导致教学的进度受到了不可避免的拖慢，最终沉淀转化部分的实验没有来得及让学生去体验。笔者认为，这也是教育教学理论和教育教学实践过程中比较普遍的问题。教师需要在教学过程中根据学生的回答更加准确、快速地解决学生出现的问题，并在课前仔细琢磨学生可能出现的问题，尽可能做好充分的预案，并认真思考如何以学生更易接受和理解的方式提问等。教学中建立和谐共振的师生关系是一种最佳的理想状态，这一状态的形成和维护必须遵从循序渐进的原则，这一过程既不能操之过急，又不能裹足不前。教师作为其中重要的一部分，也要认识到学生发展的曲折性，教师要充分做好准备，在实践中慢慢积累经验，与学生共同成长与变化。

（撰稿者：同济大学第一附属中学 许祥龙）

实践智慧 3-3　主动建构：化学方程式计算

> 分析了"有关化学方程式计算"的教学内容和相关教学设计，提出在教学中结合境脉教学和建构主义模式，在化学复习课的教学中推动学生作为认知主体，主动建构联系的、发展的、整体的知识格局。

现代认知心理学把学生的学习过程看作是认知结构的构建过程，并把学习者看作是信息加工的主体。在建构主义学习理论指导下的教学模式中，学习是主动建构知识而不是被动接受知识的过程，教学是支持建构知识而不是灌输知识的过程，是在理解、感悟、批判过程中建构知识[1]。实践研究中发现，在化学教学，尤其是在化学复习课的教学中境脉教学能够推动学生在认知参与中更多地使用深层次策略，作为认知主体，主动建构联系的、发展的、整体的知识格局。

初中是化学学科启蒙的特殊阶段，初中学生的学习特点决定了九年级学生容易割裂地认识化学概念和思想，较难发现不同知识之间的相关性以及事物之间的内在联系。特别是在复习开始阶段，虽然学生已经完成了教材主体内容的学习，但知识点却如同星辰散布于夜空，难以连点成线、连线成面，照亮学习者的认知盲区。而境脉教学中，通过系统地整合、设计、串联，能够帮助学生在学习中提升不同知识和问题之间有联系的感知，产生梳理知识之间内在逻辑的意识，培养主动建构知识体系的能力，引导形成对普遍问题要建立辩证统一的认识观念，在课堂中产生高品质的认知参与，提升思维广度和深度。以"有关化学方程式计算"课时设计为例，阐述境脉教学以学生为参与主体，提升认知参与的实践研究。

---

[1] 刘莹.建构主义理论在中学化学实验教学中的运用[J].高等函授学报（自然科学版），2008（03）：46-48.

一、教学主题内容及教学现状分析

本课时教学内容为《上海市初中化学学科教学基本要求》第五单元"构成物质的微粒"第2节"物质的量"第6课时"化学方程式中物质的量的计算"复习课。

本课时的主要内容包括：(1) 再认识研究化学变化中物质量化关系的理论依据；(2) 关于化学方程式计算中问题设置、已知量呈现方式、解决策略的方法建构；(3) 变式运用，内化建构体系。

二、教学思想与创新点

"认知建构"的基本程序有以下五步：第一步，通过复习旧知识，帮助学生提炼、概括原有的认知结构，为实现认知结构的建构与转换奠定基础；第二步，教师通过设计与学生已有的旧知识有联系但又包括新因素的问题，引发学生的认知冲突，激发学生的探索心态；第三步，通过对学生已有认知无法包容的新因素的全面分析，引导学生进行实验观察、探索、分析、推理，逐步实现认知结构的同化与顺应，建构新的认知结构；第四步，进一步引导学生分析、对比、归纳、重组知识、完善新的认知结构；第五步，通过多种变式练习，让学生运用新的认知结构解题，从而深化学生对新知识的理解，进一步促进认知结构的内化过程，即巩固迁移的过程[1]。

"有关化学方程式计算"结合境脉教学和建构主义的教学思想和方法，以"一境多脉"的设计展开教学，整堂课仅以"100 g稀盐酸与20 g石灰石反应"一个情境为学习背景，依托学生的学习经验发散，对问题设置、已知量呈现方式、应对策略进行有效归类和归纳，最终以学生为主体完成有关化学方程式计算的方法建构。由于例题数据始终保持一致，在避免相关的复习课因多情境、大运算量在审题和计算中消耗学习者过多精力的同时，让学习者在同一个情境中产生看似不同问题之间其实是"一脉相承"，可使用万象归一的方法去解决的有效认知。

---

[1] 邱福明.浅谈建构主义学习理论及其在中学化学教学中的应用[J].化学教与学，2010(02)：25-26.

三、教学目标

理解化学方程式含义和研究化学变化中物质量化关系的理论依据；熟练根据化学方程式计算的技能；掌握有关化学方程式计算的一般方法和规律。

四、教学流程

表 3-3-1　教学流程

教学环节	教师教学行为	学生学习活动	设计意图
复习化学方程式的含义，呈现理论依据	设置情境，提出问题	讨论化学方程式物质变化和数量变化两方面的含义	通过对化学反应方程式含义的复习，进一步理解根据化学方程式计算的依据，概括原有的认知结构
一问多变，归纳问题设置的类型	(1) 提供例题，规范解答格式 (2) 提出问题，引起思考	(1) 正确示范解题过程 (2) 根据学习经验归纳有关化学方程式计算的多样化问题设置	通过最简单的文字型例题，引导学生思考有关化学方程式计算题中问题设置的类型并进行归纳，建构问题设置的模型体系
一题多变，归类已知量的呈现方式	(1) 呈现已知量现方式的多种变式，激发学习兴趣 (2) 设置任务，制造认知冲突 (3) 适时引导，归类不同呈现方式的特点	(1) 认识差量法文字、图示、流程图的表达方式 (2) 归类已知量需要进行数据处理的常见类型 (3) 理解图表呈现已知量的特点和规律	将学生的思维火花着重在计算题已知量的多维表达方法上，从而构建有关计算题已知量呈现方式及未知量设置方式的全面认知模型
知识重组，完成有关化学方程式计算的方法建构	引导对例题及变式的观察、比较、归类、归纳的再认识	完善完整的有关化学方程式计算的方法建构	依据本课时的自身学习经历，完成有关化学方程式计算的认知建构
模型运用，内化知识体系	组织不同情境的同类问题	使用建构的方法体系解决不同的问题	提升实际运用、解决问题的能力

五、教学实录

教学环节一　复习化学方程式的含义，呈现理论依据

任务设置　从下列化学方程式中能获得哪些信息？

$$CaCO_3 + 2HCl = CaCl_2 + H_2O + CO_2\uparrow$$

学生　微粒个数比　　1　　　2　　　　1　　　1　　　1
　　　　　质量比　　　100　　73　　　111　　18　　44

教师　化学方程式的含义就是我们量化研究化学变化中物质关系的理论依据。

教学环节二　一问多变，归纳问题设置的类型

任务设置　例：某学生用100 g稀盐酸与石灰石20 g(杂质不参加反应)恰好反应，产生了4.4 g的CO_2气体，求参加反应的HCl的质量。

教师　例题中的问题还可以怎样设置？如何解答？

引导学生归纳　化学方程式计算中问题的设置包括：反应中物质的质量、物质的量、固体混合物的纯度、溶液的浓度、溶液的体积等。

教学环节三　一题多变，归类已知量的呈现方式

变式1　某学生用100 g稀盐酸与石灰石20 g(杂质不参加反应)恰好反应，反应后烧杯中物质的总质量为115.6 g。参加反应的HCl的质量是多少？

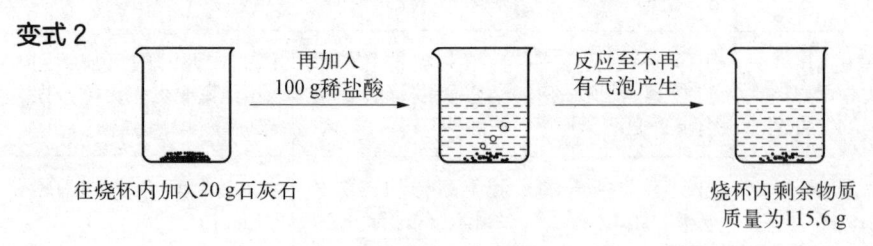

变式2

图3-3-1　图示法

教师 变式中已知量的呈现方式发生了怎样的改变？

学生 以差量和图示的形式呈现。

变式3 根据下列实验流程计算：稀盐酸的浓度和石灰石的纯度。

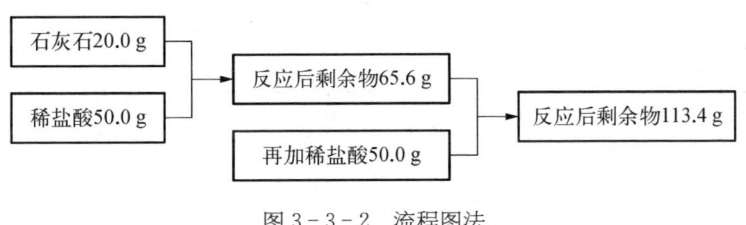

图 3-3-2　流程图法

任务设置 你能否将上述流程用图示的方法表示出来？

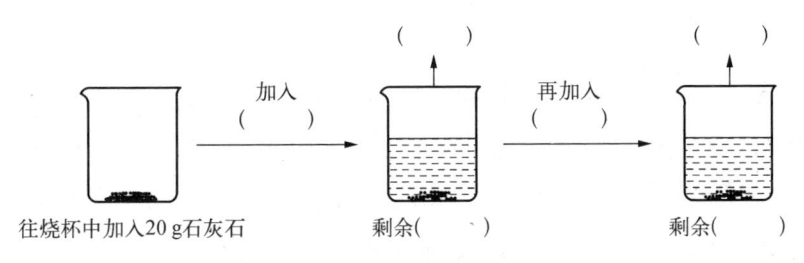

图 3-3-3　图示表达

教师 计算盐酸浓度和石灰石纯度分别用哪一次反应以后的数据？

学生 盐酸浓度应使用第一次反应以后的数据与原始数据进行差量计算，石灰石纯度应使用第二次反应以后的数据进行差量计算。

归纳 计算混合物纯度时，应在混合物全部反应完的前提下进行计算；有气体生成的化学反应中，往往混合物或装置反应前后的质量差即产生气体的质量；将各种形式的已知条件转化成直观易懂的图形进行分析是有效的解题方法。

变式4 某学生用稀盐酸与石灰石（杂质不参加反应）反应，用 550 mL 集气瓶收集了 4 瓶 CO_2 气体，若 $\rho_{CO_2}=2$ g/L（此处对密度数据进行了优化，以淡化计算），则参加反应的 HCl 的质量是多少？

变式5 某学生用 100 mL 10% 的稀盐酸与石灰石（杂质不参加反应）反应，求生成的 CO_2 质量。（已知：$\rho_{10\%稀盐酸}=0.73$ g/mL）

教师 以上变式中呈现的已知数据能否直接应用于未知量的计算？

学生归纳　计算题中常用的数据处理包括：$m_气=\rho V_气$，$m_质=\rho V_液 C\%$

变式 6　某学生用一定量稀盐酸与足量的石灰石（杂质不参加反应）反应，产生 CO_2 的质量随所加盐酸质量的变化关系如图表所示，则参加反应的 HCl 的质量是多少？

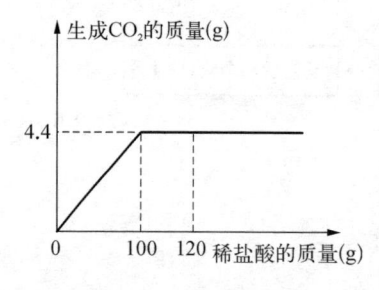

稀盐酸的质量/g	0	20	40	60	80	100	120
生成 CO_2 的质量/g	0	0.88	1.76	2.64	3.52	4.4	4.4

图 3-3-4　反应图示与数据递变（1）

教师　图表法中数据的递变意义为何？

学生归纳　数据或图像的递变是化学反应进行的标志。递变停止意味着反应停止，通过寻找图像和数据的突变点找出所需数据并排除过量数据。

任务设置　你能将变式 1 中的数据在图表中体现出来吗？

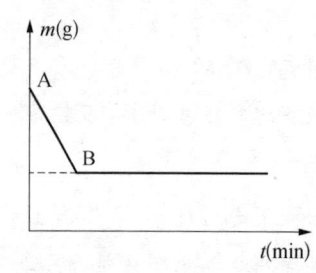

t/min	0	2	4	6	8	10
m/g	120	117.5	116.5	116.0	115.6	—

图 3-3-5　反应图示与数据递变（2）

学生交流　差量法在图表中的体现。

教学环节四　知识重组，完成有关化学方程式计算的方法建构

任务设置　化学方程式计算中已知量的呈现方式、问题的设置及解决方法。

师生共振　有关化学方程式计算的方法建构。

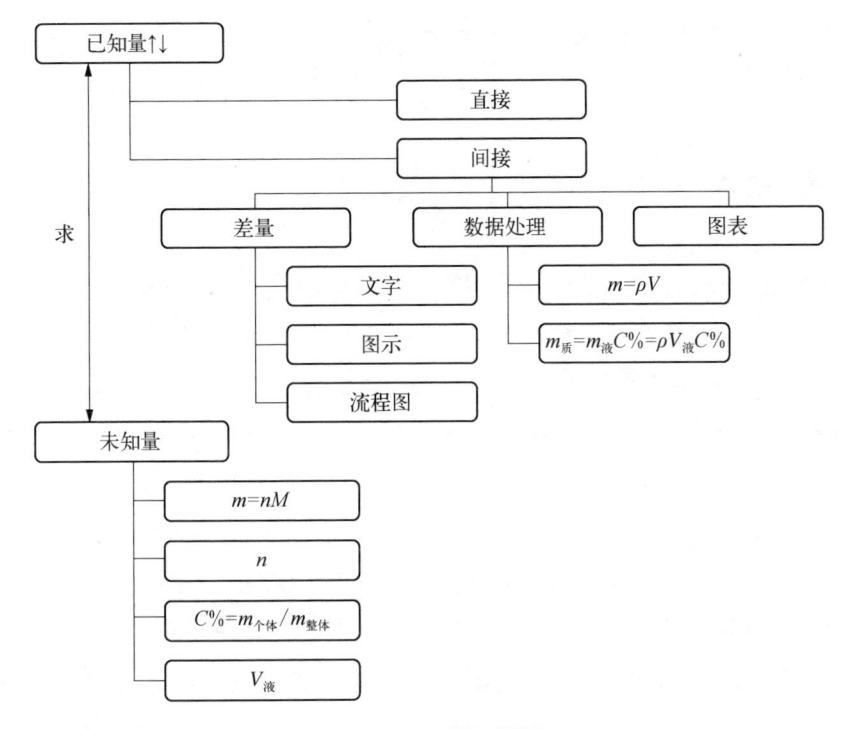

图 3-3-6 认知模型

教学环节五 模型运用，内化知识体系

任务设置 例 2：请根据如图所示的实验过程和提供的数据，求混合物样品中 Na_2CO_3 的质量分数。

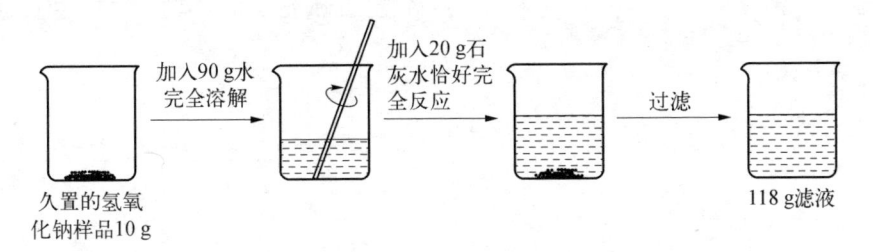

图 3-3-7 模型应用

教师 该反应中已知量为何种物质？
学生 有沉淀生成的化学反应中，一般溶液反应前后的质量差即产生沉淀的质量。

第三章 境脉教学有主体参与 135

课堂延伸　根据图中所给数据,请你思考问题还能怎样设置？已知条件的呈现方式可以有哪些变化？

六、教学效果与反思

《上海市初中化学学科教学基本要求》将所有涉及的知识重新整合在六大板块中,就是指导我们在复习课的教学过程中,不仅仅是对旧有知识的再一次呈现,而是需要我们重新梳理和整合。如果这种梳理和整合能够依照有逻辑、有思考的境脉来完成,就能帮助学生在复习的同时有线索地建构全面、深刻、更上位的认知体系;而在复习课中注重化学思想方法、核心素养的有机渗透就能让这种建构有迹可循,有可复制性。这就需要我们首先对学生原有的化学认知结构有切身的体会和了解,并利用自身知识体系的高度帮助学生在复习课上加强知识之间的联系,进行有思维容量和层次的有意义学习来提高认知结构的可利用性;同时通过运用比较和变式学习来提高认知结构的可辨别性;最后通过整合、归纳的方法提高认知结构的稳定性。但初中学生思维的深度和广度尚在发展阶段,在运用境脉教学视野和认知建构教学模式时,除了强调学生为主体,也要重视教师为主导,尤其在课程的归纳总结阶段,教师将学生的认知点化零为整,帮助学生整合为系统、清晰的认知模型,让学生感受系统建构学习的魅力,最终形成自己的认知建构体系。

（撰稿者：上海音乐学院实验学校　袁俊捷）

第四章
境脉教学有学习痕迹

　　学习是在一定的境脉中进行的，是学习者主动参与境脉的互动过程。境脉学习是基于问题解决、综合运用知识、涵育元认知素养的学习行为。以此为基础设计的境脉教学，学习痕迹是其显著特征。学习者与境脉的互动过程，主要包括认知实践、社会实践和反思性批判实践，不同类型的实践会引发学习者不同类型的经验变革。学习者在任何一个境脉学习过程中，都需要调整学习策略，提升自己的自我调控能力和自我效能感。

一、学习痕迹的界定与内涵

"痕迹"即指事物经过后,留下的可察觉的形影或印迹。国内外鲜有关于"学习痕迹"的相关研究,而通常意义上,"学习痕迹"被理解成与"学习行为"或"学习体验"相近的概念。

"学习行为"在不同研究语境下,有以下几层界定[1]:

(1) 学习行为是指学习过程和学习活动。

(2) 学生的学习过程是一系列学习行为的发生和发展过程,包含着由学习动机到实现学习目标这一过程中的一切行为活动。学习行为是学生和环境相互作用的产物和表现。

(3) 学习行为是指学习者在学习过程中所采用的行为形式与方法,它是学习者的思想、情感、情绪、动机、能力及运作程序的具体行为表现,是学习者在特定情境下的学习活动的具体化和现实化。

(4) 学习行为是学生为达到学习目标而做出的一系列的结果,它的产生与持续首先基于学生对学习目标的价值判断及对学习结果的估计。

(5) 学生学习行为是指学生在获取和应用知识过程中表现出来的个性特征,这种特征在不同的学习阶段存在差异。

概括来看,大多数研究者认同学习行为分为积极的和消极的两个方面,涵盖注意力、学习动机、学习态度、策略运用等四个层面[2]。这样也为有关学习行为的影响因素、如何改变和控制学生的问题行为等命题的研究提供了基本框架。

"学习体验"是学习者与使他起反应的环境中的外部条件之间的相互作用[3],可以将其视为学习活动过程与结果的结合体[4],也可以将其看作学习者对学习环境、学习活动和学习支持服务等学习过程中涉及的诸多要素的感知、反

---

[1] 冀芳.不同课程形态的课堂教学中学生学习行为现状的个案研究[D].长春: 东北师范大学,2007.
[2] 姚纯贞,米建荣,王红成.国内外"学习行为"研究综述[J].教学与管理,2009(30): 48-50.
[3] 刘斌,张文兰,江毓君.在线课程学习体验: 内涵、发展及影响因素[J].中国电化教育,2016(10): 90-96.
[4] 朱琳.小学生课堂学习体验研究[D].长春: 东北师范大学,2008.

应和行为表现[1]。

之所以在境脉教学的研究中引入"学习痕迹"的概念,是因为有别于"学习行为"或"学习体验",其更强调"经验的变革"而非掌握有社会价值的知识、技术、行为,指特定"教育性模拟"的情境下,师生构筑"交互主体关系",学生在学习过程中具有明确意义的学习行为与体验。这与境脉教学"浸润"与"生成"的特点是更为契合的。

境脉学习的核心内涵与基本特征包括三个方面:一是学习在一定的境脉中进行;二是境脉学习是学习者主动参与境脉的互动;三是不同的学习境脉,学习者选配不同的学习策略和方法,使学习达到最佳状态,适应社会的变革[2]。据此,境脉教学语境下的学习痕迹,也可以被定义为三个层面,即:

境脉生成。与固定、静态的"情境"不同,"境脉"强调连续、动态。学习者在开展境脉学习的过程中,境脉自身势必会生成与迭代,从而反映出学生经验的变革。

实践经验变革。学习者与境脉的互动过程,主要包括认知实践、社会实践和反思性批判实践,不同类型的实践都会引发学习者不同类型的经验变革。

元认知经验变革。非特定教育模拟情境下,实践经验的变革。学习者在任何一个境脉学习过程中,都需要调整学习策略,提升自己的自我调控能力和自我效能感等。这些元认知层面的经验变革,无关具体的境脉与主题乃至学科,对于学生所谓学习能力的提升更有裨益。

需要明确的是,这三个层面的学习痕迹,并非彼此孤立。以沪科版高中化学教材必修一第一单元"物质的制备"一课的教学为例,按以下思路进行教学设计:

表 4-0-1 "物质的制备"教学情境

情境Ⅰ(预设)		情境Ⅱ		情境Ⅲ		情境Ⅳ(发散)
➢ 实验室制备O_2的方法 ➢ 舍勒发现O_2和Cl_2的化学史	归纳 →	物质制备的一般方法	演绎 →	实验室制备氯气的方案设计	再演绎 →	➢ 实验室制氯气方案改进 ➢ 工业制氯气 ➢ 药物合成与绿色化学

---

[1] 胡永斌.中小学智慧教室环境中的学习体验研究[D].北京: 北京师范大学,2015
[2] 徐燕萍.境脉学习: 一种引导学习转型的新范式[J].江苏教育研究,2017(29): 23-27.

可以看到，随着境脉的生成与发展，学生的实践经验也会发生相应的变革，尤其是到了教学的第四个情境，更多的已非教师的预设，而是在教师的引导下，学生自主生成的新境脉，其认知实践、社会实践和反思性批判实践都有可能达成不同程度的变革。而这样一个先归纳后演绎的学习策略，也有别于以往学生学习"物质的制备"相关知识时，被动接受的学习形态，其元认知经验变革得以彰显。

二、学习痕迹的显化与表征

境脉教学是一种基于师生"交互主体关系"的教学。在这种教学中，师生双方是双向的、互动的、交互主体的关系[1]。教师的角色发生了颠覆性的改变，既不能居高临下地教授现成的知识、由学生被动接受知识；也不能纯粹地颠倒主客体关系，以放任的姿态搭建所谓以学生为中心的课堂，对学生经验的变革不加以引导。教师需要实际地参与学生的人格形成，这是以准确捕捉到学生学习痕迹为前提的。为此，教师在境脉教学中，至少应该思考和开展以下几项工作：

1. 预设合理的学习痕迹维度

尽管以发现和挖掘学生"潜能"的境脉教学意味着学生学习经验的开放，教师无法像以往设定教学目标那样，设定学生学习痕迹的发展方向。但在教学设计时，教师仍有必要对一次特定教学活动中，学生学习痕迹的维度和可能的发展路径做预设，将预设和实际教学进行对照，作为判断自身教学有效性的重要依据。

2. 判断学生"最近发展区"

从学习痕迹的内涵不难发现，增值性评价势必是学习痕迹表征最适合的评价模式。因此要更好地开展以学习痕迹表征为导向的评价，就有必要对学生的"最近发展区"予以判断。这既是教学开展的重要依据，也是学习痕迹表征的参照系。

3. 制定或选择科学的评价工具

给予学习痕迹表征的学习评价有别于传统的学业成就评价。"情境生成"更适用于描述性评价，同时也更多地是在课堂上完成评价反馈机制；"实践经验"部

---

[1] 中华人民共和国教育部.普通高中化学课程标准（2017年版2020年修订）[S].北京： 人民教育出版社，2020.

分是评价的主体,但即便是其中的认知经验维度,也需要有更多的有别于纸笔测试的评价工具介入;"元认知经验"部分需要教师更多引入专业量表,并以更长的学程跨度对学生的元认知水平发展进行测量。除了测量工具以外,教师也需要具备一定的信息、数据采集与处理能力,以便对学习痕迹进行准确的表征与描述。当然,除此以外,更重要的是,教师还需要设计能够彰显学习痕迹的评价任务,这一点将在下文详细阐述。

总体而言,在围绕学习痕迹开展的境脉教学过程中,教师需要不断建构和整顿学习系统,进而引导学习痕迹,帮助学生选择挖掘有助于自己成长的潜能。

三、学习痕迹的记录与评价

《普通高中化学课程标准(2017年版2020年修订)》中,关于评价任务的设计,给出了注重真实问题情境的创设、注重基于"学习任务"开展"素养为本"的教学、注重认识思路的结构化和显性化、注重"教、学、评"一体化的纲领性意见。在此基础上,围绕学习痕迹所设计的评价活动需要就学习痕迹的具体维度加以引导。例如下列的一个有关"氧化还原反应"的评价任务设计:

评价任务 氧化还原指示剂的设计

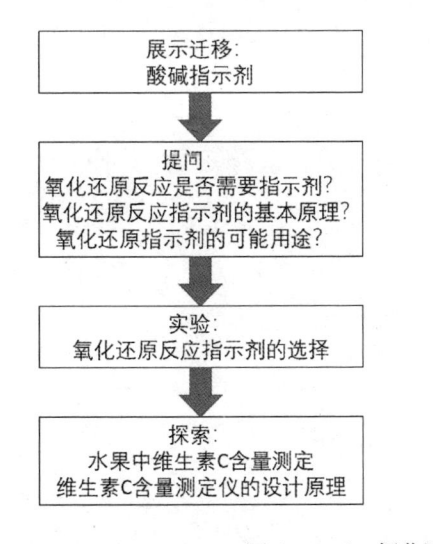

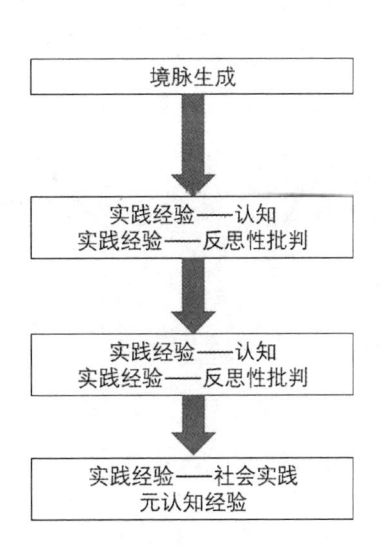

图4-0-1 氧化还原指示剂的设计

可以看到,在该任务中,学习痕迹的发展是开放的,但通过设计,教师对其是有引导的。尤其是在最后一个"探索"环节,学生可以选择使用氧化还原指示剂对水果中维生素C含量进行测定,从而以已有认知解决真实问题,发展社会实践维度的实践经验;也可以进一步探索维生素C含量测定仪的设计,迁移电化学相关知识,加深认知层面的经验变革。而如果完成相应的评价,学生的自我效能感也可能得到有效提升。

境脉教学作为一种基于建构主义学习论的教学实践探索,对学习的意义进行了重构。在这样的语境下,学习痕迹成为了检验教学有效性更合理的维度。同时,教师角色的转变,意味着设计、表征、引导学习痕迹成为了教学活动的主体任务之一,进而促进学生开展真正"有意义"的学习。

(撰稿者:复旦大学附属中学　卢锐)

实践智慧 4-1　预设学习痕迹维度：氧化还原反应

课堂教学是一项有目的、有组织交流的认知活动。预设学习痕迹是为课堂教学开展所做的计划，是保证教学有效性的前提。教师需要根据课程标准，结合学生的知识基础与认知能力，以学生为中心，在课前对教学活动的每一个环节进行规划、设计，对学生学习痕迹的维度和可能的发展路径去做预设，将课程预设和生成进行对照，作为判断自身教学有效性的重要依据。

氧化还原反应是中学阶段的化学核心概念与理论知识之一，该知识内容分散在必修课程和选择性必修课程中，贯穿于整个中学化学，且呈螺旋上升安排。初三阶段从物质水平(得失氧)初步认识氧化还原反应；高中必修课程从微观角度(电子转移)进一步认识这类反应及其相关概念，拓展化学反应的分类以及认识物质性质的视角；选择性必修课程则主要是定性认识氧化还原反应的发生规律及其应用。氧化还原反应与生活生产密切相关。于乃佳老师等对氧化还原反应的学科价值进行了详细、全面的梳理，具体如图 4-1-1 所示[1]。氧化还原反应是认识物质的性质及其相互转化关系，学习电化学知识的基础。从与生产生活实际联系角度看，氧化还原反应与化学电池、金属腐蚀与防护、电解、电镀、环境保护、能源等诸多问题紧密相连。氧化还原反应在生产、生活中的应用，可以帮助学生感知化学与生活的密切联系，感受并欣赏化学对改善个人生活和促进社会发展的积极作用，关注与化学有关的社会问题，形成主动参与社会决策的意识，增强化学学习的社会责任感；将氧化还原反应原理应用于真实生活问题的探究活动中，在探究中更新认知结构，促进深度思考，发展求真的态度。

同时，在核心概念的教学中，学习进阶理论强调教学过程应遵循学生的认知发展规律，符合由浅入深、循序渐进的发展路径[2]。氧化还原知识较为抽象，教

---

[1] 于乃佳,范晓琼,徐辉,桑寿德,吴卫东."氧化还原反应"单元整体教学设计的反思——"高端备课"项目促进化学教师专业发展记录之二[J].化学教育,2010,31(03): 29-32.
[2] 吴泽邦.基于学习进阶理论的中学化学核心概念教学研究[D].贵阳: 贵州师范大学,2021.

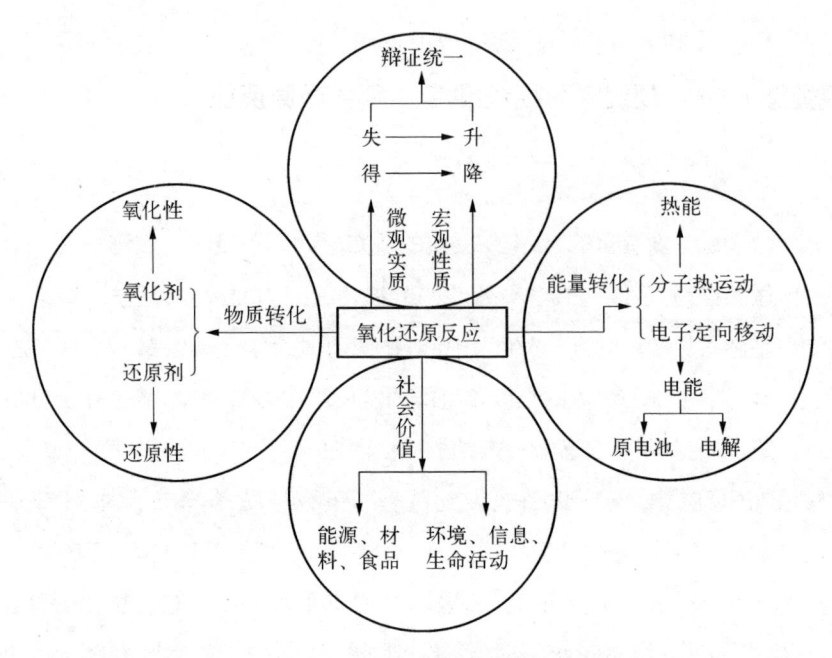

图 4-1-1 氧化还原反应的学科价值

学中,我们以学生熟悉的生活情境"84消毒液"为单元教学的"大情境",从学生的基础出发,设置若干价值取向的学习任务情境,预设学习痕迹,构建基于学生视角的、清晰的学习的"阶",在问题解决中发展高阶思维,落实化学学科核心素养。

一、单元教材教法分析

表 4-1-1 单元教材教法分析属性表

项目	属性	属性描述		
单元教学课程标准要求	学习内容	以《普通高中化学课程标准(2017年版2020年修订)》为依据。		
^	^	学习内容		
^	^	氧化还原反应	氧化剂与还原剂	
^	^	^	氧化反应与还原反应	
^	^	^	氧化还原反应实质	

续 表

项目	属性	属性描述
单元知识与学科核心素养	地位和作用及与其他单元的联系	氧化还原反应是中学阶段的化学核心概念与理论知识之一,贯穿于整个中学化学。氧化还原反应是初中化学与高中化学的纽带,初中从得氧和失氧角度分析氧化还原反应,高中进一步深化,从得失电子的角度来分析氧化还原反应。同时,氧化还原反应也是学习金属、非金属元素性质以及电化学相关知识的基础。因此,氧化还原反应在整个中学化学教学中起到了承上启下的作用。
	教学内容与学科核心素养	<table><tr><th>教学内容</th><th>学科核心素养</th></tr><tr><td>多视角认识氧化还原反应</td><td>分类思想</td></tr><tr><td>氧化还原反应从特征到本质的探讨</td><td>宏观辨识与微观探析</td></tr><tr><td>氧化还原的本质是电子转移的论证</td><td>证据推理</td></tr><tr><td>氧化还原概念的发展史</td><td>科学态度与社会责任</td></tr><tr><td>氧化还原反应中多重概念的成对出现</td><td>对立统一的辩证思想</td></tr><tr><td>电子转移的方向和数目</td><td>"宏观—微观—符号"三重表征方法</td></tr></table>
学情分析	知识与技能基础、兴趣与态度	通过之前的学习,学生已经掌握了常见元素的化合价,能从得氧、失氧的角度初步认识氧化还原反应,但对化学的学习还停留在表面,没有了解化合价变化的实质,以及化合价变化与电子转移之间的关系,也没有深入探究氧化还原反应的特征和本质。 学习了部分元素及其化合物的性质,如碳、氯等,具有一定的实验探究能力和分析问题能力。
选择合适教法	教学方法	教学的组织应根据教学目标,依据教学内容、学生的生活实际和认知特点、思维能力来确定。本单元的内容与生活、生产联系紧密,选取84消毒液的消毒原理这一生活情境作为素材,引导学生讨论氧化还原反应的特征、本质,氧化还原反应的应用。在教学中,采用情境教学法、实验法、讨论法等教学方法。

二、单元主题规划的分析

以围绕核心问题"84消毒液为什么可以用于杀菌消毒?"展开单元中2课时

的分步问题线索,构建问题链:① 84 消毒液的制备原理及其反应类型;② 制备 84 消毒液的反应中,各反应物充当了什么角色? ③ 84 消毒液的主要成分次氯酸钠具有怎样的性质? 设计层层问题情境,使学生在实验、积极思考和相互讨论中自己发现问题、分析问题和解决问题,以问题的逐步解决推进教学进程,在这个过程中经历化学史的熏陶,实验探究的能力锻炼,建构氧化还原反应的模型认知,发展学生学科核心素养。

本单元教学的知识进阶为:氧化还原的概念的形成与表示方法→氧化还原的概念关系→氧化还原反应的应用。

本单元教学的方法进阶为:演示实验与推理求证→宏微结合与唯物辩证→实验探究与迁移应用。

本单元教学的思维进阶为:宏观辨识→微观探析→证据推理→科学探究。

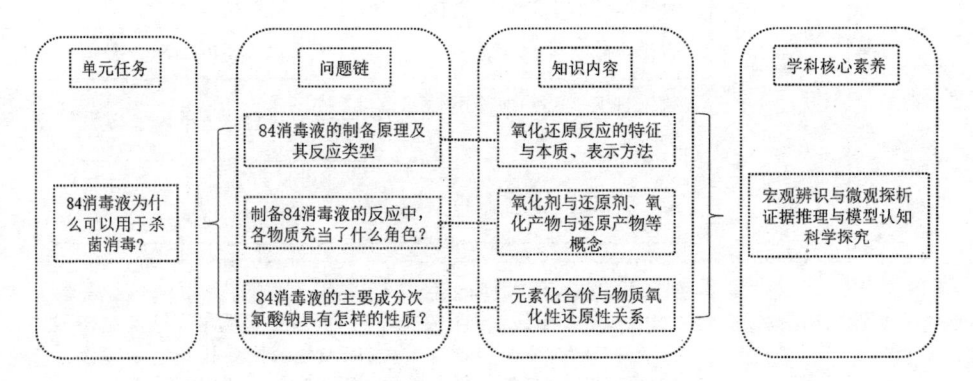

图 4-1-2 单元主题内容结构图

三、单元教学目标设计

课时 1 教学目标:认识有化合价变化的反应是氧化还原反应;了解氧化还原反应的本质是电子转移;会用化学用语表征简单氧化还原反应中化合价和电子转移的情况。

课时 2 教学目标:建立氧化剂与还原剂、氧化性与还原性、被氧化和被还原的概念;能从元素价态的角度分析、预测物质的氧化性和还原性,知道常见的氧化剂和还原剂;能从元素价态的角度认识物质性质,形成基于元素价态的视角分析物质性质的一般思路和方法;能用氧化还原理论来研究实际问题。

四、单元学习活动设计

1. 搭建由宏观到微观的思维阶梯

在初中的化学学习中,学生已经知道从得氧和失氧的角度来认识氧化反应和还原反应,但对氧化还原反应的认识还没有深入到微观层面,不清楚发生氧化还原反应的本质。在前一节的学习中,学习了氯气的相关知识,但对物质性质的分析仅具有物质类别这一单一的认识角度。84消毒液是生活中常用的消毒剂,在第一课时中,我们选取84消毒液的制备这一情境素材,以学生已有的四大基本反应知识和氧化还原知识为基础,帮助学生从微观角度认识氧化还原反应的本质。

环节一　氧化还原反应的认识

情境　消毒剂是我们抗击病毒必备的法宝之一。84消毒液是常见的家用消毒剂,其为什么可以用于杀菌消毒呢? 84消毒液的有效成分为次氯酸钠,那么如何制取84消毒液呢? 在实验室或工业中,通常采取的方法是,在常温下,将氯气通入稀的氢氧化钠溶液中,请写出该反应的化学方程式,并思考该反应所属的反应类型。

学生活动　思考,认识到四大基本反应类型无法解决部分反应的分类。

教师活动　介绍拉瓦锡氧化学说。引导学生从化合价的角度来进一步认识氧化还原反应(以高炉炼铁、木炭还原氧化铜为例)。介绍弗兰克兰的化合价理论。完善氧化还原反应的概念和特征。

设计意图　以病毒消毒剂84消毒液为情境素材,引导学生思考次氯酸钠制备原理所属的反应类型,创造认知冲突,使学生认识到四大基本反应类型无法解决部分反应的分类,引起学生的学习兴趣。类比高炉炼铁、木炭还原氧化铜,使学生认识氧化还原反应的特征,学会从宏观角度——元素化合价的升降对氧化还原反应进行辨识。发展了学生对化学反应分类的新视角,氧化还原反应概念由拉瓦锡氧化学说扩展到弗兰克兰的化合价理论。

环节二　氧化还原反应的本质

教师活动　引导学生思考氧化还原反应中有元素化合价变化的原因。

学生活动　从钠原子、氯原子、氢原子的原子结构示意图出发，分析氯化钠和氯化氢的形成过程，探寻化合价的变化与电子转移的关系。

教师活动　介绍汤姆孙的电子转移理论。如何证明氧化还原反应确实有电子转移呢？

演示实验　演示锌与稀硫酸的原电池实验，电流计偏转证明有电子通过，进一步证明氧化还原反应确实有电子的转移。

学生活动　总结归纳氧化还原反应的知识框架。

设计意图　通过氯化钠、氯化氢的形成，借助原电池模型揭示氧化还原反应电子转移的微观本质，由宏观到微观，发展了学生宏观辨识与微观探析素养，实验探究能力与科学创新精神。

环节三　氧化还原反应的表示方法

教师活动　如何在方程式中表示氧化还原反应中电子转移的关系？介绍单线桥表示电子转移的方向和数目。

学生活动　思考并练习用单线桥表示氧化还原反应中电子转移的方法。

教师活动　讲述氧化还原反应的发展史（如图4-1-3所示）。

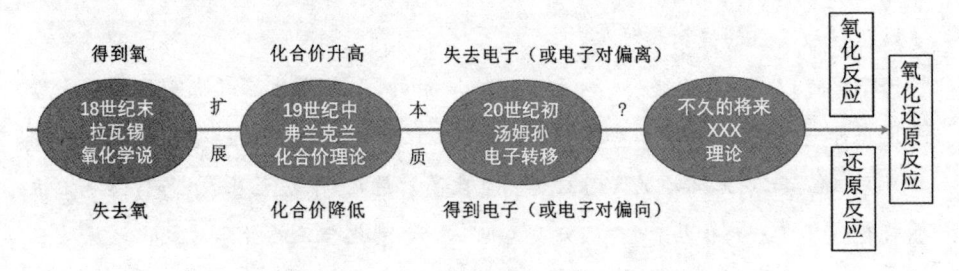

图4-1-3　氧化还原反应的发展史

设计意图 以微观→符号的顺序展开教学，通过氧化还原反应认识模型的建立，为学生分析其他氧化还原反应提供了思考框架。感受化学家在科学研究中不畏艰难、严谨求实的科学精神，促进"德性"发展。

2. 搭建由理论到实际的思维阶梯

本节课是前一节知识的延伸和拓展。为承接上一节课，我们选取 84 消毒液的制备原理分析、84 消毒液的消毒原理以及应用注意事项作为情境素材，搭建由理论到实际的思维阶梯，帮助学生形成基于元素价态角度分析物质性质及其转化的一般思路和方法。

环节四 氧化还原反应中的概念关系

教师活动 引导学生分析制取次氯酸钠反应中的各反应物充当的角色，帮助学生建立氧化剂、还原剂、氧化性、还原性、氧化产物、还原产物等概念。

学生活动 总结归纳氧化还原反应的有关概念。如图 4-1-4 所示。

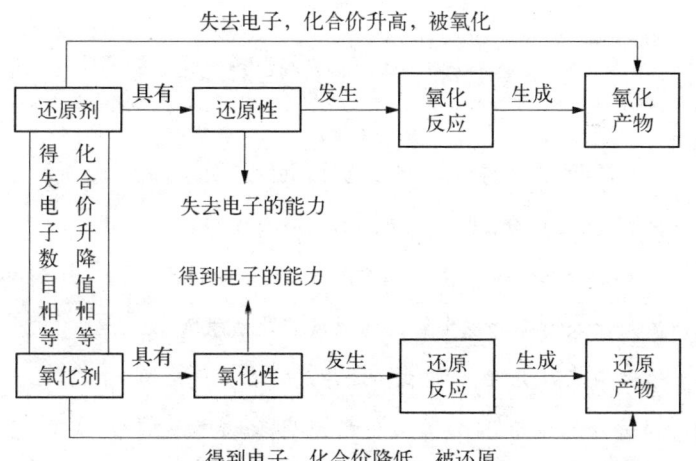

图 4-1-4 氧化还原的知识框架

设计意图 以分析制取次氯酸钠反应中各物质的角色为情境，是第一课时的延续与深化。进一步引导学生探讨氧化还原反应的概念关系，树立辩证统一的科学世界观。初步建立氧化还原反应的认知模型，发展"证据推理与模型认知"的化学学科核心素养。

环节五　元素价态与氧化性、还原性的关系

教师活动　次氯酸钠可以用于杀菌消毒,利用了次氯酸钠的什么性质?分析次氯酸钠的消毒原理。

学生活动　向稀 H_2SO_4 酸化的淀粉-KI 溶液中滴加几滴 NaClO 溶液,观察实验现象。

教师活动　从元素价态的视角,你对物质的性质有哪些新的认识?

学生活动　尝试归纳元素价态与物质氧化性和还原性的关系。

教师活动　归纳常见的氧化剂、还原剂。

设计意图　通过对 NaClO 溶液消毒原理的分析,引导学生从元素价态的角度认识物质性质,形成基于元素价态的视角分析物质性质及其转化的一般思路和方法。

环节六　氧化还原反应的应用

教师活动　资料展示 84 消毒液的使用说明。引导学生从氧化还原的角度分析 84 消毒液和洁厕灵(主要成分 HCl)为什么不能混合使用。

学生活动　从元素价态的角度分析 NaClO 和 HCl 的性质,得出 84 消毒液与洁厕灵不能混合使用的原因是会发生氧化还原反应生成氯气。

教师活动　通过丰富的实例,介绍氧化还原反应在生产生活中的应用。

设计意图　通过资料展示 84 消毒液使用说明,培养学生科学、安全、合理地使用化学药品的意识;分析 84 消毒液和洁厕灵不能混合使用原因,进一步巩固学生基于元素价态的视角分析物质性质及其转化的一般思路和方法。通过氧化还原反应的应用实例,让学生切实认识到氧化还原反应的重要价值,以及化学是一门与人类密切相关的学科,贯穿人们衣食住行的各个方面,进而培养其"科学态度与社会责任"学科核心素养。

五、单元作业设计

表 4-1-2　单元作业属性汇总表

课时	类型	目标	反馈方式
2	综合型	常见的氧化剂、还原剂；能用氧化还原理论来研究实际问题。	从文献收集的代表性、报告的逻辑性等角度进行评定。

作业

（1）当水果削好皮或切开后放置一会儿，切面的颜色就会由浅变深，最后变成深褐色。请大家查阅资料，思考其中的原因。

（2）经验丰富的厨师会在切开的苹果上洒上柠檬汁，水果就不容易变色。柠檬汁中富含维生素C，其能阻止水果变色，请大家思考维生素C在这里的作用。

（3）苹果与柠檬混合榨汁，久置后果汁颜色为什么会变深？

可以看到，随着境脉的生成与发展，学生的经验发生了相应的变革。基于学习进阶，借助于"大情境、小问题"，设计具有价值取向的学习任务，合理预设学习痕迹，探究各知识点的内在联系，促使学生以一种螺旋上升的态势认识到化学学科的逻辑体系与学科魅力，于学习中提升化学学科核心素养。当然，如何更好地把真实情境融入课堂教学，如何设置符合学生认识进阶的问题，如何合理预设学习痕迹，如何把控课堂的开放度调动学生的学习主动性，发展学生既有深度又有广度的学科认识能力，如何落实化学的学科核心素养、发挥化学学科的育人价值，还需要我们不断地思考与探索。

（撰稿者：复旦大学附属中学　张芋丹）

实践智慧 4-2　瞄准最近发展区：双液原电池

"最近发展区"理论首先由苏联心理学家维果茨基提出。在维果茨基看来，至少可以确定学生有两种发展水平：第一个是现有发展水平，即学生通过独立思考能够达到的水平；第二个是潜在发展水平，即学生通过帮助和指导，能够达到的解决问题的水平，这两种水平之间的差异为最近发展区[1]。依据"最近发展区"理论，化学教学应着眼于学生的现有发展水平，寻找"最近发展区"，通过教学超越其"最近发展区"，把学生的潜在发展水平转化为新的现有水平，在此基础上，又出现新的潜在发展水平，并形成新的"最近发展区"。学生的知识和思维在思维发展区层次逐步递进的过程中不断得到积累和发展。下面，以"双液原电池"一课为例，探讨"最近发展区"理论在化学教学中的应用。

一、教材及学情分析

高中化学选择性必修课程的教学是基于学生在必修中建立的已有认识的教学，其目的是深化认识和优化思维品质。本节内容以沪科版必修 2 第五章第三节"化学变化中的能量变化"为基础，是对必修 2 的加深和提高。必修 2 中以铜锌单液原电池模型为载体，初步介绍原电池的原理和构成条件，并简单介绍实用电池。选修教材《化学反应原理》中以双液原电池模型为载体，深化认识原电池的原理和形成条件，目的是加深学生对原电池工作原理、形成条件的认识，提高学生对原电池本质条件、实用性开发等方面的认知。在此基础上进一步理解实用电池，

---

[1] 王光荣.维果茨基的认知发展理论及其对教育的影响[J].西北师大学报（社会科学版），2004(06)：122-125.

因此本节内容起到一个承上启下的作用。

在必修2中,学生已经学习了原电池的相关知识,但在理解铜锌原电池作为化学电源开发的缺点等方面还有不足。因此,本节课的教学重点为双液原电池的工作原理和构成条件,难点为盐桥的引入及作用。

二、教学目标

1. 深入认识原电池工作原理及构成条件。
2. 建立盐桥的概念、理解盐桥的作用。
3. 通过实验探究的过程,提高科学探究的能力,培养科学的思维方式和问题意识。
4. 联系自然、生活、科技,体验化学创造的现代生活,感悟科技的力量。

三、教学设计思路

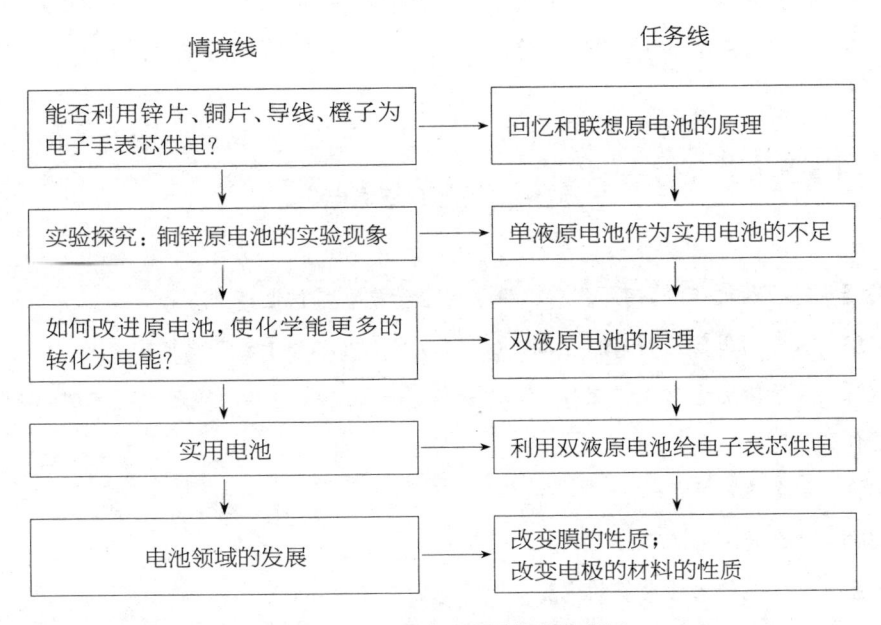

情境线　　　　　　　　　　任务线

情境线	任务线
能否利用锌片、铜片、导线、橙子为电子手表芯供电?	回忆和联想原电池的原理
实验探究:铜锌原电池的实验现象	单液原电池作为实用电池的不足
如何改进原电池,使化学能更多的转化为电能?	双液原电池的原理
实用电池	利用双液原电池给电子表芯供电
电池领域的发展	改变膜的性质; 改变电极的材料的性质

图 4-2-1　双液原电池教学流程图

从单液电池模型上升到双液电池模型，需要学生在知识和能力上进行一次较大的跨越。如何寻找学生的"最近发展区"并完成跨越是在本节教学中重点要解决的问题。本节课以原电池装置的改进为境脉，以实验探究的模式，将设计原电池与知识回顾、新知识引入融为一体。围绕"原电池的设计"展开思路，将实验探究与思考交流交替进行，设计层层实验和问题情境，使学生在自主实验、积极思考和相互讨论中自己发现问题、分析问题和解决问题，以问题的逐步解决推进教学进程，体会原电池的发展过程。

四、教学过程

1. 以实际问题解决为境脉，全面分析学生，找准"最近发展区"

化学教学的实施需要准确分析学生的现有知识与能力，以学生的现有认知水平为基础。教学难度过低，满足不了学生的求知需求，抑制了学生的学习积极性；教学难度过高，学生不能内化所学知识，难以促进学生的发展。教师可以通过测试、作业等途径了解学生的现有化学知识水平和能力，分析学生学习新知识还欠缺的知识与能力，找准学生思维的"最近发展区"。环节一通过情境问题的解决，启发学生对已有知识的回忆和联想，同时帮助教师了解学生的现有知识与能力。

环节一　回顾单液原电池

设疑　能否利用锌片、铜片、导线、橙子为电子手表芯供电？
学生　思考利用锌片、铜片、导线、橙子做成水果电池为手表芯供电。
教师　橙子给电子表提供电能，利用了化学的哪方面知识？回想一下装置，形成了什么？
学生　原电池。
教师　什么是原电池？
学生　化学能转化为电能的装置。
教师　请大家结合已有知识，设计以 $Zn + CuSO_4 = ZnSO_4 + Cu$ 为反应原理的原电池装置,完成下表(表4-2-1)。

表4-2-1 原电池示意图与现象预测

原电池示意图	对　　象	预　期　现　象(示例)
（Zn Cu 插入硫酸铜溶液，连接电流表A）	负极	锌片溶解
	正极	铜片上有红色物质析出
	电流变化	电流表的指针发生偏转

学生　设计原电池模型,书写正负极发生的反应。预测实验现象以及电流的变化情况。

设计意图:　通过橙子电池为电子表芯供电这一情境问题的解决,启发学生对已有知识的回忆和联想,同时帮助教师了解学生的现有知识与能力。分析学生学习新知识还欠缺的知识与能力,找准学生思维的"最近发展区"。

2. 以实验探究为境脉,创设认知冲突,将学生思维引入"最近发展区"

认知冲突是指认知发展过程中原有认知结构与现实情境不符时,在心理上所产生的矛盾或冲突,通常表现为学习者已有的知识和经验与新知识不一致而产生的心里失衡[1]。认知冲突有助于学生不断追求新的平衡,而构建自己的知识体系。在教学中,教师可以在新旧知识的衔接处、思维的转折处设计若干冲突素材,创设认知冲突,促使学生对问题本质进行进一步的探究与领悟,从而把学生思维引入"最近发展区"。

环节二　再识单液原电池

实验　根据表4-2-1设计的装置,完成原电池实验。

实验步骤如下:

---

[1] 薛琴."认知冲突"情境教学法在中学化学教学中的应用[J].中学教学参考,2021(29):74-75.

(1) 在烧杯中注入 CuSO₄ 溶液。

(2) 将锌片和铜片用导线连接,并用电流传感器检测电流。

(3) 将温度传感器插入硫酸铜溶液中。

(4) 将锌片和铜片同时平行插入 CuSO₄ 溶液中。

(5) 采集数据。

表 4-2-2 预期现象与实验现象对比

对象	预期现象	实验现象
负极	锌片溶解	锌片上有黑色物质析出
正极	铜片上有红色物质析出	铜片上的红色物质无明显增多
电流变化	电流表的指针发生偏转	电流表的指针发生偏转,偏转角度越来越小
温度变化		温度升高

讨论 实验现象和预期现象产生了偏差,是什么原因导致的?

设疑1 锌片上产生的黑色物质是什么?

学生 铜。

设疑2 铜是怎样产生的?

学生 铜离子得电子生成单质铜。

设疑3 电子从哪来?

学生 锌失电子。

设疑4 锌失去的电子为什么有一部分直接转移给了铜离子呢?

学生 锌与硫酸铜直接接触。

设疑5 在实验中,能量是如何转化的?

学生 化学能转化成电能和热能。

设计意图: 以动手完成铜锌原电池实验为境脉,利用实际实验现象与学生预测现象之间的差异,创设学生的认知冲突,激发学生的学习兴趣,培养学生的科学探究素养。同时,依据实验现象,在学生"最近发展区"内设置问题,层层深入,将学生思维引入"最近发展区",促进学生的思考,为后续改进原电池做准备。

3. 以问题驱动为境脉，引导学生突破"最近发展区"

知识的传授需要遵循学生的认知规律。在化学教学中，对于具有较大知识与能力跨度的内容，教师可以巧妙地利用学生的"最近发展区"，把一些复杂的问题设计成一组具有梯度的问题链，为学生提供思维的方向，从而引导学生逐步消除思维障碍，帮助学生突破思维的"最近发展区"。

环节三 改进原电池

讨论 结合刚才分析出的可能原因，如何改进原电池装置，使化学能更多地转化为电能？

设疑1 为什么化学能会转化为热能？

学生 锌片和硫酸铜溶液直接接触。

设疑2 出现这样的情况，最根本的原因就是锌和硫酸铜溶液直接接触了，那现在怎样改进呢？

学生 将锌片和硫酸铜溶液分开。

设疑3 如果直接分开，中间用什么沟通起来形成闭合回路？

讲述 分析盐桥的组成。盐桥中一般装有饱和的氯化钾溶液和琼脂制成的胶冻。胶冻的作用是防止管中的溶液流出，K^+ 和 Cl^- 能在胶冻内自由移动。

资料 琼脂：CAS RN：9002-18-0，分子式：$(C_{12}H_{18}O_9)_n$；在食品工业中广泛应用，在化学工业、医学科研可作培养基。

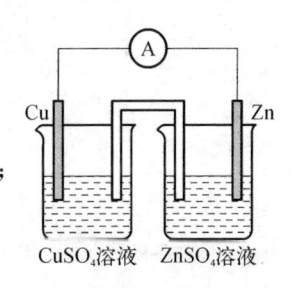

图 4-2-2 铜锌双液原电池示意图

实验 实验步骤如下：

(1) 在两个烧杯中分别注入 $ZnSO_4$ 和 $CuSO_4$ 溶液。

(2) 将一块锌片插入 $ZnSO_4$ 溶液中，铜片插入 $CuSO_4$ 溶液中。

(3) 用电流传感器将锌片和铜片连接。将温度传感器插入硫酸铜溶液中。

(4) 两个烧杯中插入一根盐桥。

(5) 采集数据。

学生 观察电流变化情况和溶液中的反应情况。

表 4-2-3 双液原电池实验现象

对象	实验现象
负极	锌片逐渐溶解
正极	铜片上有红色物质析出
电流变化	产生稳定的电流

设疑 4 盐桥电池在原理上和单液电池在原理上有什么不同吗？

学生 没有不同，依然是锌失去电子，铜离子得到电子。

设疑 5 盐桥中的钾离子和氯离子是如何移动的？

学生 溶液中的钾离子移向正极，氯离子移向负极。这是因为锌失去电子变为锌离子后，溶液中正电荷增多，为了平衡电荷，氯离子迁移至负极。

设疑 6 盐桥的作用是什么？

学生 离子通道，平衡电荷。

设计意图：从装置改进和能量利用角度，以问题链为境脉，为学生提供思维的方向，逐步引出带有盐桥装置的原电池——双液原电池，帮助学生突破思维的"最近发展区"。通过实验，观察电流变化情况和溶液中的反应情况。利用定量和类比的方法，与单液电池进行比较，突出双液原电池具有能量转化效率高、电压稳定等特点。

4. 以生活中的电池为境脉，创设新的"最近发展区"

学生的知识和思维是在潜在发展水平转化为新的现有发展水平的过程中不断积累和发展的。当学生的思维突破"最近发展区"，建立新的现有发展水平后，教师需要选择合适的情境，创设新的思维"最近发展区"，促进学生不断地思考，使学生思维不断地向着更高层次发展。

环节四 应用原电池

讲述 在现实的原电池中，很难发现真的有盐桥，而主要是隔膜原电池。经查阅资料,发现纽扣电池中间存在一个隔膜,这层隔膜上涂有电解质溶液,其作用是什么?

学生 相当于盐桥。

实验 模拟纽扣电池给电子表芯供电。实验步骤如下:

(1) 将锌片固定在玻璃片上,上面铺上一块棉花,用 $ZnSO_4$ 润湿棉花。
(2) 将铜片固定在玻璃片上,上面铺上一块棉花,用 $CuSO_4$ 润湿棉花。
(3) 分别用导线将电极连接(如图 4-2-3 所示)。
(4) 将滤纸用饱和氯化钾溶液润湿后,搭在两块棉花上。
(5) 将导线分别连接在电子表的正负极,以给电子表供电。

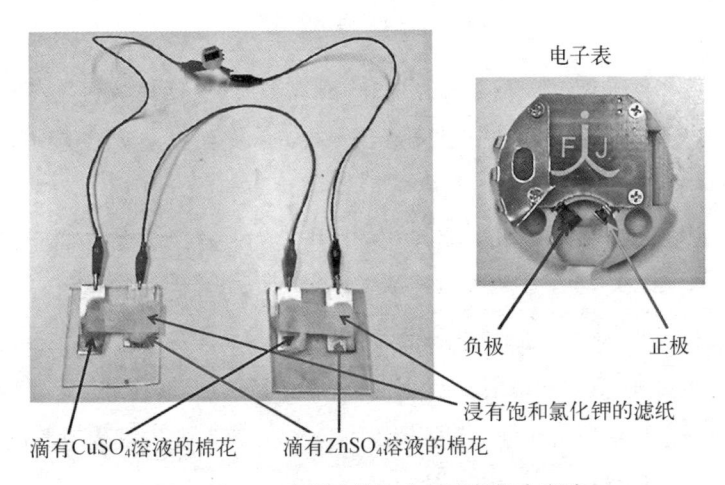

图 4-2-3 自制电池为电子表芯供电实验

讲述 1950 年,朱达(W. Juda)成功地研制了第一张具有商业用途的离子交换膜,可以选择性的让某些离子通过。在此基础上,人们研制出了质子交换膜、阳离子交换膜、阴离子交换膜、锂离子交换膜等等。这些膜技术的发展大力地推进了原电池技术的发展。1838 年提出燃料电池的原理,1970 年锂离子电池的蓬勃发展,都和膜技术的发展有直接关系。如果你是一名电池设计师,想要获得更好性能的电池,可以从哪些方面来对电池进行改进?

学生 改进离子交换膜,改变电极材料。

讲述 每年都有很多科学工作者在这两方面做出很多努力。2021 年,中国科学院深圳先进技术研究院深圳先进集成技术研究所汽车电子研究中心研究员李慧云团队开发的新型离子交换膜,显著提升了液流电池(一种颇具发展潜力的大规模能源存储系统)的循环性能与能量效率。[1]

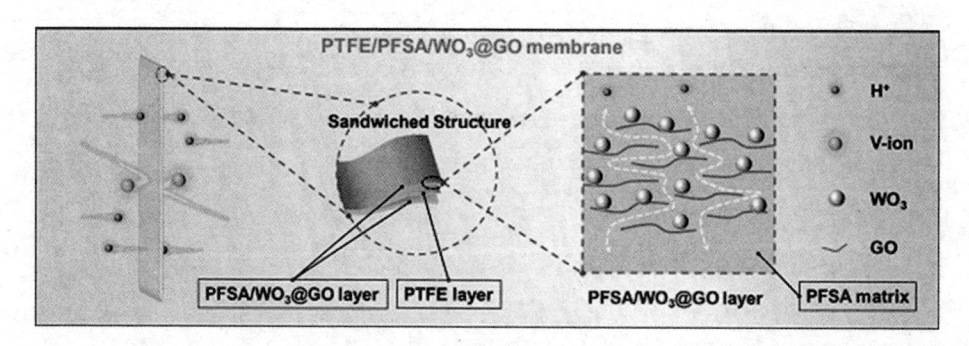

图4-2-4 复合膜结构

设计意图: 以生活中的纽扣电池为境脉,创设新的"最近发展区",引出隔膜电池。提高学生对原电池实用性开发等方面的认知。介绍当今电池膜技术的发展,培养学生的科学精神、社会责任与使命感,从而拓展课堂的宽度。

化学教学的任务之一是要培养学生的思维能力。寻找学生的"最近发展区",并加以研究、利用和开发,是优化学生学习思维的重要方式,也是引领学生深度学习的重要途径。[2]在课堂教学中,教师应以教学目标为导向,设计能突出学生主体、激发学生兴趣、具有动态生成空间而又一脉相承的情境,找准、引入、突破学生思维的"最近发展区",进而创设新的思维"最近发展区",促进学生思考,引领学生深度学习,于潜移默化中提高学生的科学素养。

(撰稿者:复旦大学附属中学 张苎丹)

---

[1] Jiaye Ye, Chunhua Zheng, Jie Liu, Tianfu Sun, Shuhui Yu, Huiyun Li. In Situ Grown Tungsten Trioxide Nanoparticles on Graphene Oxide Nanosheet to Regulate Ion Selectivity of Membrane for High Performance Vanadium Redox Flow Battery [J]. *Advanced Functional Materials*, 2021(11).

[2] 柳文龙.基于"最近发展区"的化学深度学习探析[J].中学化学教学参考,2020(16):89-90.

实践智慧 4-3　记录学习思考痕迹：共价键

一、教学主题内容及教学现状分析

从内容编排上看，本节课内容出自沪科版必修一第 4 章"原子结构和化学键"第 4 节"化学键"，是原子结构、化学键、离子键内容的逻辑延伸，构建化学键的初步理论框架，属于化学基本理论中的物质结构部分。这一部分的内容理论性较强，非常抽象，学生容易觉得枯燥乏味、晦涩难懂。

本课时主要介绍共价键的概念、表示方法以及共价化合物的概念，并将其和已学的离子键进行辨析。

从化学基本观念和学科核心素养上看，本节的教学内容是整个第 4 章的一部分，同样是发展"宏观辨识与微观探析"这一核心学科素养的重要知识载体，同时微粒变化观、结构观的学习可以培养学生相应的化学观念，并运用"证据推理与模型认知"的学科核心素养来描述和解释化学现象，逐渐学会从宏观现象转向微观本质的研究。

化学键是高中化学中的核心概念性知识，学习化学键可以帮助学生对物质的物理和化学性质做出一定的预测和解释，有利于学生对物质微观结构理论有一个较为系统完整的认识。

国内相关研究表明，绝大多数教师在教学过程中都强调化学键的形成是原子为了达到"八电子稳定结构"，而不是静电力的结果[1]。对化学键形成本质的不了解，导致学生往往以为离子键、共价键以及后面学到的金属键都是独立的，不能将它们联系起来。

---

[1] 潘宜.促进概念转变的化学键教学研究[D].济南：山东师范大学，2021.

二、教学思想与创新点

学生对离子键这一类化学键已有了一定的了解,知道正、负离子之间能通过强烈的静电作用形成离子键。由于正、负离子各自带相反的电荷,因此对于离子键的接受程度较高,但是对于通过共用电子对(没有形成离子的过程)形成的共价键,预计接受程度会低很多。且所涉及的均为理论知识和微观概念,十分抽象,无法用直观的观察和实验获得具象的认识。因此在教学过程中,结合宏观实验、实物模型和生活情境,将无形的共价键转化为有形的认识(如:球棍模型教具、木棍和橡皮泥、ChemOffice 软件等),从宏观层面感受化学键的存在,逐步学会从原子结构与核外电子排布的微观角度,分析和理解共价键的形成过程和本质,并熟练掌握相关化学用语的书写(如:可以利用黑白棋子辅助进行电子式的书写)。

因此在教学设计中,试图通过引入宏观实验、实物模型和生活情境对学生进行引导,将无形的共价键转化为有形的认识,让学生从宏观层面感受化学键的真实存在,逐步学会从原子结构的微观层面上感受和分析共价键的形成过程和本质,并熟练掌握相关化学用语的使用。

三、教学目标

课标要求为:认识构成物质的微粒之间存在相互作用,结合典型实例认识共价键的形成;学会用电子式和结构式表示共价分子;能简单判断离子化合物和共价化合物中的化学键类型。结合学生实际学情,设置教学目标如下:

(1) 结合原子结构模型,知道原子趋向稳定的途径除了得失电子外还有共用电子,通过猜测、类推和比较 NaCl 和 HCl 的形成过程,知道共价键的概念,区别共价键和离子键,理解原子间形成共价键的过程和原理。

(2) 从微观角度能解释氢气、氯气、氯化氢等常见物质的形成过程,归纳并理解共价分子中原子间按一定数目比互相结合,熟练书写电子式和结构式来表示常见的共价分子及其形成过程。

(3) 从元素组成和化学键两种角度对化合物进行分类,明确离子化合物和共价化合物的定义,辨析离子键、共价键、离子化合物、共价化合物之间的关系,学会判断简单化合物中所含化学键的类型。

四、教学流程

表 4-3-1 教学过程设计

教学环节	教师教学行为	学生学习活动	设 计 意 图
1. 回顾离子键	由宏观现象、微观探析、化学用语三方面对 NaCl 的形成过程进行回顾	(1) 回忆实验现象 (2) 书写 NaCl 的电子式形成过程	回顾旧知,为接下来对比 NaCl 和 HCl 的形成过程作铺垫
2. 氯化氢的形成途径和氯化钠相同吗?	(1) NaCl→HCl 类推过程示意图 (2) 实验事实和理论事实 (3) 鲍林电负性标度("x")经验规则	引发认知冲突	引发对 NaCl→HCl 类推过程的质疑,引出 HCl 并不是由离子键形成的
3. 氢原子如何形成氢分子?	介绍量子力学方法处理氢分子 H_2	意识到原子之间可以"重叠、共用"	将问题简化成最简单的 H 原子和 H_2 分子,引出电子的"共用"
4. 共价键的概念	(1) 路易斯共价键理论 (2) 共价键和离子键的成键要素对比	学习共价键这一新的化学基本概念	完成共价键这一新概念的初步教学
5. 共价键的表示	以黑白棋子教具演示电子式的书写方法	通过黑白棋子降低电子式的书写门槛	学习表示共价键和对应物质的化学用语 将 HCl 拓展延伸到其他类似分子,巩固电子式的书写这一教学难点
6. 共价键的辨析	直接给出 NaOH 电子式	思考共价键和离子化合物的关系	引导学生自行归纳共价键和离子化合物的关系,导出共价化合物的概念

五、教学实录

环节1　回顾离子键

由宏观现象、微观探析、化学用语三方面回顾 NaCl 的形成过程，达成"宏—微—符"三重表征，完成对离子键内容的简要复习。

表 4-3-2

宏观现象	微观探析	化学用语

表 4-3-3

	离　子　键
成键元素	
成键微粒	
成键本质	

环节2　氯化氢的形成途径和氯化钠相同吗？

情境引入

展示　H_2 在 Cl_2 中燃烧/H_2 和 Cl_2 混合气体在光照下爆炸。

问题提出

教师　H 原子和 Na 原子最外层都是 1 个电子，那么 H 原子和 Cl 原子是如何化合形成 HCl 的呢？能否由 NaCl 的形成过程类推而来？

师生活动

学生 观看/阅读以下素材：

1. 实验事实：熔融 NaCl 导电，但液态 HCl 不导电。（演示实验视频）
2. 理论事实：构成氯化氢的微粒是分子而非离子。
   ——上海二期课改化学教材高一第一学期 p65
3. 鲍林电负性标度（"x"）经验规则

电负性是元素的原子在化合物中吸引电子的能力的标度。数值越大，表示该元素的原子在化合物中的吸电子能力越强；数值越小，则反之。

环节 3　氢原子如何形成氢分子？

问题提出

教师 HCl 中的化学键与 NaCl 中的化学键相同吗？将该问题简化：氢原子可通过什么途径形成氢分子？

师生活动

学生 阅读、思考和讨论。

1927 年，沃尔特·海特勒（W. H. Heitler）和弗里茨·伦敦（F. London）首次用量子力学方法处理氢分子（H_2），揭示了两个氢原子之间化学键的本质问题。量子力学计算表明，两个 H 原子彼此靠近并保持一定距离时，体系能量降低，此时能量低于两个 H 原子单独存在时的能量，表明两个 H 原子之间形成了化学键。

教师 已知氢原子半径为 53 pm，氢分子中两原子核间距 $r_0 = 74$ pm。试参照数学中"圆与圆的位置关系"进行分析：两个氢原子重叠的部分最可能是原子的哪一部分？这对于你思考之前的氢分子形成途径的问题有什么启发？

环节 4　共价键的概念

情境引入

(1) 路易斯共价键理论：1916 年，美国的 G. N. Lewis 提出：分子中的原子都有形成稀有气体电子结构的趋势,从而求得本身的稳定。而达到这种结构,并非通过电子转移形成离子键来完成,而是通过共用电子对来实现。

(2) 在2 000 ℃条件下,仅有不到1‰的氢气分解为氢原子。

师生活动

学生 阅读、讨论上述材料(1)。

教师 以表格形式对比共价键和离子键的成键要素。

总结 除得失电子以外,共用电子也是原子趋向于稳定的一种途径。

教师 材料(2)能够说明什么问题?

学生 从数据直观感悟到共价键作用的强烈!

环节5 共价键的表示

师生活动

讲述 电子式用于描述微粒的最外层电子。

教师 以黑白棋子教具,演示从单个原子出发,如何结合形成分子从而各自都达到相对稳定的结构。

引申 与HCl类似,H_2O、NH_3、CH_4都是按照一定数目比进行结合的分子。

学生 小组合作,写出H_2O、NH_3、CH_4的电子式。

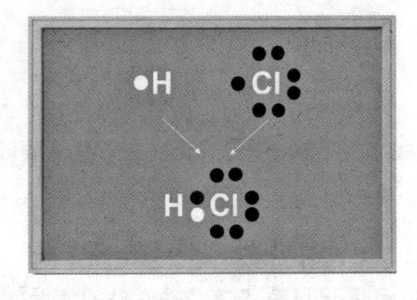

图4-3-1

归纳 分子中各原子可形成的共价键数目与该原子最外层电子数之间有什么关系?

拓展 根据上述结论,试写出HClO、H_2O_2、N_2、CO_2的电子式。

环节6 共价键的辨析

情境引入

氢氧化钠的电子式。

师生活动

教师 如何分析氢氧化钠中存在的化学键？参考离子化合物的定义,该如何定义共价化合物？

学生 总结共价键与离子化合物的关系。

六、教学效果与反思

学生在教师的引导下阅读、讨论和分析各种素材和资料,对这些情境素材的认识和初步理解正是学习过程中不可或缺的思考痕迹,能够让学生在丰富的素材、多彩的情境、循序渐进的问题下,完成对"共价键"核心概念的建构、深化对"共价键"概念内涵的理解。

在共价分子的电子式书写这一教学难点的环节之中,一些相对复杂分子的电子式是颇具挑战性的,但是通过黑白棋子教具降低了这个问题的门槛,且便于学生及时修正、多次修正,学生反复移动棋子的过程也是学生向正确答案不断逼近的思考痕迹的记录。

在日常的化学教学中,我们也应该加强思考,如何设置更多易于展现或记录学生思考痕迹的问题与课堂活动,这对于培养学生逻辑思考能力与学科素养、进行课后反思、复盘学生心理等方面都会有很大的益处。

（撰稿者：上海交通大学附属中学闵行分校　孟祥申）

第五章
境脉教学有问题循证

教师根据化学学科的基本特点,结合教学内容合理创设情境,设计问题,组织学生开展问题循证的教学活动,是境脉教学的重要特征之一。循证问题的创设,必须符合教学内容的需要,符合学生学习的需求,符合发展与培育学生学科核心素养的目标。在不同的教学实践中,教师可以设计"抛锚式""实践性""高阶性"等不同类型的问题开展循证活动。学生在问题循证过程中,可利用探究实验等循证方法解决问题、提升素养。

境脉教学是有问题循证的教学。何为"循证"？《楚辞·天问》中的"昏微循迹",《淮南子·氾论训》中的"大人作而弟子循",成语"循循善诱""循规蹈矩",其中的"循"基本都有依照、遵守、沿袭等意思。此外,"循"也有寻找等含义。而"证"就是证明、论证；证据、凭证。因此,"循证",就是遵循证据、寻找证据。而循证活动,也必然是基于遵循证据、寻找证据开展的实践活动。

20世纪末,与"循证"相关的很多学科才萌芽发展,所以"循证"是一个"年轻"的字眼。如"循证医学"（Evidenced-based medicine,EBM）是20世纪90年代初发展起来的一门新型交叉学科,是指慎重、准确和明智地应用当前所获得的最好的研究证据,便于指导临床实践[1]。随后循证的思想便迅速渗透和应用到了其他领域,形成了循证心理治疗、循证教育学、循证社会学等。1996年,英国剑桥大学哈格里夫斯（Hargreaves）教授首先提出了循证教育学理念,他认为教师和医生所进行的实践决策有相当程度的一致,但是医生指定方案时是严格依照循证科学的理念的依证实践,而教师的教学方案更多地是根据教学经验。所以他提议将循证科学应用在教学领域,运用循证的方法为教学研究提供科学有力的证据支持,循证教育学理念由此产生[2]。

一、问题循证中的真学习

在中国,循证教育学的研究与实践相对较少,在知网上以"中学化学教学""循证"等关键词进行检索,获得的相关的文献量相对稀少。在中学化学学科教学中,很多经验丰富的教师通常能基于课程标准与教材,结合学生学情,设计"境脉"引领下的教学方案（如图5-0-1）。老师们通过创设情境,设计问题,激发学生学习兴趣,开展丰富多样的学习活动,通过问题的解决,引导学生自主构建知识脉络,树立学习自信,发展化学学科的核心素养。

显而易见,课堂教学设计时若能根据教学内容,巧妙创设情境,引导学生为解决实际问题而开展丰富的循证活动,才能让学生在课堂上真正的"动起来"。因

---

[1] 安方玉,王华涛,刘雪松,张帆,楚惠媛,梁建庆.浅析循证医学思维在生物化学教学方法中的应用[J].甘肃科技,2013,29(21):70-71.
[2] 徐文彬,彭亮.循证教育的方法论考察[J].教育研究与实验,2014(04):10-14.

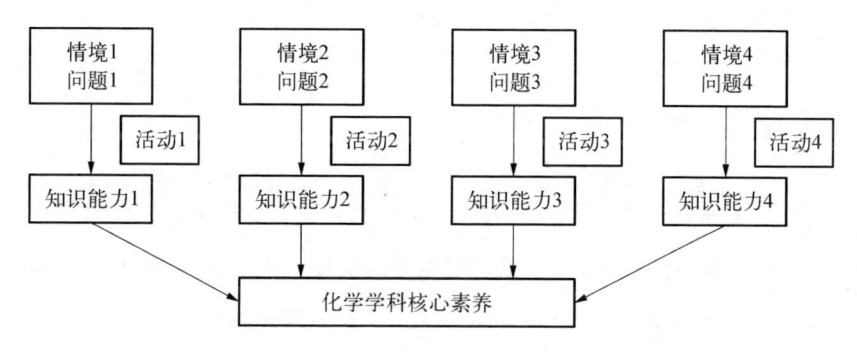

```
┌──────┐      ┌──────┐      ┌──────┐      ┌──────┐
│情境1 │      │情境2 │      │情境3 │      │情境4 │
│问题1 │      │问题2 │      │问题3 │      │问题4 │
└──┬───┘ ┌────┴─┐    ┌──────┴─┐    ┌──────┴─┐    ┌───┐
   │     │活动1 │    │  活动2 │    │  活动3 │    │活动4│
   │     └──────┘    └────────┘    └────────┘    └───┘
   ↓              ↓              ↓              ↓
┌──────┐      ┌──────┐      ┌──────┐      ┌──────┐
│知识能力1│    │知识能力2│    │知识能力3│    │知识能力4│
└──┬───┘      └───┬──┘      └──┬───┘      └───┬──┘
   └──────────────┴─────┬───────┴──────────────┘
                  ┌─────┴────────┐
                  │化学学科核心素养│
                  └──────────────┘
```

图 5-0-1　基于"境脉教学"的化学教学设计

此,问题循证活动是学生"真学习"的过程。为了能够解决问题,学生必须仔细去寻找"理论"(元素知识、化学原理等)或"实践"(化学实验)等方面的证据,解开疑团,完成任务。在这些真学习活动中,他们的思维、表达、沟通等能力都得到了充分、有效的锻炼,激发了潜能,唤醒了认知,充分调动他们学习的主动性。问题循证的教学活动设计,改变了学生的学习方式,使课堂的教学取向从学生被动的记忆知识转化为学生主动探索、相互激发获得知识提升能力的过程,在这种深度学习的过程中,学生的核心素养也在潜移默化中生根、发芽与生长。

二、问题循证中的师生关系

境脉教学中,我们提倡教师是课堂教学的组织者、设计者、引导者,虽然不是主角,但是教师的身份远比在课堂上学习的学生重要。因为,教师是这一节课的"导演"和"编剧",负责整个教学内容的设计、问题的衔接、学生循证活动的组织与开展,以及不同教学任务之间的衔接等。

学生是课堂教学的主要行动者和参与者。高中化学教师根据教学内容创设情境或问题,学生则在情境中发现问题、循证解答问题。所以,在问题循证的教学中,教师是"设疑者",问题的设计要服务于学生知识的构建,所谓"有的放矢"。学生是"解疑者",学生在解疑过程中,需要穷尽一切可能,动员所有的力量去循证。当然,在循证的过程中,学生遇到疑难或困惑时,教师必须及时介入,注重引导,提高时效,让学生逐渐揭开疑团,顺利完成循证。因此,循证活动中,师生互动、生生互动都是整个课堂循证活动顺利推进的重要保证。

三、问题循证中的证据推理

"证"从何而来？首先，"证"存在于学生已有的学习知识或学习经验。学习本身是一个循序渐进的过程，我们总是在原有的认知上不断构建新的学习内容，形成化学学习的模型认证。因此在解决问题时，学生首先遵循或寻找的证据，一定源于已有的概念、原理或经验，这种循证的活动正是学生学以致用的淋漓体现。

其次，"证"存在于化学实验中。所谓"事实胜于雄辩"，化学是一门以实验为基础的自然学科，物质的结构、性质、制备、转化规律等，都可以从化学实验中获得证据。因此，化学实验是学生循证环节的主要方向和手段。

金属钠和水反应能生成 O_2 吗？对于这个问题，学生如何循证？部分学生可能选择通过实验来获得证据，将金属钠置于水中，收集反应的气体并使用带火星的小木条检验气体产物。还有一部分学生，则直接根据氧化还原反应的本质，即钠作为常见的还原剂，在氧化还原中化合价只能升高，那么水作为氧化剂，水中元素的价态一定会降低，因此，水的还原产物一定是 H_2，不可能是 O_2。

问题循证的过程，也是学生证据推理的过程，采用哪种方式或寻找哪种类型的证据，还要结合物质的性质、化学反应原理以及实验手段，选择合理的方式，缩短循证过程，提高循证效率。

四、问题循证中的问题创设

教师如何创设教学所需的循证问题呢？根据教学目标，教师选择或创设合适的、真实的情境，这些情境中蕴含的重要循证问题必然是符合教学需要的。根据不同的教学需求，可以选择不同类型的问题组织开展循证活动。一般可以分为抛锚式问题、实践性问题和高阶性问题[1]。

---

[1] 张莉，梁琨，安睿，尤丽莎，王新宏.抛锚式教学法在分析化学实验教学中的应用[J].中医药管理杂志，2020，28（05）：29-31.

第一种：抛锚式问题——互动合作的基石

船舶靠港时，水手们可通过抛锚的方式固定船舶，可防止船舶因为水流、风速等因素离开码头，因此"锚"是船舶达到目的地的重要工具。抛锚式问题，在整个教学中的作用就如同"锚"和船舶的关系，教师给出抛锚式问题，学生围绕"锚"开展自主合作的循证活动，通过互相讨论和交流解决问题。

案例1 抛锚式问题在"氯水"教学中的应用与评价（片段）

教师 展示一瓶黄绿色液体——氯水。

抛锚式问题1 氯水中的成分有哪些？

学生 讨论、循证并交流。

从物质形成角度，氯水是氯气溶于水的混合物，因此肯定有 H_2O 分子。

从物质的物理性质角度，氯水是浅黄绿色的，因此肯定存在 Cl_2 分子。

教师 氯水是中性的吗？

学生 思考、循证并交流。

实验1 将氯水滴在紫色石蕊试纸上，试纸先变红，后变白，说明氯水中不仅存在 H^+，还存在具有漂白性的物质。

实验2 碳酸钠溶液中滴入氯水，产生无色气泡，因此，氯水中有 H^+。

实验3 硝酸银溶液中滴入氯水，产生白色沉淀，加入稀硝酸，沉淀不溶解，氯水中存在 Cl^-。

教师 通过实验2、3，我们发现氯水中存在盐酸。

抛锚式问题2 氯水中的漂白性成分是什么？

学生 深入讨论、设计循证实验、验证想法，交流。

实验4 水、盐酸均不能使紫色石蕊褪色。

学生 氯水中的 Cl_2 具有漂白作用。

教师 演示实验

提供甲、乙两个装满干燥 Cl_2 的集气瓶，将干燥的石蕊试纸放置于甲瓶中，将湿润的石蕊试纸置于乙瓶中，对比试纸的变化。

学生 观察，分析，讨论，交流。

乙中湿润的石蕊试纸褪色，甲中的基本无明显现象，因此，Cl_2 没有漂白性。

教师 氯水中的漂白成分不是 Cl_2，氯水中除了溶剂水之外，还存在 Cl_2，同时通过实验同学们也确定了氯水中有盐酸。盐酸是怎么得到的？具有漂白性的神秘物质会不会也是 Cl_2 和水分子反应得到的呢？

抛锚式问题3 根据元素守恒，请大家书写 Cl_2 和 H_2O 的反应。

学生 讨论、循证、书写、交流。

反应方程式为 $Cl_2 + H_2O \rightleftharpoons HCl + HClO$

教师 展示氯水，这瓶氯水是浅黄绿色的，那么说明 Cl_2 和水能否反应完全？如何修改化学方程式呢？请同学们课后查阅资料完成，并整理你对氯水成分的认识。

抛锚式问题相对而言不会特别复杂，且指向性强，因此能广泛地应用于课堂教学中，它也能充分激活起每一位学生学习化学的细胞，循证的过程使他们能投入地学习，自信地学习，通过学生之间的相互合作，能达到共同进步的美好愿望，这类问题的提出和解决也使学生能更为团结的合作学习，因此抛锚式问题是学生互动合作学习的重要基石。

第二种：实践性问题——互动合作的主体

学生是教学活动的主体，而学生的学习活动，不仅是在课堂，还包含了课外的学习实践。无论是动手做实验，亦或是对于重要核心概念的理解，学生都可能产生一些疑惑、出现一些问题。对于这些源于学生学习实践中的真实问题，教师需要从课堂教学或作业评价中及时发现，及时解决，否则会对学生后续的学习产生极大的影响。如学生在学习电解质溶液、化学平衡、有机合成线路设计等内容时，往往会产生较多的实践性问题。由于这部分知识内容抽象、难度大、综合性强，问题呈现方式既复杂又多变，容易成为学生学习过程中的"拦路虎"。对于这些难点知识的教学，我们也可以利用"境脉"，让实践性问题暴露于情境中，引导学生循证解决。

案例2 实践性问题在"平衡常数的应用"教学中的应用与评价（片段）

教师 展示 $0.1\ mol/L\ NaHCO_3$ 溶液、$0.1\ mol/L\ NaHSO_3$ 溶液

实践性问题1 酸式盐一定是酸性的吗？

学生 讨论、循证、交流。

方法：用 pH 计测定酸式盐溶液的酸碱性。

实验：实验测定 $0.1\ mol/L\ NaHCO_3$ 溶液、$0.1\ mol/L\ NaHSO_3$ 溶液的酸碱性。

$NaHCO_3$ 溶液是碱性的，$NaHSO_3$ 溶液是酸性的。

实践性问题2 不同的酸式盐，为何酸碱性不同？

教师 请同学们解决如下"问题链"：

- （宏观）两种溶液酸碱性不同，（微观）溶液中存在哪些离子？
- 书写 HCO_3^- 和 HSO_3^- 的电离与水解的离子方程式。
- 实验说明，HCO_3^- 和 HSO_3^- 的电离程度与水解程度相对大小如何？
- 平衡常数有何意义？书写 HCO_3^- 和 HSO_3^- 的电离与水解平衡常数。
- 通过查阅资料，分别计算室温下，HCO_3^- 和 HSO_3^- 的 $K_{水解}$ 与 $K_{电离}$。

学生1 讨论、书写、循证、计算、交流。

0.1 mol/L $NaHCO_3$ 溶液：碱性

查阅数据（25℃）
$K_1(H_2CO_3)=4.3\times 10^{-7}$
$K_2(H_2CO_3)=5.6\times 10^{-11}$
$K_w=1\times 10^{-14}$

分析：

$NaHCO_3$ 溶液　$NaHCO_3 == Na^+ + HCO_3^-$

HCO_3^- 的 $K_{水解}$ 与 $K_{电离}$ 计算过程见表5-0-1。

表5-0-1　HCO_3^- 的 $K_{水解}$ 与 $K_{电离}$ 计算

HCO_3^- 电离： $HCO_3^- \rightleftharpoons H^+ + CO_3^{2-}$ $K_{电离}=[CO_3^{2-}][H^+]/[HCO_3^-]$ $=K_2(H_2CO_3)=5.6\times 10^{-11}$	HCO_3^- 水解： $HCO_3^- + H_2O \rightleftharpoons H_2CO_3 + OH^-$ $K_{水解}=[H_2CO_3][OH^-]/[HCO_3^-]$ $\quad\quad=[H_2CO_3][OH^-][H^+]/[HCO_3^-][H^+]$ $\quad\quad=K_w/K_1(H_2CO_3)=2.3\times 10^{-8}$

根据平衡常数计算，可知 HCO_3^- 的 $K_{水解} > K_{电离}$，因此 HCO_3^- 水解程度大于其电离程度，使溶液中 $[OH^-]>[H^+]$，所以 $NaHCO_3$ 溶液呈碱性。

学生2 讨论、书写、循证、计算、交流。

0.1 mol/L $NaHSO_3$ 溶液：酸性

查阅数据（25℃）
$K_1(H_2SO_3)=1.3\times 10^{-2}$
$K_2(H_2SO_3)=6.3\times 10^{-8}$
$K_w=1\times 10^{-14}$

分析：

$NaHSO_3$ 溶液　$NaHSO_3 == Na^+ + HSO_3^-$

HSO_3^- 的 $K_{水解}$ 与 $K_{电离}$ 计算过程见表5-0-2。

表 5-0-2 HSO_3^- 的 $K_{水解}$ 与 $K_{电离}$ 计算

HSO_3^- 电离： $HSO_3^- \rightleftharpoons H^+ + SO_3^{2-}$	HSO_3^- 水解： $HSO_3^- + H_2O \rightleftharpoons H_2SO_3 + OH^-$
$K_{电离} = [SO_3^{2-}][H^+]/[HSO_3^-]$ $= K_2(H_2SO_3) = 6.3 \times 10^{-8}$	$K_{水解} = [H_2SO_3][OH^-]/[HSO_3^-]$ $= [H_2SO_3][OH^-][H^+]/[HSO_3^-][H^+]$ $= K_w/K_1(H_2SO_3) = 7.7 \times 10^{-13}$

根据平衡常数计算,可知 HSO_3^- 的 $K_{电离} > K_{水解}$,因此 HSO_3^- 电离程度大于其水解程度,使溶液中 $[H^+] > [OH^-]$,所以 $NaHSO_3$ 溶液呈酸性。

学生在学习活动时,如果长期陷入"一知半解"的困境、窘境,这样的学习一定是缺乏成就感与获得感的,与培养学生核心素养的教学新理念可以说是"南辕北辙"。我们的教学不仅是让学生"知其然",更要教会学生"知其所以然"。因此,对于学生学习中普遍存在的典型的实践性问题,教师必须要重视,将这些复杂的问题简单化、清晰化、脉络化,同时也要最大可能发挥学生学习的主体性,教师需要懂得适当放开手,让学生学会方法,学以致用。

第三种：高阶性问题——互动合作的突破

很多老师都对美国教育学家布鲁姆教学目标的分类法有一定的了解。布鲁姆的教学目标分类及其对应的行为动词如表 5-0-3 所示。

表 5-0-3 布鲁姆的教学目标分类与行为动词表

思 维	目标层级	行为动词特性
高阶思维	创新	规划、制作、创作、设计、开发
	评价	评价、估计、评论、鉴定、辩护
	分析	分析、推断、区别、比较、组织
	应用	应用、操作、阐明、实践、论证
低阶思维	理解	说明、解释、归纳、具体化、描述
	知道	记忆、反复、陈述、识别、定义

行为动词中"评价""分析""比较""应用"等要求与《上海市高中化学学科教学基本要求》中"C"或"D"等级难度相匹配,与我们对学生高阶思维的培养要求是异曲同工的。以"境脉"引领的课堂教学设计,旨在培养和发展学生学科核心素养,因此培养学生高阶思维尤为重要。

课堂教学中的高阶性问题,往往是综合性的陌生问题,有时答案也可能是开放的,解决这一类问题时需要学生综合考虑多方因素,深入思考,把握循证的方向,努力挖掘自己学习的潜能,将所学知识融会贯通,培养学生知识的迁移能力与综合性问题的解决能力。

案例3 高阶性问题在"铁盐与亚铁盐"中的应用与评价(片段)

教师 演示实验1 向一定体积的等物质的量混合的 $NaHSO_3$ 和 KI 溶液中,滴入几滴 $FeCl_3$ 溶液,溶液呈黄色。

高阶性问题1 溶液呈黄色的原因是什么?如何验证?

学生 讨论、设计实验循证、交流。

猜测1 $FeCl_3$ 没有反应	取样,加入 KSCN 溶液检验 Fe^{3+}
猜测2 $FeCl_3$ 氧化 KI,I_2 的水溶液呈黄色	取样,加入淀粉溶液检验 I_2

实验验证,取样的溶液中,加入淀粉溶液,溶液显蓝色,说明 $FeCl_3$ 与 KI 发生反应产生的 I_2 是实验中溶液黄色的原因所在,猜测2是对的。

教师 演示实验2 向一定体积的等物质的量混合的 $NaHSO_3$ 和 KI 溶液中,滴1滴 $FeCl_3$ 溶液,溶液无明显现象。

高阶性问题2 可能是什么原因造成的?如何验证?

学生 讨论、设计实验循证、交流。

猜测1 $FeCl_3$ 氧化 I^- 后得到的 I_2 量太少,浓度小,现象不明显。	取样,加入淀粉溶液检验 I_2,无明显现象。
猜测2 $FeCl_3$ 优先氧化 HSO_3^-,无明显现象。	

实验验证,取样后的溶液中加入淀粉溶液,无明显现象,说明猜测1错误。

高阶性问题 3 Fe^{3+} 与 HSO_3^- 发生氧化还原反应,如何验证氧化产物?

学生 讨论、设计实验循证、交流。

完善猜测 2 HSO_3^- 的氧化产物 SO_4^{2-}	取样,加入足量 $BaCl_2$ 溶液,再加入盐酸,检验 SO_4^{2-}。

实验验证,取样后的溶液中加入 $BaCl_2$ 溶液,产生白色沉淀,加入盐酸沉淀不溶解。所以,HSO_3^- 还原性强于 I^-,优先被氧化为 SO_4^{2-}。

教师 请课后完成 Fe^{3+} 与 HSO_3^- 反应的离子方程式。

教师在选择高阶性问题时,要综合考虑实际的教学内容与学生化学学习实际情况,有策略地选择或创设高阶性问题。因为对于学生而言,高阶性问题的答案往往具备不确定性,因此教师不能盲目或随意地选择综合性太强、太过复杂的问题,否则可能会造成学生"寸步难行"。高阶性问题的选择,最好能让学生通过探究实验进行循证,通过实验探究的方式来解决问题。高阶性问题的解决与实验探究活动密不可分。正如王磊教授所说,实验探究是一种重要的科学实践活动,其本身是化学核心素养之一,而进行探究教学时不能仅仅关注各环节方面,将探究教学与创新能力培养通过高阶思维能力建立起本质上的联系,才能将科学探究与创新能力培养落到实处[1]。

培养学生的学科核心素养是一线教师努力的目标。作为教师,我们更多的想看到我们的学生可以根据自己已掌握的学科知识与学科原理,用本学科特有的学科思维去严谨地、准确地不断循证,思考解决问题的方法,直至找到问题的答案。所以,学生在问题循证的过程中,就像"侦探"一般,需要用自己的专业知识探寻问题的"真相",而教师是旁白,是引导者,在课堂上为学生提供专业的意见和建议,为学生的循证缩短时间,提高效率,如此便增强了师生之间的互动,也使生生之间的互动与合作更加的紧密,必然能充分调动起学生的学习积极性,使课堂教学充满活力、创造力和生命力。

(撰稿者:上海交通大学附属中学 李国丽)

---

[1] 王磊.基于培养学生高级思维和创新能力的化学探究教学发展趋势[J].化学教育,2014,35(7):5~9.

实践智慧 5-1　抛锚式问题循证：水溶液中的离子平衡

一、单元规划

水溶液中的离子反应与平衡是高中化学的重要学习内容。从现行的国内高中化学教材来看，人教版、苏教版、鲁科版、沪科版教材中都有相关内容，且均位于与"化学反应原理"相关的选择性必修课本。本单元内容需要综合运用之前学习的化学平衡知识，将其运用于水溶液体系，从而分析电解质溶液中微粒的相互作用，引出电离平衡、水解平衡等相关概念和模型。与此同时，通过 pH 的测定、酸碱中和滴定等实验进一步加深学生对相关理论知识的直观感受和理解。

水溶液中的离子平衡是对化学平衡章节知识的复习和拓展，通过分析不同电解质溶液中的各种平衡的建立，学生更好地建立化学平衡知识体系，从化学平衡的角度来分析问题，从而实现对化学学科认识发展障碍的突破。在本章的学习中，学生需要综合运用水溶液中的离子平衡相关原理去解释和解决生活中的实际问题，如利用水解平衡解释生活中常见盐溶液的酸碱性及成因，利用沉淀溶解平衡分析牙釉质的脱矿及龋齿的防治等，意识到化学在生活中各个方面的渗透。同时，酸碱平衡、沉淀溶解平衡、氧化还原平衡和配位平衡这四大水溶液化学平衡是大学普通化学的重要内容，也是分析化学的重要理论工具。因此，本单元的学习是大学化学学习必不可少的重要基础。

本章的学习内容是由浅入深的，因此在单元设计时通过抛锚式循证教学的手段，引导学生按迹循踪，由"现象"总结"规律"，再思考"实质"，如此层层深入。

二、课标分析

本单元围绕着水溶液中的微粒行为展开，帮助学生建构微粒观、平衡观等化学学科观念，学生从电解质溶液中分析存在的微粒及行为，从化学平衡的视角认识电解质溶液中的反应。

对比 2021 年上海高中新教材实施前后的两套教材,可以看出其编排是有较大的差异性的(见表 5-1-1)。在沪科版二期课改教材中,电解质溶液相关知识的分布较分散:第五章"评说硫氮的功与过"中介绍了水的电离和溶液的 pH,同时穿插了物质的量浓度、硫酸等内容;第七章则介绍了电解质、离子反应和盐类的水解;酸碱滴定实验统一安排在了高二第一学期第十章"学习几种定量测定方法"中;高三拓展教材对这部分的内容进行了较系统的整理和拓展。而 2021 版新教材中,该内容几乎全都集中在选择性必修 1(化学反应原理)第三章中,必修教材中仅涉及电解质和离子反应的基本知识,体现了系统性和前后逻辑性。从内容上看,新教材更注重知识体系的模型化,体现了证据推理与模型认知的化学学科核心素养。新教材在选择性必修阶段更强调定量描述水溶液的离子平衡,把酸解离常数 K_a、水解常数 K_h 和溶度积常数 K_{sp} 放在更高一级的层面上,引导学生用化学平衡的思想分析水溶液中离子的行为。

表 5-1-1 沪科版两套教材对水溶液中的离子平衡内容的编排对比

教材	沪科版二期课改教材	沪科版 2021 新教材
章节	高一第二学期 5.2、7.1、7.2、7.3 高二第一学期 10 章 高三拓展型课程 3.3、3.4	选择性必修 1(化学反应原理)第三章
内容	电离平衡 水的电离和溶液 pH 盐类水解 溶解平衡(未涉及离子)	电离平衡 水的电离和溶液 pH 水解平衡 沉淀溶解平衡

对比两套教材的编排不难发现单元教学的优势,老教材中分散的知识点在单元教学中得以实现系统化,单元教学内容形成框架,从而使得学生在新旧知识点中建立联系,抓住主干。以本单元的核心概念"电离"为例,学生的学习认知经过了三个阶段,如图 5-1-1 所示。

在初中阶段,学生知道酸碱盐的水溶液能产生阴离子和阳离子,认为物质尽管溶解在水中,但物质本身没有发生变化,尚未建立起电解质和电离的概念。在高中必修阶段,学生进一步学习,知道物质在水溶液中电离的本质,从电解质、离子化合物、电离的角度认识变化的过程。能通过单一线索如从电荷守恒或离子共存的角度推测离子反应的变化过程。在高中选择性必修阶段,我们将通过建立起溶液中离子反应动态平衡的变化观,体现出清晰的化学平衡思想,能够从化学平衡特征、化学反应速率、方向、限度等视角较全面地进行分析、理解和推理;并且对pH的认识

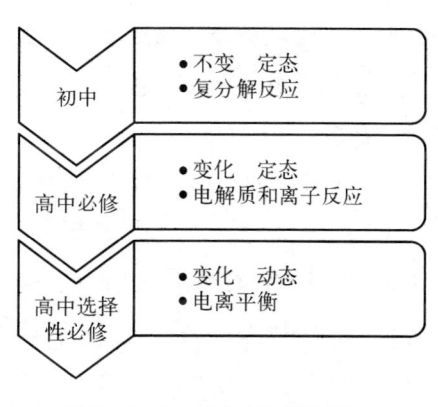

初中	• 不变　定态 • 复分解反应
高中必修	• 变化　定态 • 电解质和离子反应
高中选择性必修	• 变化　动态 • 电离平衡

图 5-1-1 "电离"概念的学生认知变化

从定性分析逐步深入到定量计算。伴随这三个阶段,学生逐渐形成良好的化学思维,化学学科核心素养逐渐提升。

三、单元教学目标

(1) 能准确运用化学语言正确描述水溶液中的离子平衡。
(2) 学会用实验证明水溶液中存在离子平衡的方法。
(3) 能从电离、水解等化学平衡的角度分析溶液的酸碱性等基本性质。
(4) 会进行简单的溶液 pH 计算,掌握测定溶液 pH 的方法。
(5) 能综合运用电解质溶液相关知识解决生产生活中的实际问题。

四、单元教学设计

基于以上背景,本单元在设计时,主要有以下几个层面的考量:

1. 关注学科核心素养发展

《普通高中化学课程标准(2017 年版)》中指出,高中化学课程应以培养化学核心素养为主旨,重视开展素养为本的教学,充分发挥化学课程的整体育人功能。本单元的教学,除了常规的关注宏微辨析、模型认知等维度的核心素养外,还通过情境渗透了"科学精神和社会责任"方面的化学核心素养。甄别谣言的同时,向家

人辟谣,向身边人展示化学之美,培养社会责任感。

2. 问题循证的教学过程

在初中及高中必修阶段"元素及其化合物"的学习以唯象理论为主,学生形成了"用规律解释现象"的固有思维模式,而选择性必修阶段的理论性大大增强,这样的思维模式是不利于这一阶段的学习的。例如,在课时"盐类的水解"中,学生通过实验发现醋酸钠溶液呈碱性,氯化铵溶液呈酸性,也容易得出强酸弱碱盐呈酸性、强碱弱酸盐呈碱性这一经验规律。然而,学生却很难主动思考这一现象规律背后的本质。因此在这一单元的设计中通过问题循证实现教学过程,培养学生主动挖掘,思考本质的思想,同时也对"后真相时代"下的不求甚解、滥用二级结论[1]等现象加以批判。

水溶液中的离子平衡的单元教学计划分为4个课时实施。第一课时分析弱电解质作为溶质在水溶液中存在的电离平衡,第二课时分析水作为溶剂的自耦电离平衡,第三课时讲解盐类的水解平衡,第四课时分析难溶电解质在水溶液中的行为,即沉淀溶解平衡。

(1) 单元议题设计

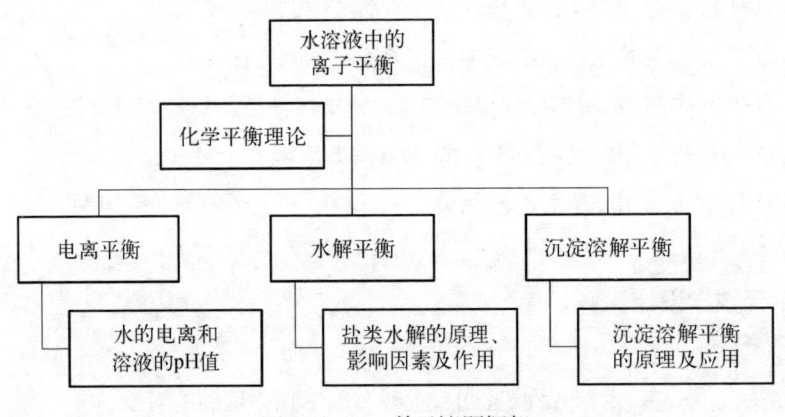

图 5-1-2 单元议题框架

(2) 单元情境设计

基于以上背景,本单元在设计时,以境脉教学为手段,以提高教学品质。如课

---

[1] 王邦平,朱淑玲,朱星昨,李志伦.谈高中物理的模型与题型、规律和二级结论[J].中国考试(高考版),2007(09):50-53.

时"盐类的水解"中,将生活中最常见的情境"家庭微信群"带入课堂,将学生带入生活情景。在课后再次创设该情境的"后续"与之呼应,使学生感受学习盐类水解后对"谣言认知"的前后强烈对比。另外,本单元设计时注重培养学生批判性思维,总的来说是指质疑的能力,提出问题、发现问题的能力,同时对自身的观点和掌握的资料保持审慎的态度。单元情境设计中,以当下热门互联网app"抖音"为情境抛出问题,并搭建知识台阶引导学生用已掌握的知识去分析,通过直接经验与间接经验相结合的学生活动,培养证据推理与模型认知的化学学科素养,从中获得较为丰富的学习体验。

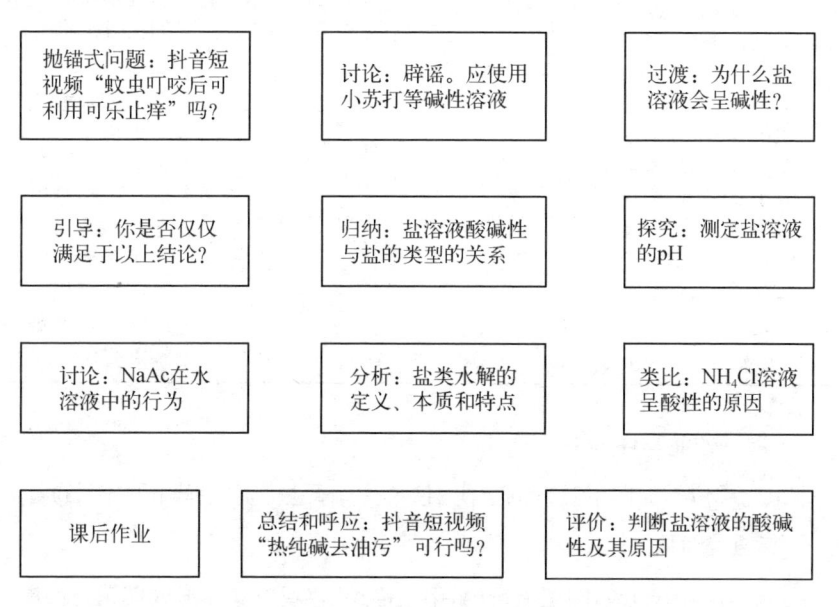

图 5-1-3 "盐类的水解"课时情境设计

(3) 单元活动与评价设计

本单元的活动设计以问题为主线,进行了有问题循证的单元设计,同时关注化学学科核心素养发展。《普通高中化学课程标准(2017 年版)》中指出,高中化学课程应以培养化学核心素养为主旨,重视开展素养为本的教学,充分发挥化学课程的整体育人功能。本单元的教学,除了常规的关注宏微辨析、模型认知等维度的核心素养外,还通过情境渗透了"科学精神和社会责任"方面的化学核心素养。甄别谣言的同时,向家人辟谣,向身边人展示化学之美,培养社会责任感。

表 5-1-2　单元活动课时安排

	第一课时	第二课时	第三课时	第四课时
主线	弱电解质的电离平衡	水的电离平衡	盐类的水解平衡	难溶电解质的沉淀溶解平衡
情景线	利用多媒体展示生活中的洁厕灵和食醋	(展示一幅水的电击事故图片)纯水是否导电?	蚊虫叮咬后可利用可乐止痒吗?	(展示一幅美丽的溶洞图片)溶洞是如何形成的?
活动线	小组讨论弱电解质是如何建立化学平衡的	观看水的微观电离动画	实验测定几种盐溶液的酸碱性	实验观察几种沉淀的生成和转化
认知线	如何定量描述弱电解质电离能力的强弱? 类比思考电离度和电离常数,转化率和化学平衡常数的异同	稀释 pH=5 的盐酸 10 000 倍,pH如何变化? 如何定量计算?	盐溶液呈现不同酸碱性的一般规律是什么? 为什么盐溶液会呈碱性? 你觉得你有批判性思维吗? 它体现在什么地方?	美国密歇根州大学教授格雷对肾结石患者提出几点建议:夏天多喝水,晚上少喝牛奶,少吃菠菜豆腐,合理补钙控制用量。如何从化学角度理解教授的建议?

(4) 单元作业与评价设计

小组为单位针对以下关键词查找相关资料,阐述你对"后真相时代"的看法。

• 后真相时代

后真相(post-truth),网络流行语,用来描绘"客观事实在形成舆论方面影响较小,而诉诸情感和个人信仰会产生更大影响"的情形。其中,"post"表示的是"超越",也就是"真相"不再那么重要。大英词典 2016 年的年度词汇。

• 全球深度报道网

全球深度报道网(GIJN)致力于整合并分享深度报道资源,包括报道手册和书籍、国内外公开数据库、数据新闻工具包和深度报道的前沿探索。

• 实验性研究

实验性研究也称为实验研究,是收集直接数据的一种方法。选择适当的群体,通过不同手段,控制有关因素,检验群体间反应差别。研究者运用科学实验的原理和方法,主要目的是建立变量之间的因果关系,一般做法是研究者预先提出一种因果关系尝试性假设,然后通过实验操作来检验,是一种受控制的研究方法,通过一个或多个变量的变化来评估它对一个或多个变量产生的效应。

(撰稿者：上海交通大学附属中学嘉定分校　杨子江)

实践智慧5-2　阶梯式问题循证：盐类的水解

一、教学主题内容分析

"盐类的水解"是人教版高中化学选择性必修1第三章"水溶液中的离子反应与平衡"的第三节(新授课)[1]。本节内容位于弱电解质电离、水的电离和溶液的酸碱性之后，学生已经能从微观粒子角度认识溶液的酸碱性。在此基础上再来学习盐类的水解，既能进一步促进学生的认知发展，也能对平衡移动原理和弱电解质电离进行具体应用和再认识，以达到强化。本节课主要围绕盐类水解的规律和本质展开，引导学生从化学平衡的角度分析盐类在水溶液中的行为，在微观水平揭示盐溶液呈酸碱性的实质。

本节课采用阶梯式问题循证教学模式。根据笔者了解，不少学生在学习盐类的水解之前其实已对盐溶液的酸碱性有所了解，如小苏打溶液呈碱性等，这往往造成他们实验探究的兴趣不大。因此，在引入环节，笔者尝试利用错误信息"可乐防治蚊虫叮咬"激发学生"辟谣"的兴趣，并以抖音短视频为载体吸引学生，让学生感受小苏打溶液的碱性，这是第一层；在学生完成感性认识后，引导学生通过实验，从物质分类的角度归纳出盐溶液酸碱性的一般规律，这是第二层；再引导学生从微观角度去探究盐溶液呈酸碱性的本质，即形成盐类水解的概念，这是第三层。具体来说，以"创新情境，导入新课→由点到面，探寻规律→由表及里，思考本质→首尾呼应，情境延伸"等环节组织教学活动，引导学生通过实验、讨论、分析、推理，归纳出盐类水解的规律、实质，形成解决盐类水解相关问题的基本思路。

---

[1] 普通高中教科书：化学，选择性必修1 化学反应原理，第一版[M].北京：人民教育出版社，2020：69-76.

二、教学目标

(1) 理解盐类水解的概念和本质；能根据盐类水解的规律，由盐的组成判断盐溶液的酸碱性。

(2) 学会从微观视角认识盐溶液呈酸碱性的原因，运用盐的离子与水电离出的氢离子或氢氧根离子作用的模型，通过搭建的问题循证[1]解释盐溶液呈酸碱性的原因。

(3) 通过盐类水解在生活中的应用以及甄别网络谣言，在互联网情境中[2]体会化学与生活的紧密联系，感受中学生的科学精神与社会责任。

三、教学流程

教学流程分为："创新情境，导入新课""由点到面，探寻规律""由表及里，思考本质""首尾呼应，情境延伸"四个部分，如表 5-2-1 所示。

表 5-2-1 教学流程

阶梯	情景线	任务线	素养线
第一层：创新情境，导入新课	播放视频，提供学习材料。	根据视频和学习材料，分组讨论蚊虫叮咬小妙招的合理性。	能够根据各种信息，形成推理依据，结合已掌握的化学基本知识，分析生活中的问题。
第二层：由点到面，探寻规律	(1) 提供实验材料，组织盐溶液酸碱性测定实验。(2) 复习盐的常见分类方法，提出新的分类方法。	(1) 动手实验，用 pH 试纸测定几种盐溶液的酸碱性。(2) 汇报实验结果。(3) 讨论盐溶液的酸碱	从物质分类的角度体会物质分类和归纳总结思想；对盐溶液酸碱性与类别的关系产生感性认识。

---

[1] 薛青峰.问题引领教学过程 探究提升课堂效益——"盐类的水解"教学设计[J].化学教学，2012(8)：3.
[2] 陈晨.情境教学法在《化学反应原理》模块教学中的应用[D].福州：福建师范大学，2014.

续表

阶　梯	情　景　线	任　务　线	素　养　线
		性与盐的类别的关系。 （4）推测一些常见盐溶液的酸碱性。	
第三层： 由表及里， 思考本质	（1）以醋酸钠溶液为例，从平衡移动的角度分析溶液呈碱性的原因。 （2）给出盐类水解的定义、特点；分析盐类水解的实质。	（1）讨论氯化铵溶液呈酸性的原因，从化学平衡移动的角度分析。 （2）讨论盐溶液呈不同酸碱性的原因，思考盐类水解的本质。	引导学生思考规律背后的实质。 不断地设置台阶，由学生熟悉的旧知识入手，逐渐由旧知识引出新知识。基于问题循证，最后找到本质原因——盐类水解。
总结： 首尾呼应， 情境延伸	播放课前视频的后续，提供真实情境	结合本节学习的内容，讨论并回答问题	评价检验学生化学学科核心素养

四、教学设计

1. 创新情境，导入新课

教师　不知道同学们家里有没有这样的微信群呢？在我们的家庭微信群中充斥着各种各样的谣言。让我们来看这样一则案例：巨巨的妈妈转发了一个抖音短视频，请同学们结合视频和学案，思考这真的有科学性吗？

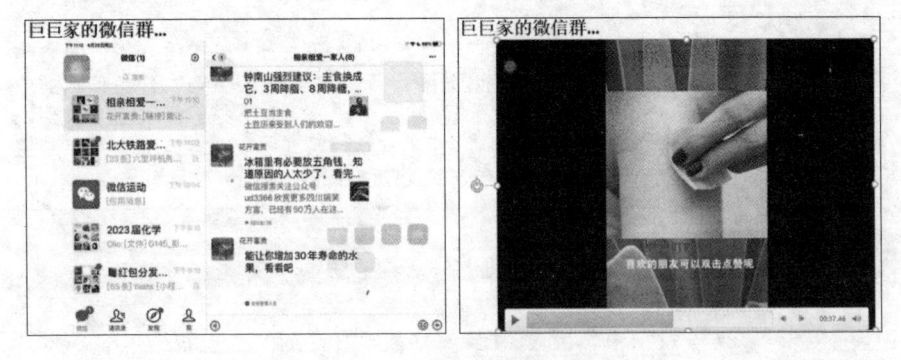

图 5-2-1　互联网情境的视频设计

学习材料1　蚊虫叮咬的防治办法

　　夏季气温高、湿度大、雨量多,适于蚊虫滋生繁殖,蚊虫密度高,大家难免遭受蚊虫叮咬。蚊虫吸食血液时,在口器中分泌出一种有机酸——蚁酸,这种物质可引起肌肉酸痒。因此可立即用虫药水(主要成分是10%稀氨水)或小苏打($NaHCO_3$)溶液等涂抹,来中和蚁酸的酸性,达到迅速消除痛痒的目的。

学生　巨巨妈妈转发的视频是谣言。蚊虫叮咬后分泌出蚁酸,需用碱性溶液中和,而可乐是碳酸饮料,无法达到消除痛痒的目的。

评价　回答得非常好。

教师　蚊虫叮咬后应该用什么样的溶液来中和?

学生　氨水、小苏打等碱性溶液。

讲解　这则视频同时也告诉我们,作为中学生,我们应该根据自己所学的知识明辨是非,不信谣不传谣。

2. 由点到面,探寻规律

教师　刚才同学们提到,可以利用氨水或小苏打(碳酸氢钠)这样的碱性溶液消肿。我们知道氨水是显碱性的,而碳酸氢钠是一种盐,为什么它也显碱性呢?有没有盐溶液是呈中性或酸性的呢?下面,我们就通过实验进行探究。请同学们用pH试纸测出学案上六种盐溶液的酸碱性,把实验结果记录在学案上。稍后请一个小组的一名同学作为代表给我们汇报一下本组的实验结果。

学生　汇报实验结果:$NaCl$、$NaNO_3$为中性;CH_3COONa、Na_2CO_3为碱性;NH_4Cl、$Al_2(SO_4)_3$为酸性。

教师　那么,盐溶液的酸碱性有什么规律呢?首先我们来思考盐可以怎样分类,例如,按照盐所含的共同的离子,把盐分成钾盐、钠盐、硫酸盐、碳酸盐等。在这里,老师提出一种新的分类标准,根据生成的盐所对应的酸和碱的强弱。例如,$NaCl$可以由HCl和$NaOH$中和而成,HCl是强酸,$NaOH$是强碱,因此$NaCl$叫做强酸强碱盐。同学们可以用这个标准对其他盐进行分类吗?

学生　强碱弱酸盐的水溶液显碱性,强酸弱碱盐的水溶液显酸性,强酸强碱盐的水溶液显中性。

3. 由表及里，思考本质

教师 我们这里的几种盐既不会电离出 H^+，也不会电离出 OH^-，为什么也会显示出不同的酸碱性？首先我们来分析 NaCl 溶液呈中性的原因。在 NaCl 溶液中存在氯化钠的完全电离。那么醋酸钠呢？

学生 思考，回答。

$$CH_3COONa = CH_3COO^- + Na^+, H_2O \rightleftharpoons H^+ + OH^-$$

CH_3COO^- 能与 H^+ 反应结合成弱电解质 CH_3COOH，溶液中 $[H^+]$ 减小。水的电离平衡就不断地向正反应方向移动，$[OH^-]$ 增加。在新平衡中，自然有 $[OH^-]>[H^+]$，所以溶液显碱性。

教师 这里盐类水解是生成了新物质醋酸，是一种化学反应，同学们能写出水解的化学方程式吗？

学生 $CH_3COONa + H_2O = CH_3COOH + OH^-$

教师 中间是写等号还是写可逆符号呢？$CH_3COOH + NaOH$ 中和反应，若反应到底，用等号。那么这个反应呢？

学生 是酸碱中和反应的逆反应，应该用可逆符号表示。$CH_3COO^- + H_2O \rightleftharpoons CH_3COOH + OH^-$。

教师 那么，相信大家已经会分析氯化铵溶液呈酸性的原因了。请同学分析并写出离子方程式。

学生 $NH_4^+ + H_2O \rightleftharpoons NH_3 \cdot H_2O + H^+$。

4. 首尾呼应，情境延伸

教师 在今天的课中，我们一起学习了盐溶液的酸碱性的规律，理解了盐类水解的实质（促进了水的电离）。还记得课前爱刷抖音的巨巨妈妈吗？她又给巨巨发来一个生活小妙招，让我们去一看究竟吧！

学习材料 2　油污的去除

在日常生活中，妈妈们常碰到的餐厅厨房较大问题便是油渍问题，日常生活的油渍一般是在餐厅厨房里，主要是烧菜或者油炸食物的情况下溅出去的。那么

图 5-2-2 短视频情境的首尾呼应

有什么方法除去油渍呢?

  油污主要成分是酯类,难溶于水。酯类在碱性环境下会反应生成易溶于水的高级脂肪酸盐和醇类,可以达到去油污的作用。

教师 同学们认为这个小妙招(热纯碱溶液去油污)可行吗?请同学们结合学案说明原因。

学生 可行。纯碱溶液水解呈碱性,碱性条件下油污容易反应生成可溶性的物质而被洗去。

五、教学效果和反思

  教学过程中第一个环节是"创新情境,导入新课"。利用抖音小视频引入盐溶液酸碱性,通过"巨巨""花开富贵"等学生们熟知的"笑点"激发学生的兴趣,引起学生们的哄堂大笑。

  第二个环节是"由点到面,探寻规律"。根据实验判断六种盐溶液的酸碱性,并通过分类的方法总结常见盐溶液的酸碱性规律。实际教学中,学生对此实验非常感兴趣,并形成了深刻的印象。在教学设计中安排的实验时间约为 6—7 分钟,在实际教学中发现这一时间确实是合理的。尽管 pH 测定过程很简单,但实验中有的小组没有进行明确的分工,导致实验速度较慢;有的小组早早测定完了 pH,

但 NaCl 溶液的 pH 存在争议：有的学生认为是 6,有的学生认为是 7。在这里,教师与学生近距离讨论,提示可以试着测定水的 pH,学生测定后发现也是 6—7 时,觉得不可思议。此时我进一步引导,水中可能会溶解少量 CO_2 使得 pH 偏小,学生恍然大悟。总之,在教学环节中的教师巡视指导确有必要,较好的达到了教学目标。

第三个环节是"由表及里,思考本质"。这个环节分为两部分：第一部分是解释盐溶液呈不同酸碱性的原因,引入盐类的水解；第二部分是分析盐类水解的特点和本质,并练习水解方程式的书写。在第一部分,让学生讨论 H^+ 和 Cl^- 会不会结合本身即是教学环节中特地设计的"陷阱",诱导学生掉入陷阱误以为 H^+ 和 Cl^- 会结合成 HCl。在实际教学中也完美地达成了这一点,再继续质疑学生"H^+ 和 Cl^- 真的会结合吗？"并提示学生 HCl 是强电解质,在水中完全电离。此后学生可以理解 HCl 是完全电离的,H^+ 和 Cl^- 不会结合成 HCl 分子。这一环节既复习强化了相关知识（强弱电解质）,又为后续的盐类水解概念作了很好的铺垫。问题循证教学思想渗透了整个教学环节,很好地达成了教学预期。在第二部分水解方程式的教学环节中,绝大多数的同学都无法写出正确的离子方程式,这一结果也是符合我的预期和教学设计的。主要原因在于学生对离子方程式的书写不够熟练,例如对离子方程式中"拆"的物质混淆不清：认为醋酸钠是弱电解质而不拆、把水拆成 H^+ 和 OH^- 等,与预期差别较大。在与学生讨论和巡视的过程中给予些许提示,多数同学可以顺利完成离子方程式的书写,达成教学目的。

当今社会互联网的飞速发展注定会渗透在中学教育的方方面面,互联网情境也是如此。通过阶梯式问题循证教学,使学生迅速踏上基于互联网短视频的真实情境的第一层阶梯,逐步引导学生总结规律、思考本质,从而培养学生主动思考化学基本问题的能力,促进学科核心素养的提高。

（撰稿者：上海交通大学附属中学嘉定分校　杨子江）

实践智慧5-3　实践式问题循证：二氧化碳的实验室制法

问题循证教学是以问题为逻辑的出发点，收集多方信息资源，汇总证据并进行知识实证，实施循证推演达成证据传播，甄选最佳证据以解决实际问题，从而提升个体学习力与教学生产力[1]。《上海市初中化学学科基本要求（试验本）》[2]在第十二单元"化学实验探究"中明确要求：学生要对探究过程的主要环节进行设计，提出探究活动的具体方案；用多种手段获取探究过程中各种信息，形成推理的依据；能将实验现象、获取的数据与新的化学知识联系起来，揭示内在联系。由此可见，初三化学必须要进行问题循证教学。

一、教学主题内容及教学现状分析

二氧化碳的实验室制法是上海教育出版社《化学》（2019年版）九年级第一学期[3]第四章第三节的教学内容。这节课的主要内容包括：知道并能解释实验室制取二氧化碳的反应原理；能够选择适合二氧化碳的发生装置、收集装置；掌握二氧化碳的验满方法；理解启普发生器的工作原理。

二氧化碳的实验室制法是初中化学气体制备的重要内容，是在学习化学实验基本操作、氧气的实验室制法、二氧化碳的性质等基础上进行的实验探究，是对初中化学常见气体制备方法的归纳小结，对后续学习更多的气体制备起到承上启下

---

[1] 孙杰.循证教学：思想政治课有效教学"再出发"——基于"教学效能最佳框架"的教学范式转换[J].中小学德育，2017（4）：35-39.
[2] 上海市教育委员会教学研究室.上海市初中化学学科基本要求（试验本）[M].上海：上海科学技术出版社，2017：81-82.
[3] 上海市中小学（幼儿园）课程改革委员会.九年级义务教育课本化学九年级第一学期（试用本）[M].上海：上海科学技术出版社，2019：119-122.

的作用。

二氧化碳的实验室制法的教学设计[1][2][3]一般通过观看或完成教师设计的实验来探究实验室制备二氧化碳的药品；通过氧气与二氧化碳的性质对比，形成实验室制取气体的一般思路；通过演示实验讲解启普发生器工作原理。但是，存在2个问题值得关注：(1)完成教师设计的实验方案难以培养学生的实验设计能力。(2)演示实验难以让学生掌握启普发生器的工作原理。在教学过程中，最佳的方式是突出学生的主体地位，教授知识的同时要促进学科核心素养的提高。

二、教学目标

1. 通过分析，选择适合实验室制取二氧化碳的反应原理；通过设计实验方案和动手实验，探究实验室制取二氧化碳的试剂。

2. 通过回顾实验室中制取气体的一般思路，选择适合实验室制取二氧化碳的实验装置和验满方法。

3. 通过动手实验，观察启普发生器实验现象，通过分析装置内的气压变化，理解启普发生器的工作原理、优点及适用范围。

三、设计思路

本节课围绕二氧化碳实验室制法的药品选择、装置选择和启普发生器的工作原理，设计实验情境的问题链，将问题循证贯穿教学过程，丰富学生体验，培养学生化学实验探究能力。

---

[1] 张瑞瑛.用问题引领 促学生思维发展——以初中化学"二氧化碳制取的研究"教学为例[J].教育与装备研究，2018(3)：28-31.
[2] 高雪."先行组织者"策略在初三化学教学实践中的应用——以"CO_2的实验室制法"为例[J].化学教与学，2018(12)：79-81.
[3] 沈忆.重构教材与实验，提升学生学习思维品质——以《二氧化碳的实验室制法》为例[J].新课程(中学)，2019(1)：112-113.

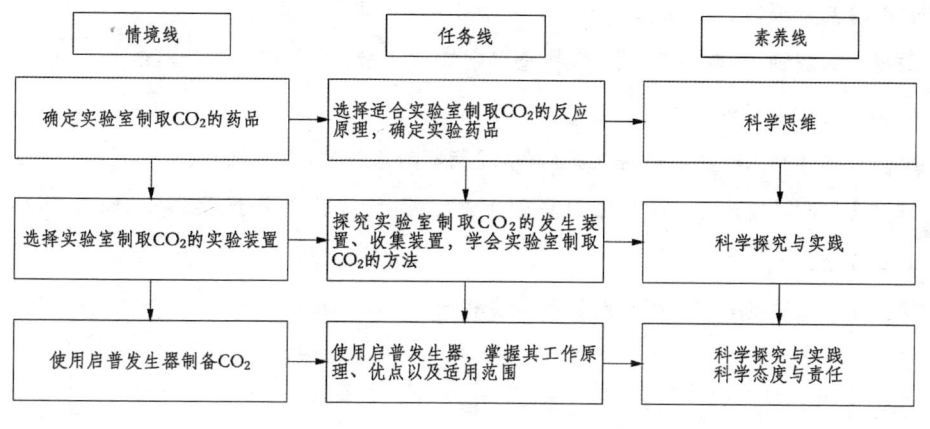

图 5-3-1　教学逻辑主线图

四、教学设计

1. 确定实验室制取二氧化碳的药品

提供证据素材　课件显示

1. $C + O_2 \xrightarrow{\text{点燃}} CO_2$
2. $2CO + O_2 \xrightarrow{\text{点燃}} 2CO_2$
3. $CH_4 + 2O_2 \xrightarrow{\text{点燃}} CO_2 + 2H_2O$
4. $C + 2CuO \xrightarrow{\text{高温}} 2Cu + CO_2\uparrow$
5. $CaCO_3 \xrightarrow{\text{高温}} CaO + CO_2\uparrow$
6. $CO + CuO \xrightarrow{\Delta} Cu + CO_2$
7. $H_2CO_3 \xrightarrow{\Delta} H_2O + CO_2\uparrow$
8. $2NaHCO_3 \xrightarrow{\Delta} Na_2CO_3 + H_2O + CO_2\uparrow$
9. $Ca(HCO_3)_2 \xrightarrow{\Delta} CaCO_3\downarrow + H_2O + CO_2\uparrow$
10. $CaCO_3 + 2HCl == CaCl_2 + H_2O + CO_2\uparrow$
11. $Na_2CO_3 + 2HCl == 2NaCl + H_2O + CO_2\uparrow$
12. $CaCO_3 + H_2SO_4 == CaSO_4 + H_2O + CO_2\uparrow$

图 5-3-2　学生学过的产生二氧化碳的化学方程式

教师　请从这些能产生二氧化碳的方程式中选择适合实验室制取二氧化碳的反应原理,并说明理由。

学生　我选择碳酸盐与酸反应的化学方程式。因为反应不需要点燃、加热或高温,实验条件是常温。

小结　实验室制取气体时,要考虑实验操作简单安全、容易实现,同时还要考虑原料易得且价廉,反应速度要适中,收集的气体是否纯净等。

教师 碳酸钠、碳酸钙与酸反应都能得到二氧化碳,我们应该选择碳酸钙还是碳酸钠?请设计实验方案。

提供证据素材:碳酸钠是粉末状的;碳酸钙有粉末状的,有块状的(大理石)。

学生1 将碳酸钠与碳酸钙分别与稀盐酸反应,然后通过实验现象来判断哪种碳酸盐合适。

学生2 注意碳酸钠与碳酸钙的质量要相同。

学生3 使用的稀盐酸的浓度要相同、体积要相同。

学生4 设计实验时要注意碳酸盐的颗粒大小。

学生5 要控制在室温条件下反应。

教师 请同学完整地表达实验设计方案。

学生 在室温条件下,将等质量的碳酸钠粉末、碳酸钙粉末、块状大理石分别与等体积等浓度的稀盐酸反应。

提供实验用品 装有等质量粉末状碳酸钙、粉末状碳酸钠和块状大理石的反应板、5%稀盐酸、带有刻度的胶头滴管。

学生分组实验 探究哪种碳酸盐适合实验室制取二氧化碳。

学生汇报 粉末状的碳酸钠与碳酸钙与稀盐酸反应产生气泡速度过快,不利于气体的收集;而块状大理石与稀盐酸反应适中。所以选择块状大理石。

教师 碳酸盐确定了,那该选择哪种酸呢?请设计实验方案。

学生 在室温条件下,将等质量的块状大理石分别与等体积等浓度的稀盐酸、稀硫酸反应。

提供实验用品 装有等质量块状大理石的反应板、5%稀盐酸、5%稀硫酸、带有刻度的胶头滴管。

学生分组实验 探究何种酸适合实验室制取二氧化碳。

学生汇报 块状大理石与稀硫酸反应,刚开始有一些小气泡,不一会儿就不再产生气泡了。所以使用稀盐酸,而不是稀硫酸。

教师 大理石与稀硫酸反应生成微溶于水的硫酸钙,覆盖在大理石的表面阻止反应继续进行,所以不能选择稀硫酸。

小结 实验室制取二氧化碳的药品。

2. 选择实验室制取二氧化碳的实验装置

教师 实验室制取二氧化碳时,需要搜集哪些信息可以帮助选择发生装置?

学生 需要知道反应物的状态和反应条件。

追问 那需要搜集哪些信息可以帮助确定收集装置?

学生 需要知道二氧化碳的密度和溶解性。

教师 请画一套实验室制取二氧化碳的发生和收集装置,并说明理由。

学生汇报交流

学生绘制实验装置图:

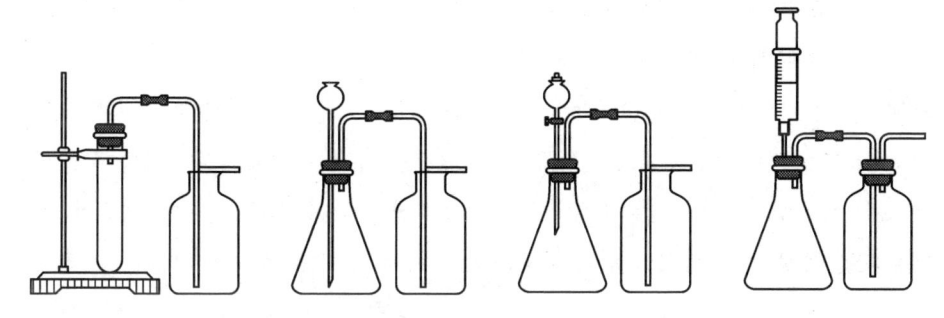

图 5-3-3 学生绘制实验室制取二氧化碳装置图

学生1 我用试管、单孔塞、导管组装作为发生装置,因为块状大理石与稀盐酸是在常温下反应;试管体积小,一次可以制备少量的二氧化碳。用向上排空气法收集二氧化碳是因为二氧化碳可溶于水,不能用排水法收集;二氧化碳的密度大于空气,所以用向上排空气法收集。

学生2 我用锥形瓶、长颈漏斗、双孔塞、导管组装作为发生装置,一次可以制备较多的二氧化碳。

学生3 我用到了分液漏斗,这样可以随时添加液体。

学生4 我用针筒可以定量,我用多功能瓶收集二氧化碳,因为二氧化碳的密度大于空气,所以多功能瓶的长导管与发生装置相连。

教师 我们知道澄清石灰水可以检验二氧化碳的存在。用向上排空气法收集二氧化碳时,是否可以用澄清石灰水验满?

学生 不能。因为澄清石灰水会消耗二氧化碳气体。

追问 用向上排空气法收集氧气时,是如何验满的?

学生 用带火星的木条放于集气瓶口,复燃则收满。

追问 那二氧化碳又该如何验满?

学生 可以用燃着的木条放于集气瓶口,熄灭则收满。

教师 请按照自己设计的实验装置图,组装仪器,制备二氧化碳。

提供实验用品 块状大理石、5%稀盐酸;锥形瓶、广口瓶、试管、集气瓶、单孔塞、双孔塞、长颈漏斗、毛玻璃片、导管、小木条、镊子、胶头滴管、打火机、酒精灯等。

学生分组实验 实验室制取一瓶二氧化碳气体。

小结 实验室制取二氧化碳的实验装置以及验满方法,并点评学生实验操作。

3. 使用启普发生器制备二氧化碳

教师 刚才实验使用的大理石和稀盐酸只能倒入废液缸中,这会导致药品的浪费,是否可以找到一种方法充分利用这些药品?接下来我们就来学习一种新的发生装置。请你打开和关闭简易启普发生器的弹簧夹,记录使用时观察到的现象。

提供实验用品 带有底座并装有适量的块状大理石和稀盐酸的简易启普发生器。

学生分组活动 动手实验体验简易启普发生器。

学生汇报 打开弹簧夹时,长颈漏斗内液面下降,试管内液面上升,固液接触,反应发生,产生气泡。关闭弹簧夹时,试管内液面下降,长颈漏斗内液面上升,固液分离,反应停止。

演示 在简易启普发生器上连接压强传感器,测定实验中试管内气体压强变化情况。

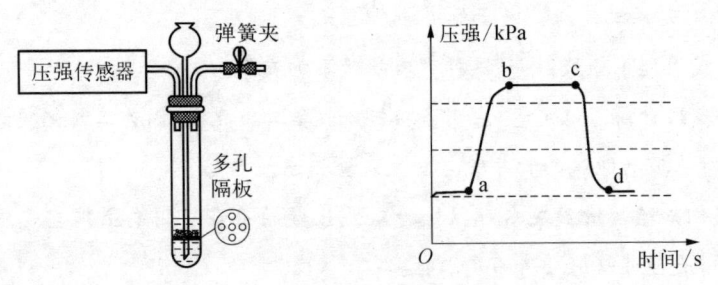

图 5-3-4 使用压力传感器测定简易启普发生器装置内气压变化示意图

教师 在气压变化曲线上,标注有 a、b、c、d 四个点。其中哪个点对应的操作是关闭弹簧夹?并说明原因。

学生 a 点。因为装置内继续产生气体,而且无法逸出,所以装置内的气压变大。

追问 当关闭弹簧夹的一瞬间,固液立刻分离吗?

学生 不是立刻分离的,当关闭弹簧夹的一瞬间,观察到固液仍然接触,继续反应。

追问 在曲线 bc 段,装置内观察到的现象是什么?

学生 固液分离。

追问 其中哪个点对应的操作是打开弹簧夹?并说明原因。

学生 c 点。因为打开弹簧夹后,装置内与大气相通,气体逸出,气压会变小。

小结 简易启普发生器的工作原理。

讲解 介绍启普发生器简介及构造。

图 5-3-5 启普发生器简介　　图 5-3-6 启普发生器构造

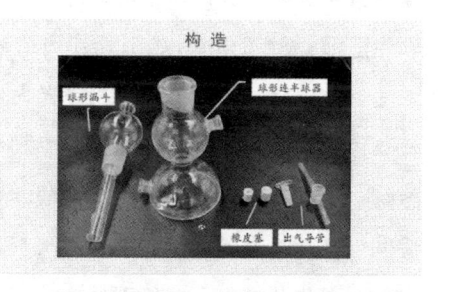

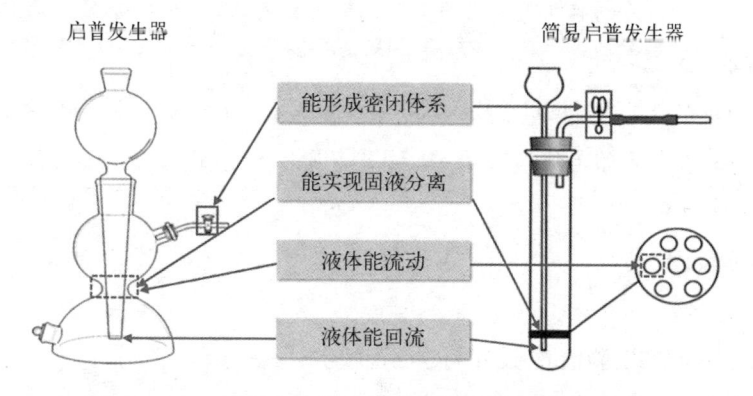

图 5-3-7 简易启普发生器与启普发生器装置构造类比

第五章 境脉教学有问题循证　　199

教师 使用启普发生器,并记录打开活塞和关闭活塞时观察到的现象。

展示实验视频

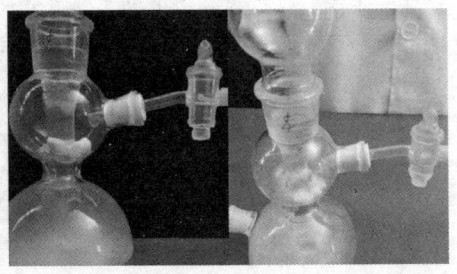

图 5-3-8 打开活塞时的启普发生器　　图 5-3-9 关闭活塞时的启普发生器

提供实验用品 启普发生器(气密性完好)、块状大理石、5%稀盐酸、镊子、漏斗、一次性手套等。

学生分组活动 认识和体验启普发生器。

学生汇报 打开活塞,球形漏斗内的液面下降,容器内的液面上升,固液接触,反应发生,产生气泡。关闭活塞,容器内液面下降,球形漏斗内液面上升,固液分离,反应停止。

教师 启普发生器可以控制反应的开始和结束。

追问 启普发生器适用于怎样的反应?

学生 固体与液体在常温下的反应。

追问 是否可以使用启普发生器制备氧气?请作出判断,并说明理由。

学生 不能。因为制取氧气使用的二氧化锰是粉末状,放入启普发生器中会掉入容器底部。

教师 所以启普发生器适用于块状固体与液体在常温下的反应,固体不能为粉末。

小结 启普发生器的工作原理、优点、适用范围。

五、教学反思

1. 利用真实实验情境,设计问题循证教学

化学是一门以实验为基础的自然学科,化学实验对学生有很大的吸引力。在

教学中设计学生探究实验室制取二氧化碳药品的实验方案的教学环节；让学生自己设计实验方案、自己动手探究实验室制取二氧化碳药品、使用简易启普发生器和启普发生器的动手实验，让学生在动手实验中观察现象、搜集证据、甄选证据、解释问题，激发学生的证据意识，培养学生实验探究能力。

2. 做好课堂实验准备，服务学生课堂学习

实验准备是落实教学目标的重要保障，因此课前必须做好充分准备。为了便于学生观察实验现象、控制实验时间，更加聚焦教学目标，本课为学生准备了反应板；课前重新配制了稀盐酸、稀硫酸，并试做实验，确定反应板中所需固体和液体的用量；选择带有底座的简易启普发生器。为了确保学生实验成功，将启普发生器的磨砂接口处全部擦干重新涂抹一层薄薄的凡士林，检查所有装置的气密性；挑选大小适中的大理石。课前实验准备越充分、越细致，课堂实施才能越顺利，课堂实验才能更好地服务于教学。

3. 提供多种可视化方式，助力学生思维发展

初三学生抽象思维能力有限，通过可视化的方式，建立宏观现象与微观变化的桥梁，培养学生高阶思维。本课从学生熟悉的试管改进的简易启普发生器开始，学生先动手体验，接着教师演示使用压力传感器测定装置内气压变化，形成数据图像后再进行分析讨论；然后通过启普发生器与简易启普发生器的结构比较、实验视频、学生实验观察等多种方式，帮助学生理解启普发生器的工作原理，突破教学难点。

（撰稿者：上海理工大学附属初级中学　郑嬿珍）

第六章
境脉教学有深度反思

境脉教学根植于境脉主义哲学，注重事物全部情境的整体把握，情境与脉络相辅相成，共同引导、推动课堂活动。境脉教学的实施，要求"境脉"的创设立足于学生的主体性，将核心知识整合到"境脉"中，让学生在完成由"境脉"衍生出的相关问题和相关任务的解决过程中习得知识，提升能力和素养。这不是教师单方面能达成的，还需学生们的积极融入，需从"教"与"学"两方面促成基于深度反思的教学。

境脉教学是一种基于深度反思的教学,这种深度反思,既是对教师的要求,也是给学生的任务。"境脉"视角下的化学课堂教学,依托建构主义理论,教师为学生建构促进学习的境脉课堂。"境脉",即教师通过一条精心创设的活动脉络,将整堂课的众多情境板块串联起来,这种创设往往是符合科学探究的逻辑需要的。"境脉"的创设立足于学生的主体性,将核心知识整合到"境脉"中,用一脉相承的明线落实知识、能力和素养的暗线,让学生在完成由"境脉"衍生出的相关问题的解决和相关任务的过程中习得知识、提升能力和素养。"境脉"教学实施的过程中,需要注意知识的系统性、过程的情境性及学生的主体性,显然"境脉"的创设不是轻易能达成的,需要教师在教学过程中通过不断反思的经验积淀才能达成,也需要学生在教学过程中进行自我深度思维的主动学习,在学习情境中完成生本、师生、生生之间的深度对话,从而提升学习品质。

一、单元总体规划的深度反思

《普通高中化学课程标准(2017年版)》指出,教师应"结合学生已有的基础,对学段、模块或主题、单元和课时教学目标进行整体规划和设计。"[1]单元教学设计,坚持以学生为主体,为学习而设计教学,有助于学生对整个单元有着系统性的认知和理解,有利于学生按学科逻辑掌握知识点并形成知识网络。但这需要教师非常清晰地了解单元所有知识点及知识结构,通过合理高效的学习活动,引导学生掌握知识的同时,达成核心素养的培育。进行单元教学设计的深度反思,有助于我们整体把握教材的结构和脉络,以及各章节之间的联系,有助于我们从深层次对教学内容进行思考,有助于我们更好地进行教学活动。

以沪科版普通高中化学必修教材第一册第 2 章第 1 节"海水中的氯"为例,其中的粗盐提纯是第二单元的开篇,学生在完成了第一单元的学习后,尚未形成粗盐提纯中物质间的反应,其本质是离子反应的概念,且无法认识到食盐在化工行业中的重要地位。故在第二单元的单元教学设计中,将第 1 节中的粗盐提纯调整

---

[1] 中华人民共和国教育部.《普通高中化学课程标准(2017版)》[S].北京:人民教育出版社,2018:69

到第3节之后进行教学,在完成了第2节离子反应内容的学习后,将学生的认知从宏观引向微观、物质引向离子,这在学生的思维上是个很大的跨越和进步。这样的教学安排一方面有利于学生在初步建立微粒观的认知下,将粗盐提纯时的思维方式,从除物质转变为除离子,且经过氯碱工业的学习,也能深刻体会到食盐在生活生产中的重要作用。另一方面,在学习了溴和碘的提取后,可以在与粗盐提纯的分析对比中完成从海水中提取化学物质的模型的建立。同样的情况还出现在第4章中的原子结构是否调整到物质分类之前完成教学,亦或者在物质的分类教学中,是否需要安排电解质的教学,为后期胶体的聚沉以及离子反应的教学做好铺垫。教师如果没有对教材进行深入研究、深度反思,对教学实施没有通盘的考虑,只是一板一眼地照着教材教,是无法完成这样符合学生认知逻辑却又颇为大胆的单元教学设计的。

二、真实情境创设的深度反思

新课标中不断强调要重视真实情境的创设。美国教育家杜威曾说:"教育的艺术就在于能够创设恰当的情境。"创设真实情境可以保护学生的乐学情绪,为学生的主动参与、主动发展开辟途径。知识只有融入情境之中,才能显示出活力和美感。情境中既蕴含了具体的知识内容问题解决和学习任务,同时又渗透着学生的情意体验[1]。生活需要化学,生活也离不开化学。学生对于化学的认知,多以负面为主,苏丹红、三聚氰胺、甲醛问题;一些产品也以无添加额外化学成分为卖点,将化学置于健康生活的对立面,殊不知化学早就渗透到了生活的方方面面。课堂中真实情境的创设,让学生能够正确看待化学与生活、化学与社会之间的关系,培养良好的科学精神与社会责任。

传统元素化合物的学习,知识课程量大,性质研究结合化学实验,并且穿插了化学反应原理的教学,知识点关联度差,分布琐碎,加大了学习难度。而在双新课程理念的教学中,元素化合物的学习可通过"价—类"二维图帮助学生建立元素化合物的认知模型,更为直观理解物质之间的转化关系。例如沪科版必修第一册

---

[1] 林美凤.化学课堂教学的全程研究[M].上海:华东师范大学出版社,2019:44.

第3章第2节"氮及其重要化合物"中,通过创设雷雨发庄稼的真实问题情境,继而提出"如何将氮气转化成氮肥?"这一贯穿课堂始终的问题。教师设计了一系列问题驱动,诸如氮肥来源,氮气与氮肥由价态上如何转化,如何模拟氮气与氧气的反应,能否转化为硝态氮肥等一系列螺旋式上升的问题链来降低学生的思维难度,使学生能循序渐进地解决复杂的大问题。并通过哈伯合成氨的史料,知道化学工业在国民经济发展中的重要地位,体会化学与生产、生活、科技、环境等之间的联系,培养了学生的科学态度与社会责任感。

三、评估学生认知的深度反思

我们知道,备课不仅要备教材,还要备学生。建构主义认为,学习是引导学生从原有经验出发,生长(建构)起新的经验。显然我们不能在进行教学设计的时候只关注教学目标,更重要的是研究教学目标应如何达成,才能让学生在原有的认知基础上有所收获,为此,境脉教学要求教师必须找准学生的"最近发展区",这样方能对症下药,提高课堂的教学效果。随着时代的变迁,以往学生的普遍认知在当代学生中可能就是个冷僻的知识。例如泡沫灭火器,过去是消防标配,而当前已经被淘汰多年,通常只有干粉灭火器了。所以教师不能凭经验简单猜测学生的"当前发展区",可通过多种方式进行科学判定,例如课前测试、作业反馈、学生访谈等,从而了解学生的基础知识、基本技能、学习能力和解决问题的能力等。

在信息技术飞速发展的今天,教师可以充分利用信息化手段来提高对学生认知水平检测的效率。通过问卷星及微信公众号的组合,推送"课前知识清单|课前测"部分,是对本节新课学习中所需要掌握的先行知识进行梳理,并通过课前测加以考查,让学生能够夯实课前基础,使新课知识点能顺利教授,而不会出现一课不懂,课课不懂的尴尬。课前测的练习是根据课前知识清单来挑选的,每个知识点都能有所考查,例如对之前学生练习中的高频错题,教师事先在问卷星平台上创建一份网络试卷,系统会自动生成一个二维码和网址,将此二维码复制到推送的内容后,学生只需扫码便能进行自测答题。通过这样高效的信息技术,教师就能在后台对学生现有认知水平进行精确分析,围绕着学生的最近发展区去设计境脉

教学中的问题链及学生活动,以达到课标所要求的学习目标。

四、自审自省培养的深度反思

如果我们把解决问题的能力看成武功的话,从概念、逻辑等本源出发的能力当为内功,而通过大量练习获得的解决问题的能力即为外功。外功只是拳法套路,在真正内力深厚的高手面前将会不堪一击。同样的,要真正获取解决问题的能力,是需要在强化内功的基础上,由分析问题的基本面出发的。浅层的思考就相当于"外功"这样的表面功夫,无法深入问题本质,而深度反思就像是苦练内功,需要"悟道",从根本上探究问题的根源。深度反思,就是探究事物本质的过程。有人说,绝大部分的人为了逃避真正的思考,愿意做任何事情。虽有些极端,但不可否认,在这个碎片化知识大行其道,娱乐至死的时代,深度反思对每个人而言,变成了一件十分艰难的事儿。就学生而言,在这个获取信息渠道多元化的环境下,若能够直接便捷地获取结论,又如何让其绞尽脑汁去体验探寻问题本源的过程呢?或许境脉教学就是能让学生重新喜欢上思考的一把钥匙,锻炼高阶思维的一剂良方。基于双新课程下育人目标的调整及化学学科核心素养的落实要求,学生要能够在课堂中自发地参与活动,也能静下心来完成深度学习,而不只是课堂中虚假的热闹,这就需要通过创设学生生活中的真实情境,激发其兴趣,并通过设计学生现有认知水平和教学目标间的一个个"支架",让学生在主动参与课堂后能解决疑问并收获愉悦,这种基于理解和应用的学习,才是学生主动融入的深度学习。在这样的"境脉"课堂中,教学活动不仅让学生体验了探索科学和发现世界的过程,也给予学生独立深度反思的时间和空间,学生不仅从课堂上习得了真知,也发展了自身一系列能力素养水平。

古有云:"吾日三省吾身",元认知理论认为人类对其自身活动的认知,其实质是认知主体对自己的认知活动的自我意识、自我监控。培养学生在学习上的深度反思的能力是提高增强学生自我意识,进行自我监控的有效途径。课堂反思,可以提高教学品质,同样也能改善学生学习的效果。境脉教学突出学生的主体性,让学生在解构问题后的每个情境中完成自主学习活动,对产生的认知冲突做深度思考,通过加强对自我学习行为的反思,完成对学习过程的自审自省,从而不断纠正自己的错误,优化学习思路,并在不断反思的过程中开拓对自我认知的新境界,进一步促进知识的内化。学生学习上深度反思的落实,需要学生能够聚焦整个学习过程,自然便提高了学生的学习主动性和关注度,加强了自我意识和自我监控。若教学内容枯燥,教学形式单一,无法提升学生的学习兴趣,那反思能力的培养只能是一句空话。境脉教学中创设的各种情境,能大大改善这一传统教学桎梏。

自审自省反思能力的培养,一方面需要不断给学生造成认知冲突,打破其原有认知,促使其反思问题的实质;另一方面要让学生主动审视学习过程的细节,并予以总结改善。在"境脉"指导下的课堂里,运用合理的问题教学策略,对培养学生的学习反思能力有很大帮助。教学过程中,简单地提问"对不对""是不是""行不行",学生往往会在没有反思的过程下,根据教师语气更改其答案,教师浪费了这一让学生进一步深度思考该问题的契机,追问"为什么"往往比"对不对"更有效。例如,"海水晒盐"的教学中,为什么要将卤水密度控制在一个范围内,而不是从一开始就收集产品呢?为什么氢氧化钡同时能去除硫酸根离子及镁离子,而我们却使用氯化钡呢?这些问题造成了学生原有的认知冲突,激发了学生的学习兴趣,也为学习反思的实施提供了可能。

正如先前所述,境脉教学,需要教师多方面的深度反思,这就对教师的专业素养提出了更高的要求。孔子曰:"学而不思则罔,思而不学则殆"。对于普通教师而言,这种教学上的深度反思是教师提高教学能力的必要手段。著名心理学家波斯纳提出的教师成长公式:成长＝经验＋反思,清晰地反映了深度反思对于教师专业发展起到的重要作用。当前教师往往有反思之心,却很难有系统性的有效反思,而没有足够的积累便想要完成以"脉"串"境"这样高难度的教学显然是不现实的。教师只有通过不断深度反思的积累,才能结出"境脉"的硕果。

(撰稿者:上海理工大学附属中学　潘志刚)

实践智慧6-1　教学机智：分子结构

一、什么是学习氛围

在以课堂为主的教学活动中，与学生的交互因素有很多，包括外部的学习环境、学习目标、学习内容，也有学生已有的认知特点、思维习惯与情感态度等，在课堂教学中，还包括教师指导、学生讨论等互动因素。所有这些与学生的学有关的交互因素就是学习氛围，它包括了亟待调动与启发的学生主观因素（心智投入、情感态度等）、需要有机整合的客观因素（学生认知基础、思维习惯、学习目标与内容、教学情境等）以及激发主客观因素互动的教师行为。

二、为什么要塑造学习氛围

相比于填鸭式、模仿式学习，更有效、更有深度的学习发生在学习者本能地、积极地寻求外部知识与个体内部发生意义的前提下[1]。而在众多学习氛围因素中，最重要的、也是最需要调动的是学生学习的情感，即学生的求知欲。若没有学习者的情感投入，也就不会有学生对知识、对真理的追求。在信息获取高度方便、自由的时代，教学的意义不再局限于传授知识，而是要调动学生主观能动性，刺激学生的求知欲，自发地将学习情感与态度从"要我学"转变为"我要学"，而后再引导学生浸润在精心设计的教学情境、任务学习中，才能渗透学科的核心素养，才能帮助学生形成自主学习与探究的能力。

---

[1] 王香云.基于境脉的混合式教学研究与探索[J].太原大学教育学院学报，2015，33（02）：93-95.

三、塑造什么样的学习氛围

深度学习是一种涉及认知维度、人际维度与自我维度相叠加的复杂活动[1]，理想的学习氛围应当涉及诸多要素交互碰撞，并以学习过程与知识建构为核心。学生所感知的学习氛围这一抽象的概念在教学中以探究的情境、研究的问题、探索的课题具象呈现，但好的学习氛围必定包含着与学习动机的互动，渗透着学生内部心智与外部环境的交互，因此承纳学习内容的情境、内容内部的脉络与开放的、学生参与的、交流为主的外部形式相结合，才是利于充分调动学生学习热情、渗透学科理念与研究方法的良好学习氛围。

四、如何塑造学习氛围

学习氛围的塑造与设计并非照本宣科、按部就班地将一个一个因素割裂设计，而是依据学情、目标、内容、情感等诸多因素，设计一个能够充分调动各个学习要素、组织学生自主建构知识、探索问题的学习情境，在情境中贯穿知识脉络，同时在脉络中贯穿情境。为更好激发学生的求知欲、突出学习后的成就感，同时也为更好梳理知识脉络，学习氛围的塑造要以单元为单位进行。情境与任务的设置不宜太小，否则割裂知识脉络，同时也不宜过难，否则学生难以维系学习热情。单元情境与任务应当贯穿单元教学，根据知识脉络设置数个子任务，使学生在推进学习过程、完成学习项目时始终处于最近发展区。而在教学中，教师的主要工作则由传统的知识传授者转变为启发者、引导者、组织者，让学生充分参与，让学生成为学习氛围的受益者与缔造者，而不是被动听讲、被教师创设与摆布的学习氛围所影响。

---

[1] 徐燕萍.境脉学习：一种引导学习转型的新范式[J].江苏教育研究，2017(29)：23-27.

五、分子结构单元教学设计

1. 单元教材教法分析

单元教学课程标准要求		1. 结合实例了解共价分子具有特定空间结构 2. 运用相关理论与模型解释、预测共价分子的空间结构 3. 知道分子的极性与共价键极性、分子空间结构的联系
单元知识与学科核心素养	地位作用与核心素养	本单元选自沪科版《普通高中教科书化学 选择性必修 2》第二章。分子空间结构的学习极大程度上帮助学生形成模型认知、抽象思维与类比迁移的学科素养与科学方法。学生的学习从共价键键型、孤电子对、核外电子排布等抽象概念，到中心原子价层电子对数计算、杂化轨道的形成预判断，最终进入分子空间结构与极性的具体知识，让学生赋予抽象概念以具体意义，通过项目化的学习引导对已有知识的深度反思，建立知识之间的关联、形成单元知识架构、打破知识隔阂，从而能够融会贯通分子结构中的两大理论，解决陌生情境中的现实问题。
	知识结构思维导图	分子空间结构单元在核外电子排布、共价键以及基础立体几何的基础上展开，涉及物质结构中的两个核心理论（杂化轨道理论、VSEPR 理论）与众多核心概念，包含模型认知与宏微结合的基本观念，对学生化学理论的构建与完善有重要启发作用。 共用电子对σ键、π键 → 杂化轨道理论 ← 原子核外电子排布 → 价层电子对互斥理论 ← 键长、键角电子式 ↓ 分子空间结构与分子极性
学情分析		学生在了解共价键与分子后，对分子的空间结构已有懵懂的认识，但对于具体分子的结构与成因仍做不到深入探究。学生已能够从常见分子的空间结构中体会到共价键的方向性，但无法严谨理解共价键具有方向性的根本原因。现阶段，学生对于物质性质、反应原理的知识储备较多，但对于新理论的提出、检验与修正方法非常陌生，对于分子空间结构也有很多隐而未发的疑惑。
目标维度		本单元以理论建构为主，通过归纳帮助学生总结已有知识，发现认知盲区；鼓励、启发学生创设理论解释科学事实，并运用归纳所得进行求证，浸润科学探究的一般方法；运用完善后的理论解释、解决陌生问题，体验科学探究的成果与喜悦。

续 表

教学方法	本单元大多采用归纳事实、引入冲突、创建理论、验证理论、修正理论展开项目式学习。通过归纳学生已有知识，可以激发学生对更广阔的未知知识的好奇，也能够发现现有理论中的不足，即引入认知冲突。在本单元中，通过在归纳中发现的原子结构对共价键成因解释中的缺憾，引导学生发展、生成杂化轨道理论；再反思杂化轨道理论对分子空间结构解释与预测中的不足，从而发现、创建价层电子对互斥理论；在创建理论之后，再组织学生查阅资料或教师提供资料库，组织学生自主验证理论，在验证中发现不足，进而对所创设的理论进行修正与完善，最终运用所学理论判断分子极性，并从微观结构角度完成对一些宏观现象的解释。本单元通过化学史实情境与问题情境的创设，学生在教师组织、讨论的学习氛围中自主建构主体知识，学生在产生疑惑的同时，也生成了学习项目。在完成项目的过程中，学生成为了知识的建构者，而非被动的接受者。

2. 单元主题规划分析

单元名称	分 子 结 构		
单元任务	任务名称	液流偏转原因的探究	
	具体描述	通过用带电玻璃棒靠近水流、CCl_4液流观察液流偏转情况，借助宏观现象意识到在微观上分子具有一定结构，从而开展本单元分子内共价键与分子空间结构的探究。	
内容选择	本单元以分子空间结构及其影响的学习为核心，以分子微观结构导致的宏观性质为先导展开任务探究。主要内容为杂化轨道理论、价层电子对互斥理论以及分子极性的判断。		
课时设计	课时	题目	内容
	1	分子极性与空间结构	1. 构建"球状分子模型"解释液流偏转实验现象，建立极性、非极性分子的概念。 2. 归纳已知分子的空间结构。 3. 根据共价键的极性、分子空间结构判断已知结构分子的极性。
	2	杂化轨道理论的建立与运用	1. 分析碳原子价电子排布情况，发现简单价键理论的局限性。 2. 猜测、创设杂化轨道理论，解释已知分子的空间结构。 3. 归纳总结杂化轨道理论要点。
	3		

续表

单元名称	分　子　结　构

续表

课时	题目	内容
4	预测共价分子的空间结构	1. 观察已知分子的空间结构，对共价键的对称指向原因提出猜想。 2. 从电子对互斥角度解释已知分子的空间结构。 3. 运用新理论预测未知分子的空间结构并求证。 4. 判断未知分子的极性。

3. 单元教学目标设计

内　容	核心素养体现	教　学　目　标
分子极性的体现与判断	宏观辨识与微观探析 证据推理与模型认知	探究"液流偏转"现象，运用抽象模型与分子空间结构相关理论知识解释成因，总结分子极性的一般判断方法。
杂化轨道理论	证据推理与模型认知 科学探究与创新意识	1. 运用原子结构知识，解释 NH_3、H_2O、CCl_4 分子中共价键的形成，发现原有价键理论的不足。 2. 通过观察、分析 CCl_4 分子球棍模型，在引导下发展、创建、验证、完善新理论（杂化轨道理论），强化证据推理与模型认知。 3. 观察乙烯、乙炔、CO_2 等分子球棍模型，运用杂化轨道理论理解 σ 键、π 键的形成，并探究苯、SO_3 分子内的离域 π 键，提高知识关联与陌生问题解决能力。
价层电子对互斥理论	证据推理与模型认知 科学探究与创新意识	1. 通过对已知分子空间结构的归纳分析，构建理论解释分子空间结构。 2. 完善理论预测陌生分子空间结构，体验理论建立的思维过程。
单元重点、难点		本单元的重点是分子极性、杂化轨道理论与价层电子对互斥理论。这些知识是学习分子结构、推测分子晶体宏观物理性质的重要基础。 本单元的难点是杂化轨道理论的运用，离域 π 键的分析，杂化轨道电子云结构、价层电子对空间结构、分子空间结构以及分子极性的关系。教学中可通过学生搭建模型、学生讨论总结、教师指导分析的方式，创设开放自主的学习氛围，充分暴露学生思考中的漏洞，通过互相指正、教师评价加以修正。

4. 单元学习活动设计

(1) 单元学习活动设计

课时活动	1	主题	分子的极性
		任务	发现、归纳判断分子极性的方法
	2	主题	中心原子的成键情况
		任务	构建理论解释 CCl_4 等分子的成键情况
	3	主题	分子中 π 键的形成
		任务	运用杂化轨道理论解释分子内 π 键的形成
	4	主题	解释、预测分子空间结构
		任务	构建理论解释、预测 AB_n 型分子的空间结构
课外活动		主题	理论的可视化
		任务	利用文具、生活用品等具象表示轨道杂化、价层电子对互斥的过程与结果

情境线索

总情境：水、CCl_4 液流在电场中偏转情况不同
⇩
情境1 C原子核外电子运动情况不足以解释 CCl_4、$CH_2=CH_2$ 等分子的成键事实
⇩
情境2 诸多已知分子空间结构归纳

问题链

如何解释分子的空间结构？

如何预测分子的空间结构？

任务线索

总任务：探索液流偏转的原因
任务1 发现、归纳判断分子极性的方法
任务2 构建理论解释 CCl_4 等分子的成键情况
任务3 运用杂化轨道理论解释分子内π键的形成
⇩
任务4 构建理论解释、预测 AB_n 型分子的空间结构
⇩
任务5 利用文具、生活用品等具象表示轨道杂化、价层电子对互斥的过程与结果

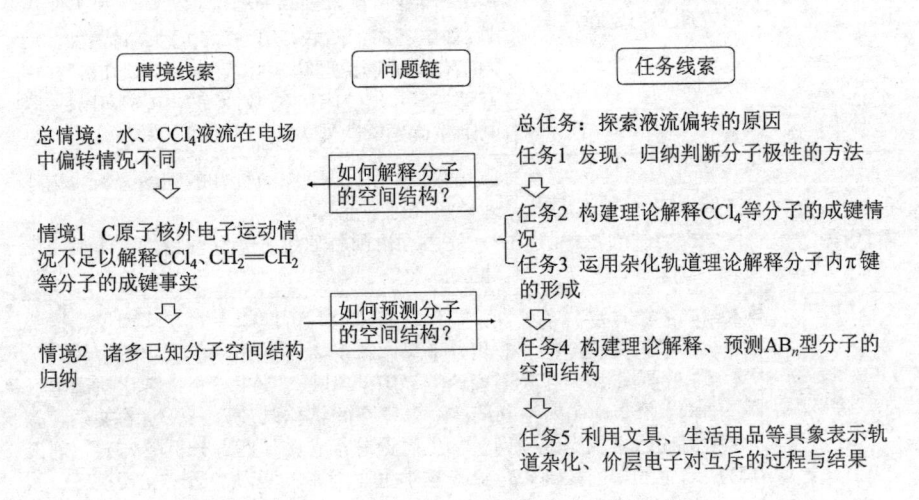

图 6-1-1 单元学习情境线索与任务线索

(2) 活动细化设计

课时活动 1

活动主题	分子的极性		
活动时空	课内（30 分钟）、实验室		
活动水平	"为什么"		
活动工具	活动资源	实验器材、媒体投影	
	活动情境	来源：实验；功能：阅读观察、激发兴趣、创设问题	
实施策略	要求布置	任务单	
	要求维度	活动观察、活动分析、交流合作	
评价方案与评价维度	评价者	师评	
	评价方式	口头评价	
	评价维度	规格要求	评价要点
	活动观察	观察不同液流的偏转情况	现象观察是否准确
	活动分析	1. 纸笔作图，以球状（椭球状）分子模型归纳液流的偏转原因 2. 回顾化合价成因，归纳分子中电荷分布分析方法	示意图像是否清晰、图像所示原理是否科学
	交流合作	搭建模型，小组讨论判断示例分子的极性，并总结判断方法	模型搭建是否快速准确、判断方法是否典型

课时活动 2

活动主题	中心原子的成键情况
活动时空	课内（20 分钟）、普通教室
活动水平	"为什么"

第六章　境脉教学有深度反思　215

续 表

活动工具	活动资源	模型、纸笔
	活动情境	来源：文本资料； 功能：激发兴趣、创设问题、应用实践
实施策略	要求布置	任务单
	要求维度	活动分析、理论设计、交流合作
	评价者	师评、互评
	评价方式	口头评价、评价表评价

评价方案与评价维度	评价维度	规格要求	评价要点
	活动分析	1. 通过原子结构解释 H_2O、NH_3 等分子内共价键的数目与键型 2. 发现解释 CCl_4 分子内成键情况的困难	1. 中心原子、成键原子核外电子排布分析是否正确 2. 中心原子价电子电子云图像示意图是否准确
	理论设计	观察 CCl_4 分子球棍模型，尝试创建理论解释其成键情况	1. 根据球棍模型的成键分析是否完整 2. 对于结构事实的需求分析（单电子数目、轨道能量等）是否正确
	交流合作	在其他分子中验证、完善理论	1. 观察学生能否自主回忆已知空间结构的分子进行理论求证 2. 观察学生能否掌握杂化轨道理论分析的一般方法

课时活动 3

活动主题	分子中 π 键的形成
活动时空	课内（20 分钟）、普通教室
活动水平	"为什么"

续 表

活动工具	活动资源	模型、纸笔	
	活动情境	来源：文本资料； 功能：激发兴趣、创设问题、应用实践	
实施策略	要求布置	任务单	
	要求维度	活动分析、交流合作	
评价方案与 评价维度	评价者	师评、互评	
	评价方式	口头评价、评价表评价	

评价维度	规格要求	评价要点
活动分析	通过原子结构解释 N_2 分子中的共价键键型——σ 键、π 键	1. 氮原子价电子排布分析是否正确 2. 氮原子价电子电子云重叠示意图是否合理 3. 能否意识到电子云重叠方式的不同
交流合作	1. 运用杂化轨道理论解释 $CH_2=CH_2$、CO_2、$CH≡CH$ 分子中 π 键的组成 2. 运用杂化轨道理论探究苯、SO_3 分子内的离域 π 键 3. 归纳 π 键的构成要素	1. 根据分子空间结构判断中心原子的杂化是否快速、准确 2. 能否自创简洁明了的示意图表示分子中的电子云重叠，并向同学们分享经验 3. 能否总结构成 π 键的轨道特征

课时活动 4

活动主题	解释、预测分子空间结构	
活动时空	课内（30 分钟）+ 课后、普通教室	
活动水平	"为什么"	
活动工具	活动资源	模型、纸笔
	活动情境	来源：文本资料； 功能：激发兴趣、创设问题、应用实践

续 表

实施策略	要求布置	任务单		
	要求维度	活动分析、理论设计、交流合作		
评价方案与评价维度	评价者	师评、互评		
	评价方式	口头评价、评价表评价		
	评价维度	规格要求		评价要点
	活动分析	1. 回顾已知分子（CH_4、CCl_4、H_2O、H_2S、CO_2、CS_2）的空间结构 2. 运用理论预测未知分子的空间结构		1. 已知分子空间结构表述是否精准 2. 对VSEPR理论运用是否快速、准确
	理论设计	1. 解释已知分子的空间结构 2. 推导中心原子价层电子对数的计算方法		1. 能否通过电子式、根据共价键的空间对称指向推测出价层电子对之间的排斥作用 2. 能否理解价层电子对的两种构成
	交流合作	1. 归纳杂化轨道理论与VSEPR理论的使用情景 2. 探讨两者之间的关联，并查阅资料，以小组为单位合作撰写小论文进行论述		1. 观察学生对不同理论的应用前归纳是否准确 2. 查阅资料是否规范，资料是否有助于课题解决 3. 观察小组分工是否明确，论文格式是否规范，逻辑是否严密

课外活动

活动主题	理论的可视化	
活动时空	课外、教室或家庭	
活动水平	"如何做"	
活动工具	活动资源	器材、文具
	活动情境	来源：生产生活； 功能：激发兴趣、应用实践

218　境脉教学的实践范式与创意设计

续　表

实施策略	要求布置	任务单
	要求维度	实验操作、活动记录、交流合作

评价方案与评价维度	评价者	互评、自评		
	评价方式	口头评价、评价表评价		
	评价维度	规格要求		评价要点
	实验操作	利用文具等生活用品，具象化表现轨道杂化、价层电子对互斥的过程与结果		观察学生展现的作品能否正确、具象地表现抽象的理论
	活动记录	归纳总结理论中可以具象化表示的要点，以文本形式记录设计思路与操作过程		1. 观察学生能否总结轨道杂化、价层电子对互斥理论中的要点 2. 观察学生的活动记录是否清晰、规范
	交流合作	以 6 人小组为单位进行组内评选推荐，优秀作品班级交流		学生能否在讲台上从容、完整呈现思考过程与作品成果

5. 单元作业设计

课时	作业内容	类型	作业目标
1	教材中验证分子极性的实验存在使用局限，请说明该方法的局限性；查阅文献，以微型文献综述的形式列出几种分子极性的实验验证方法，并简述原理。	实践性作业	对于 NH_3、CO_2 等通常状况下的气体分子，在判断分子极性后并不能通过简单实验进行验证。通过资料查阅，学生了解分子结构探究的实验手段，强化化学作为一门实验学科的特点。
2	你认为杂化轨道理论的出现解决了哪些问题？从分子形成过程中的能量角度，杂化轨道理论是如何解释分子稳定性的？	整合性作业	加强对杂化轨道理论提出初衷的理解，了解该理论的适用范围。

第六章　境脉教学有深度反思

续 表

课时	作业内容	类型	作业目标
3	石墨烯因其特殊的性质具有广泛应用。单层石墨烯的部分结构如图所示，总体上表现为平面结构。请根据该结构推测单层石墨烯中碳原子杂化类型，并进一步分析其中共价键类型，猜测可能用途并查阅资料验证。	应用性作业	训练在陌生情境中运用所学知识的能力，运用结构—性质—用途的观念。
4	1. 利用文具等生活用品，具象化表现轨道杂化、价层电子对互斥的过程与结果。向组员展示、讲解你的作品。	实践性作业	运用模型认知反馈抽象理论，督促课后理解，培养合作交流意识。
	2. 查阅资料，说说微波炉加热原理与分子极性之间的关系。		通过生活实例体会"结构决定性质"的学科观念。

（撰稿者：上海交通大学附属中学　卢轶凡）

实践智慧 6-2 开放问题：影响化学反应速率的因素

一、教学主题内容及教学现状分析

从内容编排上看，本节内容出处为沪科版化学必修第二册第 6 章"化学反应速率和化学平衡"第 1 节"化学反应速率"第 2 课时"影响化学反应速率的因素"[1]。第 6 章涉及的化学反应速率和化学平衡是中学化学的重要基础理论之一，且与日常生活、工业生产及科学研究等息息相关。通过本章的学习学生可以对化学反应有更加清晰透彻的认识，由感性上升到理性；又可为后续内容的学习打下基础，因为学生只有在了解化学反应速率的基础上，才能顺理成章地紧接着去学习化学平衡，同时在学习化学平衡原理的过程中又能加深对反应速率概念的理解；此外，学生可以逐渐体会到化学反应速率的调控对于生产和科研的重要指导作用。

本课时的主要内容包括：(1) 认识影响化学反应速率的因素；(2) 通过实验探究浓度、温度、催化剂等对化学反应速率的影响；(3) 从微观角度分析外界条件对化学反应速率的影响。

化学作为一门以实验为基础的学科，不论是课程目标亦或是学科核心素养，都强调了科学探究的重要性。但在实际的化学课堂教学中，很多时候限于各种主客观条件，科学探究被等同于"做实验"，具备科学探究能力被等同于"会做实验题"。课堂实验变成了一种形式化的教学过程，学生按照教师给出的步骤方案进行实验操作、记录现象、汇报结论。在这样的过程中，学生只能收获局限于识记层次的实验操作和现象，缺乏深层次的思维活动，因此很难发展学生的科学探究能力与创新意识[2]。

---

[1] 麻生明，陈寅.普通高中教科书：化学 必修第二册 [M].上海：上海科学技术出版社，2020：43-46.

[2] 鲍红家，李燕.在实验教学中提升学生科学探究能力的策略——以"探究化学反应速率的影响因素"为例 [J].新教育，2021（19）：18-20.

已有的教学设计[1][2][3]中的教学思路多为按照任务单或实验单,即温度、浓度、催化剂等影响因素逐一按顺序进行学生实验或演示实验,随后进行分析讨论并得出相应结论。这样的教学过程固然条理清晰、符合逻辑,并且在实践中可操作性较强,课堂中基本不会有"意外"情况发生,但是距离我们所追求的通过探究实验来培养学生的科学探究与创新意识尚有一些距离。

存在的以下几个问题值得关注:(1)在教材以及很多课堂实践中,用于探究的化学反应多直接给出,在此之前缺少了必要的讨论——即什么样的化学反应适合作为研究对象进行课堂探究?这对于学生发展科学探究能力的重要性不言而喻,选择合理的、合适的研究对象是整个科学探究过程的首要基础;(2)按照教师引导的顺序,学生逐一做实验来探究各个外界因素对于化学反应速率的影响,且每个实验小组进行的实验基本完全相同,可能限制了学生的主观能动性和创造性,可在开放性问题下让学生自主设计实验探究的方案;(3)一个化学反应可用来研究多个条件因素对其反应速率的影响,同样地,多个化学反应也能用于研究同一个影响因素来验证结论是否存在普遍性,对于同一个问题,学生会有各自多角度的思考和想法,这其中有待发掘可以让学生发挥的空间。

二、教学思想与创新点

开放性问题并不是一个新名词,一般可将它描述为那些结构不良、允许学生个性解答的问题[4]。在解决一个开放性问题的过程当中,往往需要学生积极探索才能完成,对于吸引学生积极投入、锻炼思维、挖掘潜能都是颇为有益的[5]。

基于教学现状,在本节课的教学中融入如下设计:(1)加入"确定研究对象"

---

[1] 洪耀辉,郭毅红,陈新华.基于发展性评价的课堂实践探索——以"影响化学反应速率的因素"教学设计为例[J].福建基础教育研究,2021(01):118-120.
[2] 刘梓荷.基于化学核心素养的"影响化学反应速率的因素"教学设计[J].高考,2021(03):149-150.
[3] 张凤海.核心素养视角下"影响化学反应速率的因素"教学策略[J].新课程,2021(31):104-105.
[4] 侯帅,王后雄.中学化学实验中的开放性问题:特征、类型及教学策略[J].化学教学,2015(09):7-10.
[5] 戈芹.开放性化学问题的教学心得[J].考试周刊,2014(05):146-147.

的环节,明确适合作为研究对象进行课堂探究的化学反应所需要具备的特点;(2)提出开放问题(主要是解决目标的方法不确定的问题),在给定有限的实验用品条件下,鼓励学生以小组为单位,自主设计"影响化学反应速率的因素"的探究方案并进行实验操作,不限定学生研究影响因素的顺序,可以用多个化学反应研究同一因素,也可用一个化学反应研究多种因素,尊重学生的创新意识,不要在提出问题之时就限定了解决方法和过程。

三、教学目标

《普通高中化学课程标准(2017年版2020年修订)》中"化学反应速率"主题[1]的内容要求明确指出:通过实验探究影响化学反应速率的因素,了解温度、浓度、压强和催化剂对化学反应速率的影响;认识化学变化是有条件的,学习运用变量控制方法研究化学反应。

因此本课时重点内容就在于研究各种因素对化学反应速率的影响。在学生回顾已有知识的基础上,动手操作进行实验来探究外界条件对化学反应速率的影响,在探究过程中深入认识并学会运用控制变量法研究化学反应,初步了解科学研究的一般方法,是学生发展证据推理、科学探究、宏微结合等化学学科核心素养的重要知识载体。

(1)能结合自己的已学知识与生活经验,推测出影响化学反应速率的因素,知道影响化学反应速率的内因和外因。

(2)通过自主设计实验方案并进行实验探究,分析外界条件对化学反应速率所产生的影响,明确知道反应物颗粒大小、浓度、温度、催化剂、压强等因素对化学反应速率的影响,发展科学探究与创新意识的学科核心素养。

(3)通过选择实验对象、设计实验思路并进行实验操作,提升科学探究能力和小组合作能力,体验科学研究的一般方法,学会运用控制变量法这一重要方法研究化学反应,归纳出相关结论。

---

[1] 中华人民共和国教育部.普通高中化学课程标准(2017年版2020年修订)[S].北京: 人民教育出版社,2020: 18, 33.

(4) 从微观层面出发，简单了解如何运用化学碰撞理论来解释外界条件对化学反应速率的影响，从宏观现象到微观本质，加深对化学反应的认识，培养宏观辨识与微观探析的学科核心素养。

四、教学流程

表 6-2-1

教学环节	教师教学行为	学生学习活动	设 计 意 图
1. 推测影响化学反应速率的因素	(1) 展示泡腾片反应 (2) 提供前一课时 Na、Mg 分别与水反应的实例	(1) 观察现象，初步感受温度对化学反应速率的影响 (2) 意识到影响速率的因素有内因和外因 (3) 对可能影响化学反应速率的因素进行推测	基于学生熟悉的生活实例，引发学生兴趣和思考，让学生初步回忆起或是认识到温度是影响化学反应速率的一个因素，引出课题。 调动学生的已有知识，加之合理的猜测，对影响化学反应速率的可能因素进行初步猜测。 为接下来的实验探究任务完成"提出假设"环节。
2. 确定研究对象与实验方法	(1) 展示不同化学反应所需的时间跨度 (2) 提问如何针对多种因素进行研究	(1) 讨论适合进行课堂探究的化学反应需满足的特点 (2) 讨论研究各种因素的基本实验方法	通过比较和讨论，引导学生明确在研究化学反应速率时选择研究对象的依据。 学生在初中已经初步学习过控制变量法，此处可以明确本课实验探究的核心思想方法是"控制变量"，便于学生在下一环节更顺利地进行实验设计从而得出较完善的结论。
3. 实验探究影响化学反应速率的因素	(1) 演示双氧水分解实验 (2) 提供两个化学反应和一些实验药品 (3) 引导学生对结果进行讨论，以及有何不足或改进之处	(1) 感受控制变量法和对比实验 (2) 自主设计实验方案对影响化学反应速率的因素进行探究 (3) 交流讨论实验结果和结论	教师示范催化剂对化学反应速率的影响，一方面双氧水的分解反应学生在初中已经详细学过，没有必要再进行学生实验，另一方面给学生接下来进行自主实验探究提供示例。 通过对老师给出的化学反应进行讨论，引导学生得出比较快慢的判断标志。

续 表

教学环节	教师教学行为	学生学习活动	设 计 意 图
	(4) 演示硫化氢和二氧化硫的气相实验		培养学生科学探究和证据推理的核心素养。引导学生完整体验并完成科学研究的一般过程,即"提出问题→作出假设→选择研究对象→设计实验→进行实验→观察和记录现象→得出结论"。
4. 微观探析影响化学反应速率的因素	(1) 引导学生从宏观实验走向微观探析 (2) 微观动画演示	(1) 自主阅读化学碰撞理论的简介 (2) 观察或画出微观示意图	理论与实验相结合,微观分析与宏观实验相结合,便于学生更好地理解外界因素对化学反应速率的影响,并落实"宏观辨识与微观探析"的化学核心素养。
5. 生活中的化学反应速率	展示生活实例	联系生活中化学反应速率的调控	将所学知识联系实际,学以致用,增加学生的学习兴趣,引导学生多关注与化学相关的生活问题。
6. 课堂总结	总结		从知识(影响化学反应速率的因素)和方法(实验探究+控制变量)两方面进行课堂总结。

五、教学实录

环节1 推测影响化学反应速率的因素

情境引入

展示 两杯水(一冷一热)、泡腾片;泡腾片的配料表(乳糖、柠檬酸、碳酸氢钠、维生素C、山梨糖醇、食用香精……)

学生 随机邀请两位学生上台,各自将一片泡腾片投入水中,并观察现象。

教师 泡腾片放入水中产生气泡其实是其成分中的有机酸和碳酸氢钠发生了反应,产生 CO_2 气体。
学生 迅速意识到,是水的温度(冷热)影响了泡腾片化学反应的快慢。

问题提出
教师 提高温度可以加快化学反应速率。那么是不是所有的化学反应都有这样的规律?还有哪些因素可以影响化学反应速率呢?

师生活动
教师 回顾前一课时中 Na、Mg 分别与水反应的实例,同时向学生们明确本节课的重点在于研究外因。
学生 调动已有知识,对影响化学反应速率的外部因素进行推测。

环节 2　确定研究对象与实验方法

情境引入
展示 图片(汽车安全气囊、树叶颜色的变化、火箭发射升空、食物的腐败、石油的形成)。

问题提出
教师 化学反应短则几秒钟,长则数百万年,什么样的化学反应适合作为研究对象进行课堂探究呢?

师生活动
学生 比较和讨论。
总结 作为研究对象的化学反应总体上需具备这些特点:有明显的实验现象且易于观察;反应速率适中且便于调控;安全、无污染、操作方便……

问题提出

教师 既然影响化学反应的外界因素多种多样,那么我们应该如何考察某一个因素对于化学反应速率的影响?

师生活动

学生 回答:控制变量法(做对比实验;控制其他因素不变;只改变一个条件)。

环节3 实验探究影响化学反应速率的因素

情境引入

演示 双氧水分解实验(学生在初中化学已经对此反应相当熟悉)

问题提出

教师 老师要探究的外部影响因素是什么?需要控制哪些变量?

师生活动

学生 回答:研究催化剂对反应速率的影响。一组不加催化剂,一组加入催化剂;需要控制双氧水的质量和浓度相同;除了催化剂以外其他条件都要相同。

教师 同学们在自己设计实验方案时也需要遵循控制变量法,注意科学性和严谨性。

展示 展示以下化学方程式:

① $CaCO_3 + 2HCl == CaCl_2 + H_2O + CO_2\uparrow$;② $Na_2S_2O_3 + 2HCl == S\downarrow + SO_2\uparrow + 2NaCl + H_2O$(由于$SO_2$在水中溶解度较大,很难观察到明显的气泡)

学生 以小组为单位进行实验操作,并记录实验报告。

教师 邀请小组代表进行汇报交流。

学生1 我们小组选择了大理石和稀盐酸的反应,分别研究了大理石颗粒大小、盐酸浓度和温度对这个反应的速率的影响。

(1) 取两支试管,分别加入块状和粉末状大理石,再分别加入等体积等浓度(0.2 mol/L)的盐酸,发现盛有粉末状大理石的试管中产生气泡的速率明显更快。

结论是：固体颗粒越小，反应速率越快。

（2）取两支试管，分别加入相同的块状大理石（因为没有天平，我们只能依靠目测大理石的大小近似相等），再分别加入等体积的 2 mol/L 盐酸和 0.2 mol/L 盐酸，发现盐酸浓度大的试管中产生气泡的速率明显更快。结论是：盐酸浓度越大，反应速率越快。

（3）为了节约试管和药品，我们把上一个实验中盛有块状大理石和 2 mol/L 盐酸的试管又浸入了热水浴中，发现产生气泡的速率比在空气中快了不少。结论是：温度越高，反应速率越快。

教师　这个小组很厉害，利用了一个反应探究了三种因素对于化学反应速率的影响。我们一起来讨论分析一下他们的方案有没有漏洞？

学生2　在他们的第1组实验中没有控制块状和粉末状大理石的质量相等，没有完全做到控制变量。

学生3　我们使用相同的盐酸分别和1块较大的、1块稍小的块状大理石反应，感觉产生气泡的速率差不多。所以可能大理石本身质量的多少是不影响反应速率的。

教师　这两位同学注意到了大理石的质量这一变量。那么我们确实可以通过更精确的定量测定得出：大理石本身的质量不影响化学反应速率。

学生4　加入第二个反应物应保证在同一时间加入，一个同学操作难免会有先后，最好是由2位同学合作完成。这样的结果更精确。

教师　这样我们就控制了时间相同，在相同时间内产生气体的多少可以反映出化学反应的速率。

学生5　他们的第3组实验不够严谨，待试管放入热水浴中，大理石和盐酸已经反应了一段时间，反应物的浓度已经发生变化了。

教师　确实如此。他们也说是为了节约药品，担心给的试管不够用，临时想出的方案。大家思考一下，如果我们确实发现试管浸入热水浴中产生气泡的速率明显快了很多，能够说明什么问题呢？

学生6　反应了一会儿才放入热水浴中，盐酸已经消耗了一些，浓度降低，应该是速率要减慢的，但如果反应速率明显比之前快，说明在这个情况下升高温度对反应速率的影响程度更大一些。

学生7 我们小组研究了第一个反应中盐酸浓度对反应速率的影响,以及第二个反应中硫代硫酸钠溶液和盐酸的浓度分别对反应速率的影响。第一个反应主要是看产生气泡的快慢,结论和刚刚隔壁小组一样——在其他条件相同时,反应物浓度越大,反应速率越快。第二个反应主要是通过秒表计时,比较硫代硫酸钠和盐酸混合后溶液中开始出现淡黄色浑浊所需的时间。很明显,也符合反应物浓度越大,反应速率越快。但是这个反应总体上感觉没有大理石和稀盐酸那么迅速。

教师 不同反应的速率差异正体现了反应物本身的性质是决定化学反应速率的内因,是本质原因。关于硫代硫酸钠与盐酸的反应,大家可以打开教材,看看书上比较这个反应快慢的方法(烧杯侧面粘上写有"X"的纸,记录直到"X"看不清时所需的时间)。这个简单的改进方法能够尽量减少不同人对于溶液浑浊判断的误差。

演示 $2H_2S + SO_2 =\!=\!= 2H_2O + 3S$

现象 压缩注射器后,淡黄色固体出现得更快。

学生 直观感受压强对于有气体参加的反应的速率影响。

总结 归纳影响化学反应速率的因素。

环节4 微观探析影响化学反应速率的因素

情境引入

展示 "化学反应碰撞理论"简介

问题提出

教师 增大浓度、增加压强、升高温度、加入催化剂……为什么改变这些外界因素能影响化学反应速率呢?能否从微观层面上进行分析和解释?

师生活动

学生 自主阅读拓展材料并交流。

教师 微观动画演示。

环节 5　生活中的化学反应速率

教师　能否运用今天所学知识，联系实际，举出生活中调控化学反应速率的实例？

学生　冰箱保存食物；真空包装；金属制品表面刷保护漆；加酶洗衣粉。

小结　我们感受到化学反应速率的调控在实际生产生活中有重要的应用，根据需求来控制反应速率，利用化学更好地为我们的生活服务。

环节 6　课堂总结

总结　本节课运用"控制变量法"实验探究了"影响化学反应速率的因素"，遵循了"提出问题→作出假设→选择研究对象→设计实验→进行实验→观察和记录现象→得出结论"这样的流程，同时这也是科学探究的一般方法，希望同学们能够应用到其他问题、其他学科的探究上去。

事实上，还有很多其他的因素或条件也会影响化学反应速率，比如光、超声波、激光、放射线、电磁波和溶剂等等。感兴趣的同学可以课后查找相关的资料。

六、教学效果与反思

总体来说，课堂教学基本达到预期效果。在实验探究过程中加入"确定研究对象与实验方法"环节，同时提出开放问题，在给定的实验用品条件下，鼓励学生自由思考，自主设计实验探究方案并进行操作，事先不限定学生的研究顺序，也不限定反应和影响因素之间的对应关系。这样能够让学生完整地体验科学探究的一般过程，提高学生探索兴趣、锻炼思维能力、尊重创新意识。

对于一些课堂细节进行反思，具体如下：

（1）学生动手实验操作不规范，这可能与平时进行的训练较少有关。在以后的日常教学中，还是要加强实验教学。

（2）由于教室现场和实验室药品的条件限制，作为研究对象的化学反应和药品偏少,自主发挥的空间不够大,可以再引入 1—2 个反应开放给学生进行实验。

(3)限于课堂时间,微观探析部分的教学环节时间偏短,学生的理解不够深入,如果是选择化学作为等级考的学生,可以考虑将这块内容划分或整合为另一个课时的教学内容,对应"选择性必修 1"中的相关内容。

(撰稿者:上海交通大学附属中学闵行分校　孟祥申)

实践智慧 6-3　核心理论：海水晒盐

海水晒盐，顾名思义，大致就能想到这节课所教授的内容。"蒸发结晶"四个字就能涵盖海水晒盐的基本原理，但仅仅通过蒸发结晶是无法得到氯碱工业中所需要的食盐的，看似简单的内容要丰富其内涵却是困难的；在简单的主题下要给学生带来更多的收获，也是不容易的。倘若要达到这样的效果，就需要从教、学两方面下苦功，在学生原有知识结构上通过深度反思进行教学设计，给予学生一定深度和广度的思考，将点状知识体系化，从而培育学生的学科核心素养。

一、教材学情分析

海水晒盐是 2021 年启用的沪科版《普通高中教科书化学必修第一册》第二章"海洋中的卤素资源"的开篇，在教材中起到了承上启下的作用。一方面，使第一章第三节所学的物质分离提纯的方法得到了具体的实践机会，巩固了已学知识；另一方面，拓展深化学生认识，了解从自然界中提取化学资源的思路，以及化学与生产生活的联系。其中的粗盐提纯实验是课程标准中规定的必做实验，该实验的目的是巩固物质分离提纯的思路、方法和实验技能，发展实验方案设计能力。通过加入试剂的种类、顺序、用量三个问题，引导学生思考方案设计时应考虑的问题，为学生提供解决分离提纯物质问题方法和思路的启示。

粗盐提纯是学生在初中阶段便已学习过的内容，在中考复习的强化中，学生对食盐提取的原理、杂质的去除原理和操作有了较为清晰的认识，但由于初中化学的学习并未涉及微观领域，且学生的微粒观尚未建立，故对粗盐提纯的认识仅是基于宏观的物质层面的。在经过高中衔接课程的学习后，学生接触到了微观粒子，认知从宏观引向微观，物质引向离子，提高学生思维深度，这在学生的思维上是个很大的跨越和进步。

二、单元教学助力理论演进实施

"海水晒盐"是教材2.1的开篇，若直接按照教材编写顺序教授，可视作是对1.3"化学中常用的实验方法"学习的拓展应用，但由于学生只是初步形成了物质是由微粒构成的认知，尚未形成粗盐提纯中物质间的反应本质是离子反应的概念，且无法认识到食盐在化工行业中重要地位，这样的学习是浅层的，且容易将其变成初中粗盐提纯的枯燥重复。故在第二章的单元教学设计中，将原本2.1的"海水晒盐"调整到2.2"离子反应"之后，学生在经过1.3和2.2的学习后，有足够的知识储备将相对独立的微粒概念和离子反应进行综合应用，有利于从离子反应层面深挖粗盐提纯的原理方法，避免了粗盐提纯与初中内容的重复，有利于学生在初步建立微粒观的认知下，将粗盐提纯时的思维方式，从除杂质转变为除离子，且经过氯碱工业的学习，也能深刻体会到食盐在生活生产中的重要作用。通过这样的单元教学顺序重排，符合学生学习知识的逻辑线，在后续知识的学习过程中，能不断强化之前所学知识，在不断深挖应用的过程中完成知识技能的演进发展。

该主题与"科学精神与社会责任"核心素养的融合体现在让学生能从成本、除杂效果和安全性等方面评价和优化实验方案，能理解并分析历史和工业上食盐精制的方案；能体会盐对人体健康、社会发展的重要性，认识历史上盐和制盐技术的重要地位以及我国在制盐方面的成就。

在学习过程中的实际应用体现在能利用典型代表物的性质和反应，设计常见物质分离、提纯、检验等简单任务的方案；能从原料、操作、成本等多角度对方案进行评价、反思和完善；能考虑多种离子反应间的相互影响。

课堂教学体现的学科观念包括微粒观：从离子的角度认识物质及变化；变化观：离子的来龙去脉，变与不变，变化的利用；系统观：多离子间的反应，定量，顺序与调控。

三、基于学业要求的教学目标确立

明确了"海水晒盐"在整个单元教学中的地位与作用后,参照课标的学业要求包含以下几点:

1. 课标要求

(1) 能从离子反应等视角对化学变化进行分类研究,运用认知模型揭示化学现象,揭示变化的本质和规律;会运用离子方程式等表征离子反应。

(2) 通过粗盐提纯、离子反应实质等认识化学实验是研究和学习物质及其变化的基本方法。

(3) 解释实际生产生活中的化学问题,了解依据物质性质及其变化规律综合开发和利用卤素资源的方法。能有意识运用所学的知识或寻求相关证据参与社会性议题的讨论。

(4) 具有较强的问题意识,能提出化学探究问题,能做出预测和假设。能依据实验目的和假设,设计解决简单问题的实验方案,能对实验方案进行评价。

基于对学业要求的分析,设计相关教学活动并确定了本堂课的教学目标、评价目标及教学的重难点。

2. 教学目标

(1) 知道海水中提取食盐的方法,通过数据分析,理解制盐生产中卤水密度控制范围的原因,提升科学探究和创新意识的核心素养发展水平。

(2) 通过粗盐提纯初步学会物质分离提纯的一般方法,体验分离提纯方案的一般设计,提升证据推理和模型认知的核心素养发展水平。

(3) 通过离子沉淀的方法,理解从粗盐中除去可溶性离子反应的本质是离子反应,初步建立起物质世界的微粒观,提升宏观辨识与微观探析的核心素养发展水平。

(4) 通过离子交换柱的应用,感受化学学科在生活中的应用价值,提升科学意识和社会责任的核心素养发展水平。

3. 评价目标

(1) 通过离子沉淀的方法,描述粗盐提纯中去除可溶性杂质的实验方案,交流与点评,诊断并发展学生实验探究的水平。

(2) 通过将所学的知识运用于生产、生活实践中,形成化学知识应用于解决实际问题的意识。

(3) 通过离子交换柱中的应用,诊断学生对化学知识的迁移能力。

4. 教学重难点

重点：通过粗盐提纯的一般方法,理解除去可溶性杂质离子的反应本质是离子反应。

难点：通过数据分析制盐生产中卤水密度的控制。

知识是能力的载体,学习知识的过程也是方法形成的过程。本节课通过粗盐提纯过程中如何除去杂质这一真实问题情境,从数据模型的分析、杂质微粒的确定、除杂方案的分析、离子反应的应用等板块,一步步循序渐进地强化粗盐提纯的本质是溶液中的离子反应的概念,为学生进一步建立微粒观打下基础。从一开始的海水晒盐视频造成学生的认知冲突,到体验提出问题、分析问题、解决问题的化学学科研究的一般方法,使学生能够在旧知识的推演过程中,自然得出新知识。在氯碱工业的学习中学生已经明白了氯化钠在化工生产中的重要作用,但却不了解要获得纯净的氯化钠,整个过程中也是充满着化学知识的综合应用的,不同于初中粗盐提纯的宏观视角,本节课深挖粗盐提纯中微观反应机理,为日后的化学学习建立微粒观的基础,并通过宏微结合、数据分析、模型认知等教学设计培养学科核心素养。这是设计教学目标和评价目标的依据。

海水晒盐,由粗盐制得精盐,宏观物质层面的反应在物质的分离和提纯中已经有论述,并在配套练习部分有完整的粗盐提纯的探究。在第二章的学习中开始涉及物质的电离以及离子反应,将这节内容安排在第二章第二节之后学习,就是为了让学生对于粗盐提纯的认知不再局限于宏观层面,而是聚焦于微观的离子反应领域,在思维上迈出跨越的一步。这是这节课重点确定的依据。

通过抽象的数据表格,学生很难直观地分析出究竟让卤水在哪个密度范围内能更好地析出食盐,通过引导学生进行数据计算、解读和图表转换,学生能够较直观地了解究竟在哪个范围内更合理,也为之后的生产成本比较作了铺垫。故将通过数据来分析问题确立为这节课的难点。

四、境脉教学设计促理论强化与演进

根据设定的教学目标及教学重难点,将整节课分为盐田法、海水制粗盐、粗盐制精盐、离子交换柱的应用、自贡井盐的生产 5 个真实情境,通过海水制粗盐这一条明脉及离子互换反应这一暗脉,将整节课串联起来(图 6-3-1)。

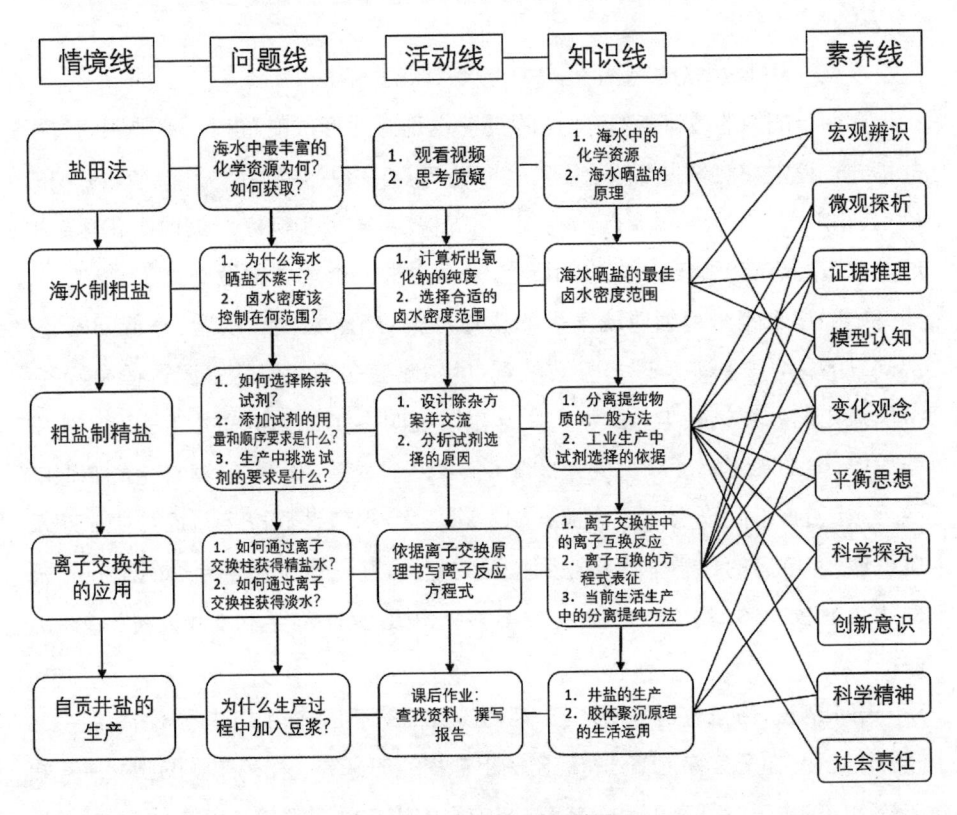

图 6-3-1 教学流程逻辑图

境脉教学的课堂中每个环节创设的情境各自独立,通过各环节相应的学习活动,强化学生的学科核心知识掌握。这些看似独立的情境之间,也是有层次递进的,通过海水制盐这一脉络的串联,各情境间不仅有制盐纯度上的递进,还有技术发展上的递进,此外还有学生掌握知识技能上难度的递进。从一开始海水晒盐的知其然,到粗盐制精盐的知其所以然,到离子交换原理的进一步运用,到最终拓展作业中人文与科技,理论与现实的渗透,在蒸发结晶的核心理论基础上,进一步深化发展海水晒盐的知识体系。

各环节的情境创设与设计意图如下:

环节一: 了解盐田法,通过观看热门剧集《老广的味道》中的海水晒盐,将海水晒盐具象化,引发学生学习热情,通过视频介绍创设问题情境,"海水晒盐为什么收盐要控制在上午9点前?为什么海水并未蒸干?若海水不蒸干,那蒸发要到什么程度?"让学生对原有的知识体系产生逐步探求真相的内驱动力。

环节二: 通过数据分析卤水密度的控制范围,引导学生学会分析较为抽象的数据表格(图6-3-2),从中了解如何准确判定析出的 NaCl 的含量;尝试逆向思维判定是否需要蒸干海水;学会数形结合分析问题,将数字转化为图象,便于从图象上直接获取结论(图6-3-3),从而得出卤水密度控制的最佳范围。通过对不同溶解度析出物质的确定,为之后逐步去除可溶性杂质作铺垫,明确杂质种类有助于除杂试剂的选择。

思考:为什么不把海水蒸干呢?(请从析出 NaCl 的质量分数角度考虑)

1L海水浓缩过程中析出盐的种类和质量(g)

海水密度(g/mL)	CaSO$_4$	NaCl	MgCl$_2$	MgSO$_4$	NaBr	析出NaCl的质量分数
1.13	0.56					
1.20	0.91					
1.21	0.05	3.26	0.004	0.008		0.981
1.22	0.015	9.65	0.01	0.04		0.993
1.26	0.01	2.64	0.02	0.02	0.04	0.967
1.31		1.4	0.54	0.03	0.06	0.690
1L海水中所含各种盐类的总量(g)	1.75	29.7	3.32	2.48	0.55	0.7857

图6-3-2 1L海水浓缩过程中析出盐的种类和质量

环节三: 粗盐提纯的方案设计,通过粗盐杂质分析,复习回忆初中粗盐提纯实验过程;联系电解质电离,明确粗盐提纯过程中的化学反应是离子反应;明确除杂操作的基本原则:需要加入过量试剂,且不引入新的杂质;通过除杂流程图例(图6-3-4)的学习,学生能尝试着将自己的方案用流程图表示出来;学会分析不同实验方案的可行性,并选择较为合理的方案。

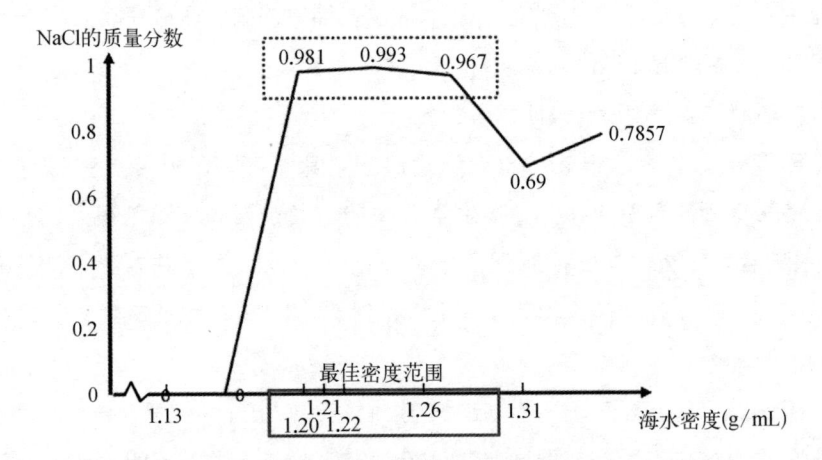

图 6-3-3　海水密度与析出 NaCl 的质量分数关系图

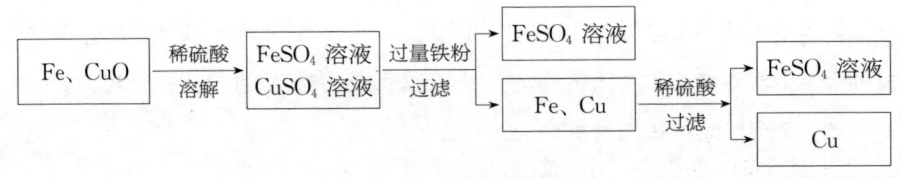

图 6-3-4　除杂流程图例

通过方案展示及比较，确定完除杂流程方案后，进一步提出为何工业上使用 BaCl$_2$ 与 NaOH 组合的方案，而不直接用 Ba(OH)$_2$ 来除去杂质离子。学生基于电离与离子反应的基本原理，判断氢氧化钡、氢氧化钠和氯化钡这两种实验方案的区别与可替代性，通过给出的各化工原料的成本（图 6-3-5）定量计算和使用成本，对两个方案进行详细比较，了解到工业生产过程除了要考虑反应原理，同样也需要考虑生产工序及生产成本等多种因素。

环节四： 在了解了当下常用的除杂离子手段后，引出离子交换树脂的新技术，依照离子交换树脂的示意图（图 6-3-6），示范书写离子交换树脂的反应原理，学生举一反三。通过辩证思维，思考如何将此技术用于海水淡化，拓展海水淡化只能通过蒸馏的认知，并引出此技术的应用场景，体现出化学技术在现代生活各方面的重要地位，也让学生能够了解到南海守礁官兵的艰苦生活环境，感受子弟兵的爱国主义精神。

环节五： 了解自贡井盐，作业设计围绕制盐这一主题，深化除杂概念。选

请根据以下各化工原料的价格，为工业生产选择更为经济的除杂方案

化工原料名	BaCl$_2$·2H$_2$O	Ba(OH)$_2$·8H$_2$O	Na$_2$CO$_3$	NaOH	31%HCl
价格(元/吨)	3500	7900	1400	2200	1500
折算(元/mol)	0.85	2.49	0.15	0.09	0.18

方案	除杂试剂用量，单位：mol				成本(元)
1	BaCl$_2$ >1.12	Na$_2$CO$_3$ >0.55	NaOH >1.86	HCl >0	>1.20
2	Ba(OH)$_2$ >1.12	Na$_2$CO$_3$ >0.55	HCl >0.38		>2.93

图6-3-5 化工原料成本

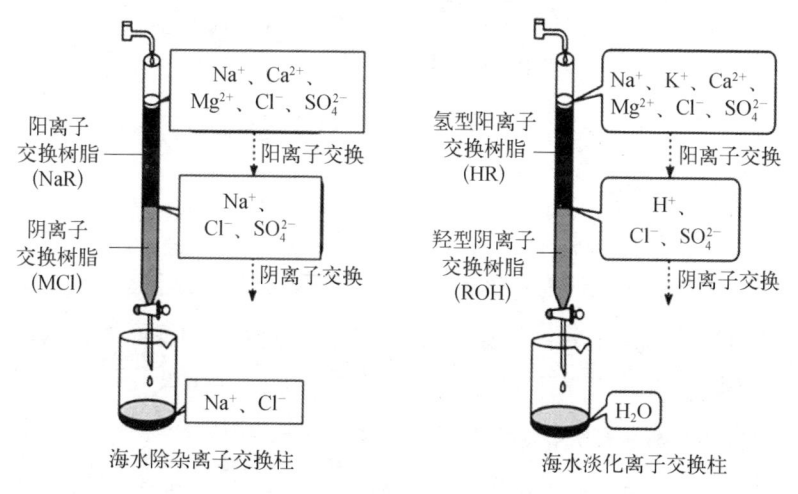

图6-3-6 离子交换树脂示意图

用2000多年历史的自贡井盐生产的画像砖（图6-3-7），往其中泼洒豆浆这一特殊技法，了解到卤水点豆腐这一化学原理，反证了胶体聚沉现象的发生。并能进一步了解到我国是最早使用天然气的国家之一，体会我国先民的聪明智慧，提升民族自豪与认同感。

五、课堂实录（环节三）

引导 我们把海水蒸发，得到的只是粗盐，而工业上，比如之前学习的氯碱工业，

第六章 境脉教学有深度反思 239

图 6-3-7　自贡井盐生产画像砖

需要的是大量的精盐。

提问　粗盐中的杂质如何去除呢？

回答　过滤。

追问　对，通过过滤这样的物理方法可以去除泥沙这样的难溶性杂质，那可溶性杂质呢？（板书推导）

回答　可以通过加试剂形成沉淀。

过渡　那是不是应该先确定是什么可溶性杂质才能对症下药呢？根据刚才的表格，可以判断有哪些可溶性杂质呢？

回答　硫酸钙、氯化镁、硫酸镁。

追问　我们之前学习过电解质的电离，那这些杂质在溶液中是以何种形式存在的？

回答　以离子的形式存在。

讲述　没错，根据我们之前所学，它们都属于强电解质，在溶液中能完全电离成离子，所以真正的杂质离子是钙离子、镁离子、硫酸根离子。

学生活动　那么请大家按照实验流程图的示例，结合初中所学，画出实验室从粗盐中提取精盐的流程图。箭头的上方填写添加的试剂，下方是实验的操作。

示例：从氧化铜和铁的混合粉末中提取铜。

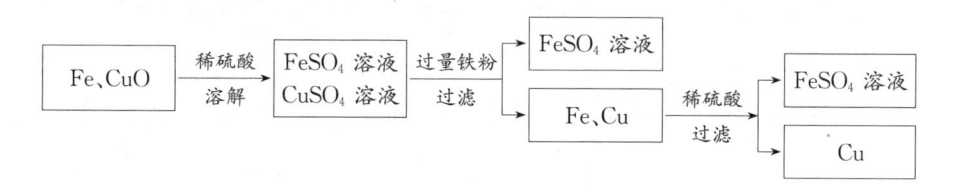

Fe、CuO —稀硫酸溶解→ FeSO₄溶液 / CuSO₄溶液 —过量铁粉过滤→ FeSO₄溶液 / Fe、Cu —稀硫酸过滤→ FeSO₄溶液 / Cu

投影 学生的流程图。

讲述 请××同学介绍下他的方案设计思路。

展示 学生介绍设计思路。

小结 我们可以看到,在这里加入氢氧化钠溶液是为了除去镁离子,加入氯化钡溶液是为了除去硫酸根离子,加入碳酸钠溶液是为了除去钙离子和钡离子。

追问 那为什么不用氢氧化钾呢？

回答 为了不引入新的杂质。

追问 很好,所以我们这里用的都是钠和氯的化合物。那么滴加离子的顺序可不可以互换？

回答 可以,只要让碳酸根在钡离子之后加入就可以了,盐酸放最后。

引导 为什么呢？如何确保杂质离子被除尽？我们看到这里你写了过量的××溶液,为什么要过量呢？

回答 过量的离子能确保杂质去除完全,碳酸根放在钡离子之后加,可以去除之前加入的过量的钡离子。最后加盐酸可以去除多余的氢氧根和碳酸根。

追问 怎么确保加入的试剂已经过量了呢？

回答 继续往里加,一直加到不再产生沉淀为止。

讲述 好的,刚才××同学为我们介绍了他的方案,其他同学还有不同方案么？

六、教学建议

学生们都知道人的生命活动离不开食盐,但却对食盐在化工行业中的重要地位没有概念。故在第二单元的单元教学设计中,将原本2.1的海水晒盐调整到2.2之后进行教学,有助于学生在初步建立微粒观的认知下,将粗盐提纯时的思维方式,从"除杂质"转变为"除离子",且经过氯碱工业的学习,也能深刻体会到食盐在生活生产中的重要作用。从而建议的学习顺序为电解质的电离、氯碱工业、海水中的氯、卤素、海水制盐与淡化。通过粗盐提纯过程的学习,归纳总结物质分离提纯操作中所需要注重的要点。

(撰稿者:上海理工大学附属中学　潘志刚)

第七章
境脉教学有评价反馈

　　境脉教学倡导"教、学、评"一体化,将评价渗透到教学设计的每个环节,把握每个情境的引入,教学各环节之间的衔接,把素养导向课时评价目标与单元学习目标整合,综合定性评价和定量评价,关注学生的学习过程,在不同的教学环节中贯穿不同的评价目标,通过持续的形成性评价促进学生学科核心素养的发展。通过多水平的评价,定性、定量诊断学生学习的成效,是教学反馈的有效方法之一。

化学课堂境脉指教师根据教学目标,选择真实有效的情境,从中衍生出相关的活动和问题,以引起学生的情感认知,帮助学生构建化学知识体系,形成自己的理解。基于真实的生活情境和学科情境是静脉教学的出发点,在课堂境脉中将情境线索、活动线索、知识线索、素养线索有机融合,培养化学学科核心素养[1]。境脉教学的特点是将学习内容知识嵌入一系列创设的真实情境中,让学生宛如身临其境,在活动中运用知识实现问题的解决,这个过程就需要教师在创设真实情境时做好充分的准备,情境在学校学习与日常生活之间连接了一条通道,即日常生活中的一些实际方法可以上升到书本中的理论学习,而且学校学习的知识也能够回归到现实生活的应用。

教师在教学设计中应当考虑学生对外界事物的认识、判断、评价的能力和知识结构,根据学生的需求而创设境脉。根据教、学、评一体化理念,教学评一体化并不是只看终结性评价,而是课堂中的形成性评价和表现性评价也参与其中,并不是将学生的学习成功的表现展示在课堂上,而是通过在问题情境和活动探究中,学生出现卡顿的时候,教师通过学生的反馈可以大概了解学生对知识的掌握情况,在思考问题的时候有哪些方面把握不足,再对学生进行有针对性的讲解和引导,最终达成预期的效果。形成性评价,也叫过程性评价,是相对于终结性评价的一种基于学习过程的评价。终结性评价以评分和判断是否达标为目的,侧重学习者之间的相互比较;形成性评价更加关注学习过程,以促进学生学习并提升学生自我调节学习能力为目标[2]。

形成性评价强调"在教学过程中即时、动态、多次地对学生学习实施评价,注重及时反馈,并用以强化和改进学生的学习"[3]。形成性评价是为了改进的评价,在评价时重视师生间的沟通反馈,以学生的学习效果调整教师的教和促进学生的学,以提高教学过程的有效性,促进教学目标的达成。

---

[1] 龙娇.境脉视域下中学化学课堂教学实践研究[D].昆明:云南师范大学,2021.
[2] Broadbent. J, Panader. O E, Boud. D, Assessment & Evaluation in Higher Education, 2019, 43(2): 307-322.
[3] 赵德成.教学中的形成性评价:是什么及如何推进[J].教育科学研究,2013(03): 47-51.

一、指向教学目标,落实学习任务

泰勒说过,评价的目的在于了解这些教育目标实际上实现得怎么样[1]。因此,评价目标是以教学目标为基础制定的。教学目标与评价目标一体化,即教师要保证课堂所教内容即所评价内容。以"教、学、评"一体化为指导思想的课堂教学,是指教师在备课时根据教学内容制定相关评价目标。教学目标要求学生达到哪些目标,就要评价学生有没有达到这些目标。以新课程标准为基础设计教学目标,并基于教学目标设计评价目标。制定评价目标(如图7-0-1),对整个课堂教学中学生所要达到的状态也有了一定的标准,为后续的课堂教学作了铺垫。

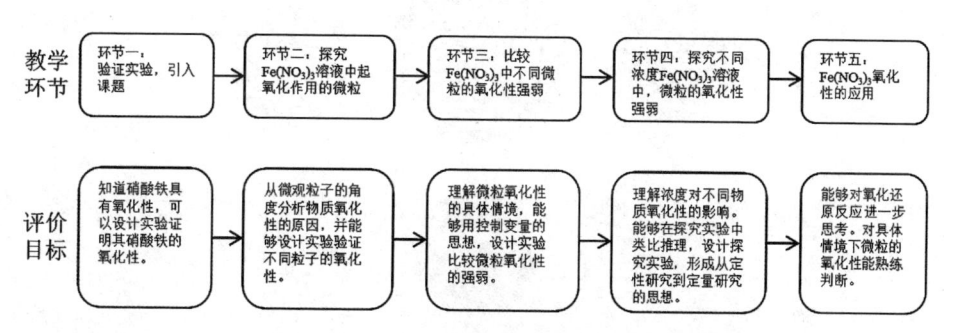

教学环节	环节一,验证实验,引入课题	环节二,探究Fe(NO₃)₃溶液中起氧化作用的微粒	环节三,比较Fe(NO₃)₃中不同微粒的氧化性强弱	环节四,探究不同浓度Fe(NO₃)₃溶液中,微粒的氧化性强弱	环节五,Fe(NO₃)₃氧化性的应用
评价目标	知道硝酸铁具有氧化性,可以设计实验证明其硝酸铁的氧化性。	从微观粒子的角度分析物质氧化性的原因,并能够设计实验验证不同粒子的氧化性。	理解微粒氧化性的具体情境,能够用控制变量的思想,设计实验比较微粒氧化性的强弱。	理解浓度对不同物质氧化性的影响。能在探究实验中类比推理,设计探究实验,形成从定性研究到定量研究的思想。	能够对氧化还原反应进一步思考。对具体情境下微粒的氧化性能熟练判断。

图 7-0-1 "探秘 Fe(NO₃)₃溶液中微粒的氧化性"教学环节与评价目标

目标的落实离不开教学情境,也需要丰富的学习活动和任务,在"探秘Fe(NO₃)₃溶液中微粒的氧化性"一课中,笔者根据教学目标和评价目标设计了以下教学情境和学习活动(如图7-0-2)。

通过教学环节的各项学习活动,同学们从发现物质的氧化性、检验物质的氧化性,到探究微粒的氧化性、寻找更强的氧化性,深入思考具体情境中的氧化性,形成了一条探究元素化合物中氧化性的螺旋式上升之路(如图7-0-3)。

---

[1] 牛牧华.课程思政与专业思政研究[J].现代职业教育,2019(02): 2096-2106.

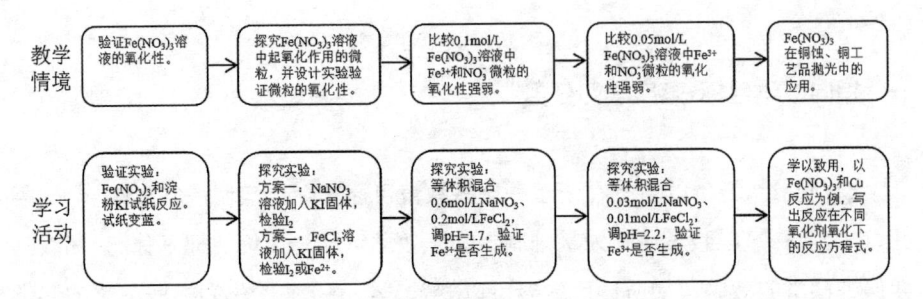

图 7-0-2 "探秘 Fe(NO$_3$)$_3$溶液中微粒的氧化性"教学情境与学习活动

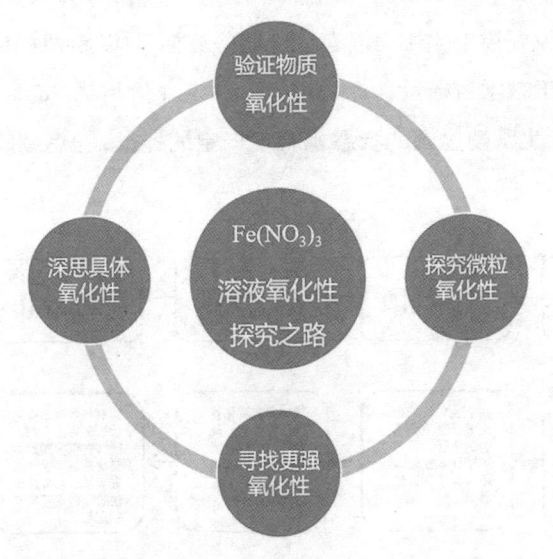

图 7-0-3 "探秘 Fe(NO$_3$)$_3$溶液中微粒的氧化性"教学逻辑顺序

二、关注学习过程,注重学习体验

"以学为中心"是时代的呼声,也是现代学校改革的落脚点。"以学为中心"的课堂教学评价标准是基于学生核心素养的教育目标,及以学生的学习效果为导向的教学评价。该教学评价指标关注课堂教学的客观结构与学生发展性学习的内在规律,能客观地反映学生课堂学习的状态和效果,对推进课堂教学改革、落实发展学生核心素养的教育目标具有重要意义[1]。笔者作为青年化学教师,工作的

---

[1] 陈俊杰."以学为中心"理念下化学教学设计灵感的获取与实践[J].化学教育,2019,40(21):32-36.

四年来,能较好地掌握学生的知识结构,但是对于学生的认知水平及需要的了解并不理想。所以在基于"境脉教学"理论的指导下,从学生已有认知出发,将知识与情境联系,将新知识与旧知识联系起来,转变学习方式,使学生更容易理解知识的含义以及运用知识。基于此,笔者在"探究$Fe(NO_3)_3$溶液中微粒的氧化性"一课中做了以下学情分析:

1. 学生的认知基础:高三学生在初中和高一上学期已接触了部分探究实验,学生熟悉实验探究流程,具备提出问题、做出假设、实验操作等基本的探究能力。通过对质量守恒定律、化学方程式的学习,熟悉"过量""少量""适量""一定量"等字眼,知晓任何化学反应的背后都存在着数量关系,形成了浅显的定量意识。已经具备氧化还原反应的判断、离子反应的书写、元素化合物基本性质、化学平衡移动等理论基础。

2. 学生学习障碍点分析:学生以往接触的实验大多是定性实验,我校在实验评价上只是浅显地考查学生的定性实验。学生在氧化还原反应、控制变量思想、定量实验等方面思维还有待突破。

3. 学生学习发展点的分析:通过本节课的学习,在化解一个个认知冲突之后,学生能够形成清晰的实验探究思路,形成科学的定量思想,提高分析问题和解决问题的能力,运用微粒观、平衡观、定量观等化学基本观点解决元素与实验的整合能力。

在学情分析的基础上,基于教学目标和评价目标设计教学。学生在课前的预习需要完成学案中"课前预习"部分,包括以下关键问题(如表7-0-1):

表7-0-1 "探秘$Fe(NO_3)_3$溶液中微粒的氧化性"中的关键问题、设计意图和评价目标

关 键 问 题	设计意图和评价目标
1. $FeCl_3$和KI反应的离子反应方程式	能够正确写出反应的离子方程式。知道铁离子的氧化性,碘离子的还原性。引导学生用淀粉检验碘单质来学习如何检验氧化还原反应的发生。
2. HNO_3和KI反应的离子反应方程式(两种情况:还原产物是NO或NO_2)	能够正确写出反应的离子方程式。巩固学生们对硝酸在氧化还原反应中还原产物多样性的认识。引导学生对于铁离子和硝酸的氧化性作对比和思考。

续 表

关 键 问 题	设计意图和评价目标
3. Fe(NO$_3$)$_3$溶液具有哪些化学性质，写出反应的方程式	通过开放性的问题，激发学生的思维。学生们可以从铁离子的氧化性、铁离子的检验、铁离子和碱溶液的反应、铁离子的水解（溶液的酸碱性）、硝酸根离子在酸性环境下的氧化性等多个角度展开思考，提高学生的开放性思维。
4. 海水提溴的原理是什么？该反应中，氧化性：_____剂＞_____产物，即_____＞_____（填物质化学式）	知道海水提溴的原理，说出实际反应中氧化剂的氧化性大于氧化产物。在学生们意识到氧还还原反应的多样性、复杂性的基础上，比较 Fe(NO$_3$)$_3$溶液中微粒的氧化性强弱，并对我们这节课所要探究的问题（教学环节三、四）有定性的认识。

学前预习的问题还包括"如何检验 Fe^{3+}？""如何检验 Fe^{2+}？""猜想：NaNO$_3$ 和 Fe(NO$_3$)$_3$哪种溶液具有氧化性？为什么？"等，其目的也是让学生从元素化合物、氧化还原反应原理等多个角度思考本节课的核心问题——Fe(NO$_3$)$_3$中到底有哪些氧化性微粒，如何检验这些氧化性微粒，如何比较微粒氧化性在复杂的氧化还原反应中的强弱，也是我们评价目标的核心。

三、定性定量结合，课时单元一体

我国课堂教学评价标准发展大体经历了"知识主导""思想主导""能力主导"和"素养指导"四个阶段。在这个发展过程中，评价理念不断趋向育人本质，评价内容日益全面细化，评价形式逐渐灵活有效。《普通高中化学课程标准（2017年版）》指出：针对教学实际问题，构建"素养为本"的课程实施建议，提供基于主题的教学策略、学习活动和情境素材建议，提高对教学实践的具体指导性。基于核心素养的教学评价，本节课的教学设计在各个环节不同学习活动基础上形成对学生核心素养发展的目标指向（如图7-0-4）。

课堂教学评价形式已不限于定量评价或定性评价，也在探索定量与定性的结合。境脉课堂中多情境、多活动的逻辑线索，可以在学习活动中更有效地体现学生的学习情况，通过学习表现来评价学习水平。在"探秘 Fe(NO$_3$)$_3$溶液中微粒的

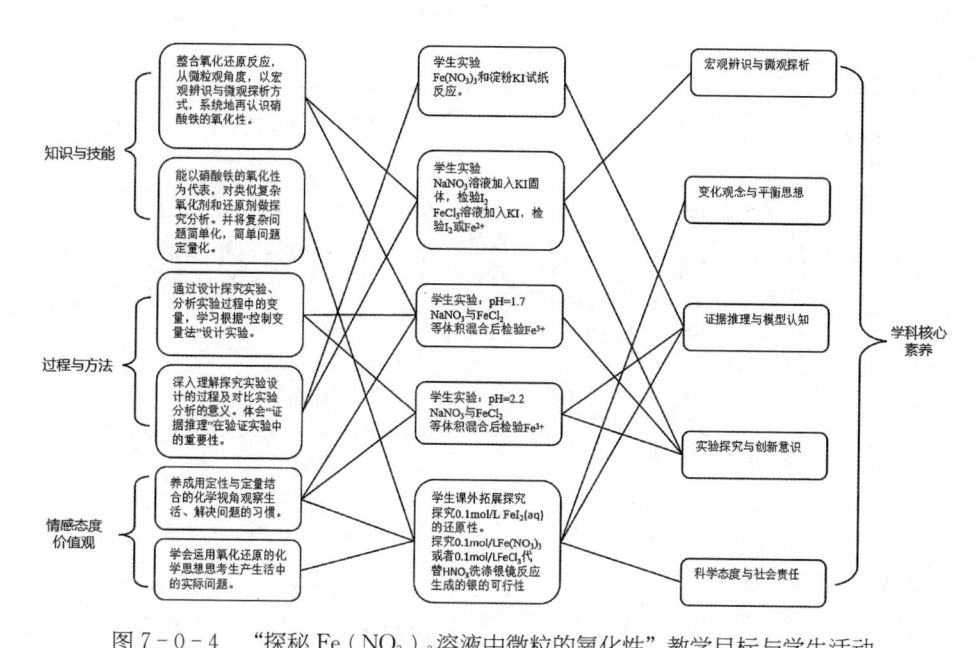

图 7-0-4 "探秘 Fe(NO₃)₃ 溶液中微粒的氧化性"教学目标与学生活动

氧化性"一课中，笔者设计了多水平的活动定性与定量评价目标，并对各个水平做了具体描述（见表 7-0-2）。

表 7-0-2 "探秘 Fe(NO₃)₃ 溶液中微粒的氧化性"多水平教学评价目标

活动评价	评 价 目 标	
	定 量 评 价	定 性 评 价
验证 Fe(NO₃)₃ 溶液的氧化性	水平一：不知道 Fe(NO₃)₃ 溶液具有氧化性。 水平二：知道 Fe(NO₃)₃ 溶液具有氧化性。能够写出 Fe(NO₃)₃ 作为氧化剂的氧化还原反应。 水平三：能根据反应原理，在控制变量的思想指导下设计验证实验，并描述实验现象，推导结论。	水平一：不知道 Fe(NO₃)₃ 溶液具有氧化性。 水平二：知道 Fe(NO₃)₃ 溶液具有氧化性。不会设计验证实验。 水平三：知道 Fe(NO₃)₃ 溶液具有氧化性，能够在控制变量的思想指导下设计验证实验。
判断 Fe(NO₃)₃ 中哪种微粒氧化了碘化钾	水平一：无法写出铁离子、硝酸分别与碘化钾反应的离子方程式。 水平二：知道硝酸还原产物的复杂性，只能设计出铁离子氧化性的验证实验。	水平一：不知道从离子反应的角度认识氧化还原反应。无法设计实验。 水平二：知道铁离子和硝酸的氧化性，但是不会设计实验。

第七章 境脉教学有评价反馈 249

续 表

活动评价	评价目标	
	定 量 评 价	定 性 评 价
	水平三：根据控制变量思想，控制pH、浓度变量，用等效替代的方法分别设计实验检验两种离子的氧化性，并完成实验报告。	水平三：理解铁离子和硝酸的氧化性。设计两种离子氧化性的对照实验。
比较 Fe(NO$_3$)$_3$ 溶液中微粒的氧化性	水平一：识记亚铁离子被硝酸氧化的离子方程式，得出"硝酸氧化性强于铁离子"的结论。 水平二：可以在控制变量思想指导下，控制溶液pH和氧化性微粒的浓度，得出pH=1.7时，0.3 mol/L的硝酸能氧化 0.1 mol/L Fe^{2+} 实验结论。 水平三：通过对照实验，得出浓度不同、pH不同时，溶液中微粒的氧化性强弱会有变化，打破硝酸能够氧化亚铁离子的原有认知。	水平一：对于物质氧化性的强弱的认识停留在记忆水平，不会通过实验比较氧化性强弱。 水平二：用硝酸和亚铁盐溶液的反应设计实验进行比较。得出硝酸氧化性大于铁离子的单一实验结论。 水平三：控制氧化性微粒的浓度、溶液的pH，设计实验。探究发现Fe(NO$_3$)$_3$ 中微粒的氧化性在不同条件下，强弱有所不同。
Fe(NO$_3$)$_3$ 溶液氧化性的应用	水平一：能写出氯化铁溶液腐蚀铜电路板的反应，但是对于新情境Fe(NO$_3$)$_3$ 抛光铜饰品不能理解。 水平二：理解铜饰品抛光中Fe(NO$_3$)$_3$ 做氧化剂，写出不同微粒做氧化剂时的离子反应方程式。 水平三：根据控制变量思想，设计对照实验比较不同pH、不同浓度时FeI$_2$溶液中微粒的还原性。并能总结高中阶段影响物质氧化性、还原性的其他因素。	水平一：不能理解铜和Fe(NO$_3$)$_3$ 溶液的反应。 水平二：知道铜可以和Fe(NO$_3$)$_3$ 反应，并思考反应中不同微粒作为氧化剂的情况。 水平三：能根据Fe(NO$_3$)$_3$ 溶液的氧化性知识的学习，设计实验验证并比较 0.1 mol/L FeI$_2$ 溶液中微粒的还原性。

然而不管是元素化合物，还是氧化还原反应的学习，基于控制变量法的探究实验不是一节课就能达到目标的。建构基于学科核心素养培养的结构化的教学单元，是课堂转型的核心，而学习情境创设、学习活动开展是有效地实施单元教学、落实学科核心素养培养的保证[1]。境脉教学的情境和脉络的设置能够真实

---

[1] 卢玉娇.高中化学必修部分单元教学设计及案例研究[D].扬州：扬州大学，2021.

地、系统地帮助同学理解学科中的问题[1]。笔者还基于元素化合物的氧化性与还原性做了单元教学设计。以"探秘 Fe(NO$_3$)$_3$ 溶液中微粒的氧化性"引入作为第一课时,课时设计如下(见表 7-0-3)。

表 7-0-3 "元素化合物的氧化还原反应"单元教学设计包含的课时设计

课时名称	1. 探秘 Fe(NO$_3$)$_3$ 溶液中微粒的氧化性
	2. 基于 DIS 探究实验培养学科核心素养:锌与氯化铁溶液的反应
	3. 氧化还原反应的生存之地——条件对氧化还原反应的影响

在形成性评价中,课时目标与整体单元教学目标要做到统一和呼应。在评价目标设计上,笔者基于学科核心素养,在五个学科核心素养下总共形成了 13 个单元教学目标以及 30 个课时教学目标,为了便于区分和统计,对各级教学目标进行了编号。这样设计的优点是将每个课时的教学目标都统一到了单元教学目标以及学科核心素养的落实上,经过统计可以清晰地认识到哪些素养或目标在本单元的教学过程中得到了充分的落实,同时也更清晰表示出在具体活动中达成了哪些基于核心素养的教学目标。例如在化学学科核心素养"证据推理与模型认知"下结合本单元的主题确定了"通过设计探究实验、分析实验过程中的变量,学习根据'控制变量法'设计实验"的单元教学目标(见表 7-0-4)。而在本单元的 3 个课时中,则结合不同教学内容层层推进、逐步落实了"形成'结构决定性质,性质决定用途'的观念"的单元教学目标(见表 7-0-5)。

这样的设计可以让同一个单元目标下的课时目标具有彼此关联、梯度递进的特点,体现了单元目标落实的过程性和教学活动实施的整体性。注重课时评价目标与教学内容之间的关联,通过行为动词来陈述教学目标,让每个课时的目标的呈现具有可操作性,且与课程标准、学生的认知水平保持一致。通过上述设计实现了在较长的教学周期中浸润式地培养学生化学学科核心素养的目的。

---

[1] 李明.指向发展化学学科核心素养的单元整体教学设计——以人教版化学必修一"原子结构与元素周期表"为例 [J].化学教与学,2021(06):59-64.

表7-0-4　化学学科核心素养和单元教学目标编码

| 化学学科核心素养 || 单元教学目标 ||
编码	描述	编码	描述
OB01	证据推理与模型认知	OB0101	通过设计探究实验、分析实验过程中的变量,学习根据"控制变量法"设计实验。
		OB0102	根据控制变量法设计实验得出结论。体会"证据推理"在验证实验中的重要性,形成认知模型。

表7-0-5　课时教学设计中落实单元教学的评价目标

单元目标编码	课时编号	评价目标
OB0101 通过设计探究实验、分析实验过程中的变量,学习根据"控制变量法"设计实验	1	1. 设计实验验证铁离子和硝酸根离子的氧化性。 2. 设计实验比较不同情境下铁离子和硝酸根离子的氧化性的强弱。
	2	1. 设计实验验证锌和氢离子、锌和铁离子反应。 2. 设计 DIS 实验比较两者反应的竞争关系,能在不同时间段得出反应竞争的证据。
	3	1. 设计实验比较浓度对氧化还原反应的影响。(盐酸、硫酸) 2. 设计实验比较不同 pH 下微粒氧化性强弱的变化。(高锰酸钾、硝酸盐) 3. 比较不同温度下物质氧化性、还原性的强弱(CO、硫酸)

　　境脉教学下,基于学生核心素养发展的化学教学需要将评价渗透到教学设计的每个环节,指向教学目标,落实学习任务,在活动中以学生的学为中心,把握好每个情境的引入,教学各环节之间的衔接,只有一节课有情境、有逻辑、有价值才能把课时教学和单元教学有机整合,把素养导向课时评价目标与单元学习目标整合,综合定性评价和定量评价,关注学生的学习过程,通过持续的形成性评价促进学生学科核心素养的发展,同样提升教师的反思性教学改进。

(撰稿者:同济大学第一附属中学　刘林青)

实践智慧 7-1　高度结构的目标任务：水的力量

境脉教学相比于割裂的课时教学，可以在自然的长思维过程中，不断进行教与学的相互反馈。它不单单是多个情境任务的简单叠加，而是通过设计真实的大主题情境，与学生共同进入沉浸式的学习环境中，将化学的知识结构、学生的认知结构以及教学的思维结构协调起来，及时、准确地诊断学生素养水平的进阶变化；而是打破课时教学之间的相对独立，通过情境之间的鲜明脉络为主题单元教学穿针引线，将原本零散的知识点串联起来，凭借对学生认知发展水平的实时评价，可随时调整后续的教学内容；而是借助情境与情境之间的相互转换，帮助学生在真实的情境体验中以科学的化学视角观察社会，进一步提高解决实际社会问题的能力，通过目标任务的结构化设计，逐步推进学生核心素养的系统性建构，更有利于实现学生的思维进阶。

人类从很早便开始研究和思考水。随着现代科学技术的发展，人类对于水的认识和研究进一步深入和拓宽，水逐渐显示出了其对于人类生产生活强大的影响和启示。本单元教学结合水这一物质的结构特性，与生产生活中实际热门应用相结合，在明确的教学目标指向下，确立以"水的力量"为主题的单元教学设计。

一、教学单元的构建

单元主题的确定方式有很多，如基于对知识的理解，基于特定的生活经验或基于某一学科核心素养。本单元以"水的力量"为主题，以"物质的结构—性质—用途"

为研究顺序展开教学活动,按照一定的情境脉络和思维进阶将真问题、真探究串联起来,在主动学习中实现学科素养的自然养成[1]。有关水的教学内容,在初中教材中是继空气后重点研究的第二种身边的化学物质,学生对水的组成与简单的物理化学性质有基本的了解[2]。在最新的课标与各版教材中均未单独成章,但物质是理论知识的实践载体,其与众多晦涩、抽象知识点尤其是结构部分、反应原理部分等紧密联系(如表7-1-1)。由表可见,本单元承载着众多化学核心知识。

表7-1-1 课标中与本单元主题相关的课程内容

必修	主题1:化学科学与实验探究	从微观认识化学科学的主要特征 认识科学探究过程 基本的化学实验知识和技能 一定的科学态度与安全意识	
	主题2:常见的无机物及其应用	不同的分散系 不同物质在水溶液中的状态,常见离子的检验方法 认识物质及其转化在资源综合利用以及环境保护中的重要价值	
	主题3:物质结构基础与化学反应规律	认识微粒之间的相互作用	
	主题5:化学与社会发展	树立绿色化学的观念 化学在环境保护中的作用	
选修	模块1:化学反应原理	主题1:化学反应与能量	电化学腐蚀的本质
		主题2:水溶液中的离子反应与平衡	电解质在水溶液中的行为 电离平衡 & 水解平衡 沉淀-溶解平衡 离子反应
	模块2:物质结构与性质	主题3:微粒间的相互作用与物质的性质	认识氢键及其重要性 认识极性分子与非极性分子

---

[1] 杨玉琴.核心素养视域下的单元教学设计: 内涵解析及基本框架[J].化学教学,2020(05):3-8+15.
[2] 唐云波.核心素养为本的单元教学设计与实施——以"探究水的组成"为例[J].化学教育(中英文),2019,40(03):52-57.

但由于高中学生抽象思维水平不足以支撑复杂化学概念短时间的密集输入，故以螺旋上升的方式分散安排原理性知识点。以"水的力量"这一大主题为情境脉络，贴近学生生活，易于实践，有利于学生在真实情境中对原理性知识点的深入理解，促进多项学科核心素养的持续深化，适合设计为以基础知识拓展探究为主，以开拓学生思维、培养实践创新、提高分析解决问题能力为目标的校本课程。因此，本单元蕴含了丰富的化学思想和研究方法。

整个单元以"水的循环过程"实现课时之间的自然过渡，以及学生思维的持续进阶。以"结构观"作为整个单元的重点学科观念统领，适当调整教学目标的平均用力，在教学过程中详略得当，有起有伏，知识与知识、课堂与课堂间联系紧密，在真实的生产生活情境中对"宏观辨识与微观探析"的学科素养进行深度培养，并同步发展其他学科素养的形成[1]。可构建以研究"水的力量与其微观结构的关系"为目标统整的教学单元，将单元划分为有内在联系的3个课时（如图7-1-1），第一课时为认识水分子的微观结构、水的极性及氢键作用，通过建立一定的生活情境，让学生认识到物质结构与宏观表现之间的密切关系，激发对高层次学习的需求，积极参与课堂，初步培养学生宏观辨识与微观探析的化学基本素养。第二课时为水的极性、氢键作用与其溶解性等性质的关系，可以结合观察、实验、假设验证等科学探究方法进一步探究水的力量来源，以及在实际生产生活中存在不同物质在水中的溶解所引起的现象，引发对"宏微结合"观念的深度思考，同时在连续性教学过程中，注重学生科学探究与创新意识的自然生成以及证据推理与模型认知思维的逐步建立。第三课时为水污染与水资源的综合利用，贴近生活，以实际生活中的大背景以及资源、环境等大问题的讨论，培养学生的社会责任意识[2][3]。

---

[1] 马云云，吴星.高中化学基本学科观念建构的新视角[J].化学教育（中英文），2020，41（03）：67-71.
[2] 黄莉.发展"证据推理与模型认知"的单元教学设计——以"海洋化学资源的综合利用"为例[J].中小学教学研究，2020（05）：65-70.
[3] 郎燕华.基于大概念的高中地理单元教学整合设计——以"海洋资源开发与保护"为例[J].教学考试，2021（36）：62-66.

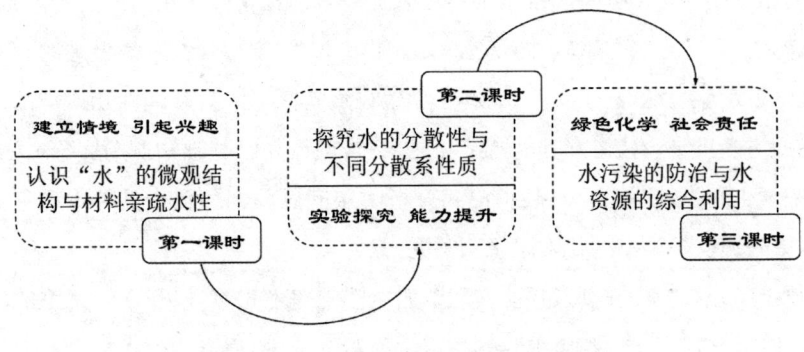

图 7-1-1　本单元教学课时规划

二、教学评价目标的确定

本单元教学内容定位在具有化学学科特色的综合性实践校本课程,所面向的是对化学与实际生产生活以及世界科技发展怀揣热情的同学,目的是为其拓展化学视野,在真实情境中深化对化学科学及其价值的认识。因此本单元教学的目标重点落实在整个单元持续教学的各个环节中,对学生化学学科核心素养的综合培养上[1]。

新课程标准倡导教学评一体化,注重日常学习中评价的重要性,以过程性、持续性的评价与终结性评价有机结合,以多样化、全方位、灵活性的评价方法对学生在教与学的过程中的表现给予及时的反馈。而在沉浸式的境脉教学过程中,师生互动、生生互动、生境互动会自然发生,而评价也会自然生成,进而会对下一阶段的教学内容产生影响,这正体现了境脉教学过程中评价与教学相辅相成的作用。有些教学目标对应单一维度评价目标,而有些教学目标可设立多维度评价目标,评价目标以教学目标为依据,诊断学生学习的程度及素养发展水平等,评价目标都是在实现教学目标的同时形成的,符合教学评的一致性原则。

本单元的单元教学目标及部分课时目标(以第二课时为例)的确定如下表 7-1-2 所示。

---

[1] 陈寅,宋蕊.基于发展学生学科核心素养的化学单元教学设计——以"晶体的结构与性质"为例[J].化学教学,2020(01):31-36.

表7-1-2 基于学科核心素养的单元教学目标

学科核心素养	单元目标	"第二课时"课时目标
宏观辨识与微观探析	可从宏观特征入手对物质进行分类表征(水平1); 建立结构决定性质的化学观念,可由微观结构解释同类物质的共性及不同类物质的性质(水平2); 可根据物质的微观结构预测可能的化学性质并解释原因(水平4)	能描述不同分散系的典型特征且可根据特征进行不同分散系分类; 可从微观角度解释物质的宏观溶解性与其结构的关系; 可从微观角度分析不同分散系的性质差别; 可根据材料用途的需求提出可能的微观结构设计
变化观念与平衡思想	认识到化学变化是有条件的,初步学会应用控制变量法研究化学反应(水平3); 能运用化学变化规律分析生活实际中的变化并提出自己的建议(水平4)	可从变化与平衡的角度解释溶洞形成的原因及其与物质溶解性的关系; 可利用物质的溶解性解释说明软硬水的区别; 可从物质溶解性角度合理推测地球资源分布
证据推理与模型认知	能运用理论模型解释或推测物质的组成、结构及性质变化(水平2); 能对于复杂问题提出合理假设,并可采取不同模型综合解释说明(水平4)	可根据元素或物质的分布合理推断其结构及溶解性; 可对生活中常见的分散系提出合理模型认知并进行实验验证
科学探究与创新意识	可设计实验方案,基于数据及现象得出结论(水平3); 可从多角度对"异常"现象做出合理假设,并可提出综合性探究课题进行假设验证,得出结论(水平4)	可设计定性/定量实验测定不同水质的水硬度并进行比较; 能够设计实验并验证物质在不同分散剂中的溶解性; 能够通过科学合理的方法改善物质在水中的分散性
科学态度与社会责任	具有"绿色化学"观念,可利用所学知识解决生产生活中简单的化学问题(水平3)	能够从本质认识到化学对于环境污染防治与改善的重要性,建立"绿色化学"观念

三、单元教学重难点及教法分析

对于物质结构与反应原理的相关基础知识,以及微观结构与宏观性质应用之

第七章 境脉教学有评价反馈

间的紧密联系，通常相对抽象，晦涩难懂，向来是高中阶段理解的重难点。

以真实的情境脉络为载体，引导学生自主探索真实现象对应的内在原理，有助于学生对于抽象问题的深入理解。在实际教学过程中，(1)需紧密联系生产及生活实际，创设环环相扣的真实情境问题，激发学生探究兴趣；(2)需开展合理的实验探究活动，以真实实验结果验证学生假设猜想；(3)需采用多样化的教学与评价方式，如调研、探究、讨论、小组合作等方式，融入单元教学中，实施"教、学、评"一体化，对学生能力及素养等培养进行系统全面的评价。

四、教学及评价过程设计

1. 教学起承点设计

单元教学目标是师生进行教学活动的终点，在课程设计时，还需明确教学的起点即符合学生最近发展区的自然生长点在哪里。从单元整体教学来看，学生已经初步了解水的组成、结构、分子极性、部分理化性质及电解水实验等，可寻找相关生活情境作为单元整体教学的起始点。在进行分课时教学设计时，可以在前一课时结尾以合适的脉络情境设置具体的进阶式问题，引发学生的课后持续性思考，进一步作为下一课时的教学起点，在单元教学过程中真正实现知识储备、能力提升以及思维进阶的自然过渡。

2. 单元教学过程设计

完整的单元教学过程是在一个大的情境背景下，通过贴近生活的相关现象、经验或教师抛出的驱动性问题，引发学生的认知兴趣和认知冲突，再进一步通过设计完整的研究过程，以具体的实验探究方法完成认知发展中的具体学习任务，实现知识框架、多维能力以及学科素养的自主建构，如此以螺旋式认知发展模式，自主达成学习目标。

本单元教学过程如表7-1-3所示。以"水循环"为单元大过程背景，重点研究"水的力量"的宏观表现与"水的结构"的微观模型之间的密切联系。

第一课时以自然降水过程中发现的一处"神奇"现象——荷叶效应，引发学生思考，进一步从微观结构角度引导学生对宏微关系进行合理假设，并通过相应的学习任务进行推理验证得出相应结论，进一步由对于自然现象的原理解释进阶到对其性质进行合理利用,同时利用反向思考方法,引发学生对于物质的组成与结构与其宏观性质与应用之间关系的思考,引导学生建立物质的性质好坏之分,提高物尽其用的能力。

第二课时的导入情境承接上一课时作业有关"水滴石穿"现象背后的原因,进一步过渡到"溶洞的形成",通过大自然的水循环过程自然过渡到第二课时有关水的分散能力主要知识体系建构中。从不同分散系的宏观性质出发,引导学生重点探讨分散质微粒尺寸与宏观性质之间的相互关系,以"软硬水的区别与检测"讨论溶液的性质,以豆浆、蛋清等生活中常见物质讨论胶体性质,以防晒乳液的正确使用方法让学生正确认识浊液的不稳定性,再利用科学前沿领域"难溶性药物的高效利用"基本问题,培养学生从真实问题中抽象产生化学问题的能力、知识迁移与应用的能力以及从单角度转换为多角度思考解决复杂实际问题的能力。

第三课时的导入情境"地球地貌的形成"承接第二课时中有关水的分散能力课时作业"寻找资源"自然过渡到海水资源的综合利用课堂体系中,引导学生解释说明元素的存在形式与其原子结构的关系,进一步探讨毒素的富集场所与分子极性之间的相互联系,由人类生产生活造成的严重生态环境问题"珊瑚礁白化"引起学生对于生态环境的重视,并从科学角度建立"绿色化学观念",在新情境中引导学生对已学知识进行自然的迁移应用,并从水体污染的防治过程、海水资源的综合利用、碳中和方法等教学环节中进一步倡导绿色化学观念,体现学科的育人价值。

3. 单元作业设计

本单元三课时内容环环相扣,逐步扩展,为落实前一课时的学习任务,并且为下一课时的学习内容作铺垫,每课时后结合生产生活中有关"水"的实际问题,设计以开放性、实践性的进阶性问题为主的课时作业和贯穿单元的项目化学习活动。

以上本单元的教学基本过程如下表7-1-3所示,从单元大情境到课时的具体问题,在情境脉络中实现课时间的自然过渡,层层递进,既体现基础性知识与能力的提升,又可以加强学生对于知识与能力的迁移与应用,学习任务在解决真实问题的过程中自然生成,激发学生自主探究的欲望,进而实现学科基本素养的全面培养。

表7-1-3 "水的力量"单元教学环节设计

单元前任务：	3月22日为世界水日，尝试记录自己三天的所有用水并估算自己的个人平均日"水足迹"。				
情境引入	驱动性问题	活动任务	知识线索	能力线索	核心素养
第一课时					
雨中观察到的"荷叶效应"	为什么水滴在荷叶上不易铺展？	探究水在不同材料表面的铺展性	水分子的微观结构；水的分子极性；氢键作用	将真实问题抽象为化学问题的能力	宏微结合
《赘婿》中的防水涂层	防水涂层有什么特性？	认识防水涂层材料的微观结构	物质的亲疏水性与结构的关系	从物质结构视角解释性质的能力	结构观
宣传片：选择正确防疫口罩	防疫口罩阻挡层材料需要有什么特性？	从病毒的尺寸、传播途径、环境影响等多角度选择合适的防疫口罩材料	材料的结构与性质之间的关系	多角度研究问题的能力；知识应用与迁移的能力	结构观；绿色化学
保湿化妆品标签	什么样的物质可以保水保湿？	比较分析不同保湿化妆品的成分	氢键作用；物质结构与性质的关系	从物质性质对立面思考问题的能力；利用物质性质选择正确用途的能力	结构观；对立统一
课时联系：看清"水滴石穿"	"水滴"真的能"石穿"吗？其内在的真正力量是什么？以小组为单位查询资料，下节课进行交流。				
第二课时					
水滴石穿到溶洞的形成	水滴石穿中水的力量是什么？	各组就查找资料进行交流讨论	物质的溶解性；离子反应	信息查找、分析的能力；多角度综合分析的能力	变化观；学科交叉
"净水器"的宣传广告	软硬水的区别在哪里？	定量分析水的硬度（钙镁离子的含量）	络合反应；化学滴定	基本实验操作的能力；综合实验探究的能力	微粒观

续 表

情境引入	驱动性问题	活动任务	知识线索	能力线索	核心素养
甜豆浆和咸豆浆的对比	为什么都是豆浆,状态如此不同?	探究可使胶体聚沉的条件	胶体的性质	将真实问题抽象为化学问题的能力;多角度实验探究的能力	平衡观;变化观
部分防晒乳液的使用说明	为什么有些防晒乳液使用前需要摇一摇?	探究防晒霜分散系的存在形式与其微观结构的关系	乳浊液分散系的性质与不稳定性	将真实问题抽象为化学问题的能力	微粒观;平衡观
难溶性药物的高效利用	如何提高难溶性物质的水分散性?	探究提高难溶性药物分散性的方法	物理分散方法;物质的亲疏水性与结构的关系	多角度实验探究的能力;知识应用与迁移的能力	科学探究;创新意识
课时联系:学会"寻找资源"	联系物质的溶解性,尝试推测某些元素的存在形式及分布;通过查找资料验证自己的推测,下节课进行交流。				
第三课时					
地球地貌的形成	我们能从海水中获得什么资源?	小组探究分享丰富的海水资源	元素的存在形式与其结构及物质溶解性的关系	信息查找、分析的能力;从化学视角解释实际问题的能力	变化观
毒素在动物体内的堆积区	为什么DDT积存在动物脂肪中?	探究不同物质在水及非极性溶剂中的溶解性	相似相溶	从化学视角解释实际问题的能力;假设推理与验证的能力	证据推理与模型认知
海洋珊瑚礁消失	是什么原因造成了海洋珊瑚礁的逐渐减少?	探究不同酸性环境对珊瑚礁主要成分的腐蚀速率	离子反应	将真实问题抽象为化学问题的能力;进行定量探究实验的能力	变化观;平衡观;绿色化学

续 表

情境引入	驱动性问题	活动任务	知识线索	能力线索	核心素养
我国碳中和倡议	碳中和的途径有哪些？	对于清洁燃料氢气的制备与应用	电解原理；燃料电池	关注社会热点问题；知识应用与迁移的能力	绿色化学；社会价值
"水的力量"项目化学习	水拥有强大的力量，请就水表现出某一方面的性质或其性质带给你的启示，分析其带给人生产生活的便利、弊端以及改善弊端的方式，撰写一篇研究性学习报告，可设计相关实验进行推理验证。				

4. 持续性评价设计

持续性评价是在课前、课中以及课后，通过包括教师、同伴以及自己在内的共同参与者，通过观察、记录、交流等方式，从多个角度进行的综合性评价。它不同于传统的纸笔测试评价方式，更注重对参与者在教学过程中以及教学过程前后所表现出来的如探究能力的变化、思考维度的提升、正确价值观的形成等方面的全面评价。参考新课标的学业质量水平以及本单元的具体教学评价目标及教学活动各环节，可具体从评价任务、评价标准及评价方式等维度构建单元评价体系，适当在单元教学过程中采用自评、互评（如表7-1-4）等方式进行评价，促进学生在学习过程中对于学习主题有更清晰的任务意识，保障学习活动的高效完成[1]。教师不仅在教学活动中要注意对学生行为做即时反馈，而且在境脉延续中即不同教学环节的衔接点进行重点反馈，既可了解学生对上一教学环节的理解和掌握程度，又可考察学生将所学知识迁移应用于下一教学环节的能力，环环相扣，各教学环节是评价的落脚点，而及时的反馈和评价又可将各个教学内容有机衔接，实现单元教学的自然过渡以及学生思维与能力的不断提升。以第二课时为例，教学过程中的持续性评价方案（包括前后课时的延续性作业）如下表7-1-5所示[2]。

---

[1] 鲁静，李慧敏，周璇娜，唐海燕.基于SOLO分类理论的单元教、学、评一体化学习进阶设计——以"金属及其化合物"为例[J].化学教育（中英文），2020，41（13）：42-47.

[2] 姜建文，王丽珊."教、学、评"一体化的化学课堂教学评价目标设计[J].化学教育（中英文），2020，41（21）：1-6.

表 7-1-4 实验探究活动小组评价量表

评价角度	行为表现			评价主体		
	A	B	C	自评	互评	师评
学习积极性	积极主动并带领其他组员参与活动	积极主动参与活动	可在引导下参与探究活动			
实验研究	基于已有的知识经验,主动提出多种假设	基于已有的知识经验,主动提出一种假设	根据其他参与者提示,提出一种假设			
	对于提出假设可以提出完整的实验方案	对于提出假设可提出验证思路	根据其他参与者提示,提出验证思路			
	实验操作正确高效,兼顾实验安全	实验操作正确	需要在指导下完成实验相关操作			
沟通合作	主动与同组成员协调讨论,不断吸取别人经验,合理分配小组工作	主动与人沟通,积极与团队成员合作	可以与团队成员配合完成学习任务			

教师反馈:

表 7-1-5 "第二课时"持续性评价方案

评价目标	评价任务	评价标准	评价方式
诊断学生对于物质结构、性质等知识的认识水平(知识维度)	1. 能否认识不同水分散体系; 2. 能否对生活中不同体系进行分类并预测其性质; 3. 能否针对具体应用环境提出具有相应性质的分散体系。	水平1:能表述生活中的不同分散系的特征,未关注其内在影响因素; 水平2:能根据特征,推测其组成微粒的尺度大小; 水平3:能在认识微粒尺度基础上,推测其应具有的理化性质; 水平4:针对"异常"现象,能提出实际情况与模型的区别并进行推测、解释。	1. 课前作业的总结反馈; 2. 课上交流发言的即时反馈评价; 3. 小组实验成果汇报的即时评价; 4. 课后报告、作业、调查问卷的及时反馈。

续 表

评价目标	评价任务	评价标准	评价方式
评价学生对于物质性质探究的能力水平（实践维度）	1. 能否针对分散体系提出的可能性质确定实验方案； 2. 能否提出多角度实验方案； 3. 是否有控制变量的意识； 4. 是否有预测现象、分析/整理数据的能力。	水平1：根据提供的完整思路可进行相关性质的实验验证； 水平2：可根据思路片段进行实验验证； 水平3：可根据思路角度进行实验验证； 水平4：学生可自主设计实验方案进行实验验证。	学生自评； 组内互评（小组活动贡献）； 教师评价。
评价学生知识迁移、总结提升的能力水平（价值维度）	1. 能否针对该分散系的性质、应用与实际生活问题、社会热点问题相联系； 2. 能否针对实际问题采用多学科视角解释说明。	水平1：基本理解知识原理，对其生活、社会热点问题不关心； 水平2：对社会热点问题愿意参与，但自我提出问题能力不足； 水平3：积极参与热点问题讨论，具有认真观察、提出问题的能力； 水平4：具有多角度科学认识并解决实际问题的能力。	对小组成果汇报展示的评价反馈； 对学生发言的即时反馈； 对调查问卷、实验报告等评价反馈。

5. 贯穿单元教学的项目化学习

在高中阶段进行的学科知识教学，通常是复杂问题简单化、抽象化的理论知识模型，经常存在"学无所用"的情况。而项目化学习，就是由教师设计或抛出一个与生产生活紧密联系、具有挑战性且多学科交叉的项目，让学生在单元教学的全过程中，在生活中发现兴趣点，借助多种认知工具及信息渠道，通过小组合作及探究学习的模式，完成一项具有一定复杂性及实际意义的大项目，进一步帮助学生完成各学科素养的自主形成。

在本单元中，项目化学习紧紧围绕"水的力量"这一单元教学主题展开，我们的生活离不开水，生产生活中的各个环节场景随处可见水的身影，学生可根据自己在生活中任何对水的兴趣点展开讨论和探究，在此过程中，教师与学生及环境社会形成学习共同体，教师仅是引导者与协助者，一方面负责基础知识的落实，另一方面通过单元教学设计负责搭好学生发现、解决实际问题的脚手架,在整个教学过程中通过多元持续的评价体系,推动项目化学习的有效完成。本项目化学习的评价体系如下表7-1-6所示。

表7-1-6 项目化学习活动评价体系

评价阶段	评价内容	评 价 细 则
项目开题	项目选题	选题新颖; 选题具有科学性
	文献调研	文献调研广泛; 项目背景总结分析全面
项目实施	研究思路及方法	研究思路合理; 研究方法可行
	实验过程	仪器使用正确; 实验方案全面,设计对照组、平行实验; 注意实验安全
	现象记录	实验记录完整、准确
总结汇报	小组分工	分工合理
	报告撰写	数据真实,分析准确; 撰写规范
	交流汇报	思路清晰,表达准确; 表达形式多样

五、教学实践反思

本单元教学设计基于真实的"水循环"境脉教学过程,以"水的力量"为重点教学内容,按照结构—性质—用途—综合应用的思维发展模式,通过学科逻辑对知识体系进行目标与任务的重新组织架构,在持续性评价体系中实现学科素养的进阶培养。

在教学设计中,重视真实情境的自然创设,本单元教学结合贴近学生的生活实际,赋予了晦涩难懂的结构及反应原理相关教学内容新的生命。如第一课时中,由自然界中物质的疏水性引起学生对于结构决定性质的学科观念再思考,自然过渡到防水材料的设计以及防疫口罩材料的选择,在基本学科素养落地的过程中,引导学生关注社会热点,不断建立正确的科学价值观。最后从事物的反面性质让学生进行再思考探究,引导学生建立对立统一的认知发展规律。

在教学设计实施过程中,运用多元的持续性评价方式,单元整体教学模式更有利于持续性教学评价的实施,运用多元的评价反馈方式,学生可在思维持续发展的过程中从不同角度丰富自己的思维过程,促进三维核心素养的立体建构。

(撰稿者:复旦大学附属中学　韩佳睿)

实践智慧7-2 工具多元的持续评价：碘及其化合物的转化

《普通高中化学课程标准(2017年版2020年修订)》(下简称"课标")强调创设真实的问题情境，注重教学内容的结构化设计，从而激发学生自主学习化学的兴趣，保证课程的连续性与一致性；同时要促进学生学习方式的转变，从被动学习到主动学习，以培养学生的创新精神和实践能力。境脉教学模式则可以实现学生思维的自然过渡，同时，在境脉教学过程中，师生互动、生生互动、生境互动会自然发生，而诸如思维能力、动手能力、合作能力等方面的评价也会自然生成，这样，如果针对学生在教学过程中的表现给予积极及时的反馈，进而增进学生及教师双方的沟通及了解，会对下一阶段的教学内容产生影响，有利于教师及时、灵活调整教学内容，更有利于逐步提高学生科学探究的能力，实现学生的思维进阶，提升必备核心素养。

一、"境脉"教学视角下教学模式分析

1. 教学内容分析

"碘单质的性质及其提取"属于沪科版高一化学教材必修一第二章"开发海水中的卤素资源"第3节"从海水中提取溴和碘"中的内容。该部分内容在氯气性质及其应用之后。《普通高中化学课程标准(2017年版2020年修订)》(下简称"课标")中要求认识元素在物质中可以具有不同价态，并且通过氧化还原反应实现含有不同价态同种元素的物质的相互转化。在进行单元教学结构化设计时，本课时紧密承接氯元素及氧化还原相关知识，设计以试纸为微型实验载体，以真实实验和应用实践为驱动性任务，进行情境设置和内容处理。同时利用不同价态含碘物

质间的相互转化,引导学生进一步熟练应用价—类二维模型,进一步深化、应用氧化还原反应原理。

2. 学情分析

本节课授课对象是高一年级学生。在本单元前序知识的学习中,学生已经初步学习了氧化还原反应的基本规律,了解到海水中蕴藏着丰富的资源,并具备了一定的实验操作以及分析概括的能力。本课时的环节一承接前序两课时的教学内容,通过持续性诊断评价发现在氯气性质学习过程中,学生已经基本掌握:(1)氯元素不同价态物质之间相互转化关系的规律;(2)初步具备从物质类别及核心元素化合价角度预测物质性质的能力;(3)会关注到实验过程中产生的异常现象。但对于灵活利用氧化还原等反应原理对元素知识或复杂实验现象进一步深入分析有一定困难,如何将理论与实际应用联系起来,对相关生活问题做解释说明,还需老师启发和引导。因此,本课时的教学内容以不同含碘物质的相互转化为明线,氧化还原基本规律为暗线,设置环环相扣的驱动性任务,推动学生自主完成相关科学探究活动,通过课堂中持续的教学互动环节,增强学习体验。

3. 教学评价目标与教学重难点

教学目标:

(1)在碘元素不同价态间的相互转化过程中,从现象分析到本质,深化氧化还原反应的变化观念,体会到应用所学理论知识,按需选用强弱合适、用量合适的氧化剂及还原剂。

(2)在发现问题、解决问题过程中,提出推理和假设,进行实验验证,形成科学探究意识,提高动手操作的能力。在探究与思考活动中培养团队合作学习的能力。

(3)通过进一步对碘的分布、碘的来源、碘的提取与应用的认识和了解,应用氧化还原反应原理去解决工业实际问题,发展科学态度与社会责任素养。

教学重难点:

教学重点 以碘化钾淀粉试纸以及自制试纸为载体,学习不同价态含碘物质相互转化的条件和相关情境。

教学难点 深入理解和运用氧化还原反应原理来确定实验探究方案；在物质变化中试剂的选择、试剂的用量以及不同方案的设计和对比。

4. "境脉式"教学流程

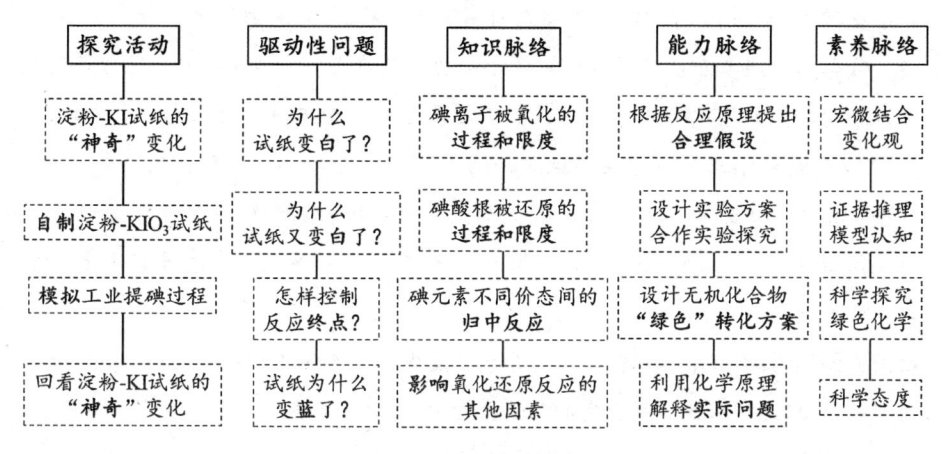

探究活动	驱动性问题	知识脉络	能力脉络	素养脉络
淀粉-KI试纸的"神奇"变化	为什么试纸变白了？	碘离子被氧化的过程和限度	根据反应原理提出合理假设	宏微结合变化观
自制淀粉-KIO_3试纸	为什么试纸又变白了？	碘酸根被还原的过程和限度	设计实验方案合作实验探究	证据推理模型认知
模拟工业提碘过程	怎样控制反应终点？	碘元素不同价态间的归中反应	设计无机化合物"绿色"转化方案	科学探究绿色化学
回看淀粉-KI试纸的"神奇"变化	试纸为什么变蓝了？	影响氧化还原反应的其他因素	利用化学原理解释实际问题	科学态度

图 7-2-1 课时教学流程设计思路

二、"境脉式"教学与评价过程

1. 引入：课前播放学生社团实验视频——"碘钟"实验

播放化学社团的兴趣实验视频——碘钟反应。引导学生思考体系颜色交替变化的原因，进一步引出本课例的研究对象及研究角度：从氧化还原的视角研究碘及其化合物的转化。（书写板书）

讨论

通过与学生交流生活中常见碘的应用，推测碘元素的性质与价态的关系。重点探究前序知识学习中的淀粉-KI试纸的应用原理，引发学生总结出生活中对 I^- 的应用主要原因是其具有强还原性。

设计意图 以化学变化的"魅力"吸引同学，利用旧知识引入新问题。同时将课外兴趣实验与课堂有机结合，增强课堂的趣味性与参与感。同时以设问形式复习旧知识，对学生的知识掌握情况进行评价反馈。

环节一　找出新制溶液——淀粉-KI试纸的妙用

实验探究1　利用淀粉-KI试纸鉴别新制及久置的氯水/漂白液

在总结出碘离子的还原性可以用于检验氯气的基础上,引导学生思考是否也可以检验其他氧化性物质。以新制及久置的氯水及漂白液为探究对象,帮助学生回忆溶液组成,进而请学生借助淀粉-KI试纸确定新制的两瓶溶液。

学生实验1结果分享　未知溶液A是新制氯水,可通过颜色区分;未知溶液B是新制漂白液,因为其具有氧化性,可以使试纸变蓝。其他两瓶暂时看不到有什么现象的区别。

反常的现象讨论　在实验过程中,部分同学发现了反常的现象——淀粉-KI试纸中央部分变白,进而从体系显蓝色的原因角度出发,引导学生探究试纸变白的原因。

实验探究2　探究试纸变白的可能原因

学生实验2-1结果分享　碘单质遇淀粉体系变蓝,如果试纸变白,可能是淀粉没有了,也可能是碘单质没有了。我们组猜测是碘单质没有了,所以在原先变白的试纸区域又加了碘水,试纸变蓝,证明了我们的猜想。

落实　进一步引导学生思考,在氯水、次氯酸等强氧化性环境中,碘单质消失的原因可能是化合价进一步升高,利用氧化还原反应原理,书写反应方程式。

延伸　那是不是所有的氧化剂都可以一招夺走碘离子的6个电子使它变成正5价的碘酸根呢?借助实验桌上提供的其他氧化剂,进行尝试。

学生实验2-2结果分享　氯化铁也具有氧化性,我们将氯化铁溶液滴加在淀粉-KI试纸上,试纸仅变蓝并没有变白,这说明氯化铁不能将碘单质氧化到碘酸根。

总结　实验现象说明氧化剂的氧化性有强弱之分,有些可以继续氧化碘单质,有些不行。(书写板书)

设计意图　引导学生善于观察,学会质疑,并利用所学知识进行合理假设并进行验证,用真实的实验现象实践反应原理,利用反应原理解释实验现象,逐渐建立起学生的变化观念。学生对于"试纸的变化"这一情境由熟悉到陌生再到假设探究,已经和情境产生关系,教师可通过生境互动过程与师生互动过程中学生的表现对学生进行过程性评价。

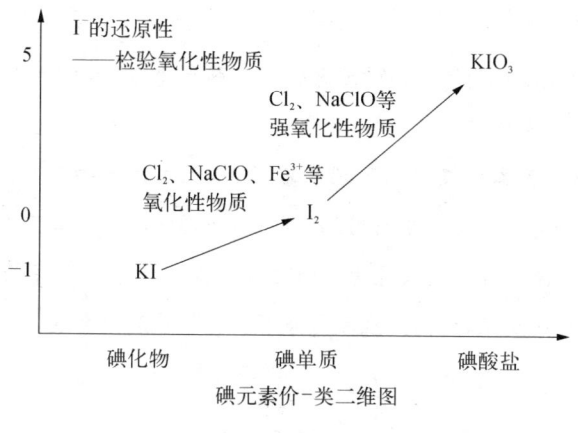

图7-2-2 环节一板书设计

环节二 淀粉-KI试纸的"华丽转型"

进一步引发学生对试纸体系进行思考——被氧化过头的试纸的组成及其可能的用途,从而引导学生自制用于检验还原性物质的试纸,并用它来检验一些具有还原性的物质。

实验探究3 自制一种检测还原性物质的灵敏试纸,并验证火柴产生的刺激性气体的性质

学生实验3结果分享 学生制备好试纸之后,上台展示,燃烧的火柴产生的气体可以使试纸变蓝,说明气体具有还原性。

实验探究4 检验一瓶亚硫酸氢钠溶液是否完全变质

学生实验4-1结果分享 蘸取溶液于试纸上,试纸变蓝,说明还有正4价的亚硫酸氢根存在。

反常现象的讨论 在实验过程中,部分同学又发现了反常的现象——试纸再次变白,但有了前半节课经验,学生很快推理出其变白原因。

落实 请分别写出碘酸根被还原为碘单质与碘离子的化学方程式。

延伸 借助提供的其他还原剂,进行尝试还原剂还原性强弱比较实验。

学生实验4-2结果分享 硫酸亚铁也具有还原性,我们将硫酸亚铁溶液滴加在自制淀粉-KIO₃试纸上,试纸仅变蓝并没有变白,这说明硫酸亚铁只能将碘酸根还

原到碘单质状态。

总结 这个实验现象说明还原剂的还原性也有强弱之分，有些可以继续还原碘单质，有些不行。（书写板书）

设计意图 在学生基本掌握化学原理的基础上，利用简单的反应，引导学生不仅着眼于认识化学，进一步要学会利用化学。同时，通过假设验证与证据推理，培养学生设计实验、动手操作的实践能力。通过进一步对学生动手实践能力进行观察评价，给予学生正向反馈，提高学生参与学习的积极性和兴奋度。

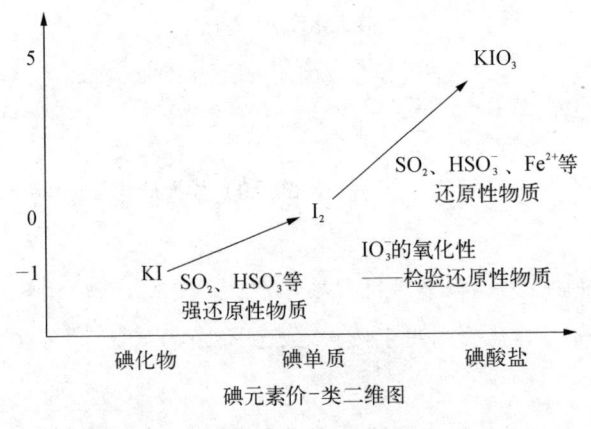

图 7-2-3 环节二板书设计

环节三 从"硝石浸出液"中提取碘单质

实验探究 5 设计实验方案将碘酸钾溶液中碘元素尽可能转化为碘单质

通过提碘的历史小故事，从碘元素的性质探究自然过渡到碘单质的提取过程。智利富含碘元素的主要材料是智利硝石，以碘酸根的形式存在[1]。请学生设计实验方案将碘酸钾溶液中的碘元素尽可能都转化为碘单质，并相互交流实验方案。在课堂使每位同学通过评价量表对同组同学表现进行评价，激发学生动脑设计、动手实验的积极性。

---

[1] Crozier, R.D., 巫汉泉, 左支山校. 碘的资源及其生产方法 [J]. 矿产保护与利用, 1982(03): 37-44.

学生实验 5 结果分享 通过小组实验方案交流，学生主要有两种实验方案：1. 采用亚硫酸氢钠来还原碘酸钾；2. 采用碘化钾来还原碘酸钾。通过设问引发学生进一步思考有关反应终点、原料来源等问题，最终生成实验方案：先取 5 体积的浸出液，利用还原性物质比如亚硫酸氢钾将其一降到底到碘离子的形式，然后再取 1 体积的浸出液，相互混合，得到碘单质。该方案的讨论使学生认识到，通过合理的过程设计，反应竟然可以向着我们期望的方向进行，使得产率最大化，这就是化学过程设计的神奇之处。（书写板书）

表 7-2-1 实验探究活动小组评价量表样表

你心中的实验之星是：

评价角度	行为表现			评价主体		
	A	B	C	自评	互评	师评
学习积极性	积极主动并带领其他组员参与活动	积极主动参与活动	可在引导下参与探究活动			
实验研究	基于已有的知识经验，主动提出多种假设	基于已有的知识经验，主动提出一种假设	根据其他参与者提示，提出一种假设			
	对于提出假设可以提出完整的实验方案	对于提出假设可提出验证思路	根据其他参与者提示，提出验证思路			
	实验操作正确高效，兼顾实验安全	实验操作正确	需要在指导下完成实验相关操作			
沟通合作	主动与同组成员协调讨论，不断吸取别人经验，合理分配小组工作	主动与人沟通，积极与团队成员合作	可以与团队成员配合完成学习任务			

教师反馈：

设计意图 引导学生利用所学知识解决实际问题并能够根据实际情况巧妙合理设计实验方案进行科学探究，学习化学反应过程中基于试剂选择、量的多少以及流程设计等方面产生的不同效果,进一步体现化工流程中"绿色化学"的思想,体会化学的奥妙。学生通过小组合作实验完成本环节内容,通过生生互动过程可互相产生评价反馈。

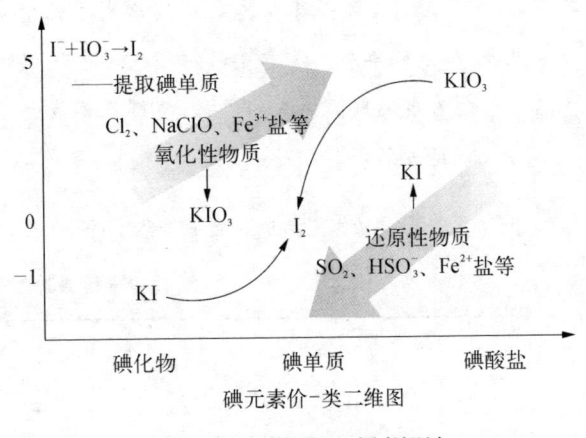

图 7-2-4 环节三-板书设计

环节四 解开课前未解之谜——久置溶液的鉴别

观察 引导学生观察课前鉴别小实验中,久置氯水及次氯酸的两条实验试纸,发现有一条微显蓝色,另一条无变化。

解释说明 请结合两瓶久置溶液的成分,尝试分析原因。

通过对溶液组成的分析,学生认为可能是氯水中的氢离子提高了氧气的氧化能力。教师引导学生思考我国补碘食盐中真正添加的是碘酸钾而非碘化钾,实质是因为碘化钾容易被空气中的氧气氧化,从而流失。进一步引导学生思考包装上的一句话:加盐要待汤开,菜熟时放入,这仅仅是因为美味吗?会不会和加碘有什么关系?留作课后作业,进行思考和探索。

设计意图 回归课前疑问,引导学生思考氧化还原影响因素,进一步引导学生建立反应条件对反应产生重要影响的观念,首尾呼应,且结合生活,因境生疑,引导学生关注生活中的细节,进行探究,体现严谨求实的科学态度。此项为课后的弹性作业,与生活紧密相连,可通过课后与学生的沟通交流,加深学生对生活的热爱,加深学生对于化学学科重要性的理解。

课后作业与评价

1. 完成课时学案中相关问题。

2. 结合本课时及前课时内容,试回答下列问题(答案不唯一):

(1) 本节课我们学习了哪些含碘物质之间的相互转化?它们的转化过程是如何实现的?

(2) 通过本节课的学习,你对氧化还原反应的过程有了怎样的认识?

(3) 不同的氧化剂氧化性相同吗?相同氧化剂在不同的条件下体现出的氧化性相同吗?

(4) 通过学习上述化学知识,你对生产生活中的某些操作有没有更深的理解?

3. 项目化作业:走进实验室,设计实验探究生活或科学研究中卤素相关性质,通过小组汇报方式进行展示交流。

三、教学反思

1. 通过多元的持续性评价方式,推动和串联课堂

要调动学生课堂的积极性,就要改变传统教学中先讲后问的思路,可通过对学生在前一环节中的行为表现进行即时评价反馈,再适当调整课程内容和节奏。课堂不需要以"知识点"为线索,可以根据学生的接受能力,改用以"任务"为线索,每一环节呈现提出问题——解决问题——再提出问题——再解决问题的过程。因此在教学环节的设计过程中,问题的设置既要环环相扣,有其内在的联系,也要让学生有一定的思考空间,可以对于学生的反馈做即时评价,这是境脉教学过程中一脉相承之特点。化学是一门实验学科,是一门与生活紧密联系的学科,不仅可让知识通过脉络联系起来,也可以利用实验大背景形成脉络将知识体系串联,同时在实验探究和动手实践过程中对学生的能力进行提升和反馈。

在整堂课程教学过程中,要采取灵活的提问方式,可个别提问,可小组展示,也可借助多媒体设备设计一些有趣的互动,这样可以引起学生对化学知识学习和探究的欲望。在设计任务时,要通过问题巧妙引导学生思维,在可能的范围中进行讨论,对学生可能提出的假设要做充分准备;同时,如果在课堂中出现意料之外

的问题,作为老师我们要认真倾听,鼓励学生进行思考和讨论,给予学生正向反馈,实现积极的师生互动,同时也可以多角度对学生思维提升过程进行观察评价,反思改进教学设计。

2. 运用多元的持续性评价方式,关注学生学习过程

境脉教学的一大特点就是其学习过程是互动化的,是师生共同沉浸式的,学生与情境产生互动,教师可以观察评价;学生与学生产生互动,促进生生互评与教师评价;学生与教师产生互动,也会自然产生评价反馈,这就帮助教师对于学生的评价不仅仅局限于日常的课后纸笔作业,而是形成多方面的评价体系。同时,评价体系不应是死板的,只分对与错的,而应有一定的发展和生长,这也是境脉教学的一大特点,在课前课后给学生"留白"的空间,引导学生在除课堂之外的学习过程中持续思考,在思维持续发展的过程中自我审视,从不同角度丰富自己的思维过程,以促进三维核心素养的立体建构。

化学是一门以实验为基础的学科,很多结果是依靠实践总结出来的,纸上谈兵,不做实验,通常会让学生感觉化学是一门"玄学",从而望而却步,毫无兴趣。事实上,学生的好奇心是无穷的,我们可以寻找各种真实存在的,他们感兴趣的切入点进行课程的设计,更注重学生的学习过程,使得学生真正做到带着求真和探索的欲望学习化学,收获会比仅仅接受知识更丰富。在课堂当中,教师要巧妙设计符合学生思维发展方向的教学环节及思考的生长点,营造一个融洽和谐的学习氛围,让学生可以大胆思考,畅所欲言,并在过程中给出即时的评价反馈,增强学生学习的体验和获得感,与情境相呼应,才能真正将所看所闻化为所思所想,实现学科素养的真正落地。

(撰稿者:复旦大学附属中学　韩佳睿)

实践智慧 7-3 关注反馈的宏微探究：甲烷

一、问题的提出

关注宏微结合的化学课堂教学已成为一种范式，也是化学学科的特点之一，成为教师课堂教学的重要切入点。但是受制于课时进度、课堂形式等因素，学生在课堂宏微探究过程中产生的问题与疑惑无法得到教师细致全面的分析与反馈，使得宏微探究深层次的教育教学价值并未得到充分挖掘。课堂中的反馈有四种水平：第一是结果水平，常见于课堂中教师对学生回答正误的评判；第二是过程水平，是教师对学生思维过程与学习过程的反馈；第三是调控水平，主要针对学生学习信心与状态的激励；第四是自我水平，反馈的对象是学生自我[1]。适当、有效的反馈有助于推进课堂探究环节，帮助学生深入思考，从而渗透学科核心素养的发展。

现有课堂中，较低水平的结果水平反馈占比较高，即常见的"一问一答一评价"。相比于修正学生的答案，帮助学生找到思考的方向与反思答案的路径更有利于激发学习积极性、发展学生科学思维。因此课堂反馈不能像问题链的设置那样只局限于教学过程展开，要借助课堂反馈外显师生的思考过程，从而促进学生知识的内化，也能更好、更深入、更高水平地推进课堂探究。因此，在结果水平反馈基础上，增加高阶的过程水平反馈、优化问题链反馈、创设学生自我反馈能够增加学生课堂参与的广度、课堂思维的深度。

本文以上海科学技术出版社出版的（以下简称"沪科版"）高中化学必修第二册第七章第一节中的"揭开甲烷的面纱"为例加以说明。

---

[1] 杭伟华，葛海祥.高中化学课堂反馈的现状及改进建议[J].中学化学教学参考，2022（01）：73-76.

二、教材与学情分析

1. 教材分析

甲烷是学生在高中化学中第一个系统学习的有机化合物,对学生认识与学习有机化学的思维方法有着重要作用。在本课时中,甲烷化学性质与结构的关系比较隐蔽,涉及的知识点综合性强、学生的逻辑思考量大,对学生形成学习有机物的观念、体验人类认识有机物的过程都有重要作用。

2. 学情分析

学生在初中已对甲烷有初步了解,也具备了反应预测、产物检验的基本能力。但对甲烷的元素组成确定方法相对陌生。高二学生已初步形成结构决定性质的观念,但并不了解根据物质性质推断微观结构的探究方法。本节课希望通过对甲烷的学习,引导学生体验有机物组成与结构探究的范式:元素组成→分子式→结构式→分子空间结构。

三、教学目标

通过设计实验确定甲烷的元素组成,了解确定有机物元素组成的方法——燃烧法,巩固甲烷的可燃性;确定甲烷的分子式、结构式,归纳碳原子成键规律,突出符号表达的作用。

猜测、验证甲烷光照取代反应的产物与方程式,了解取代反应的微观变化,强化宏微结合、科学归纳的能力。

通过甲烷光照取代产物的沸点猜测、推断甲烷分子的空间结构,熟悉从物质性质推断微观结构的探究思路,强化证据推理的学科素养。

四、教学流程与实验准备

实验准备:用注射器吸取 3 mL 干燥氯气注入 5 mL 负压真空管中;预先制取干燥甲烷,盛装于气体采样袋中。

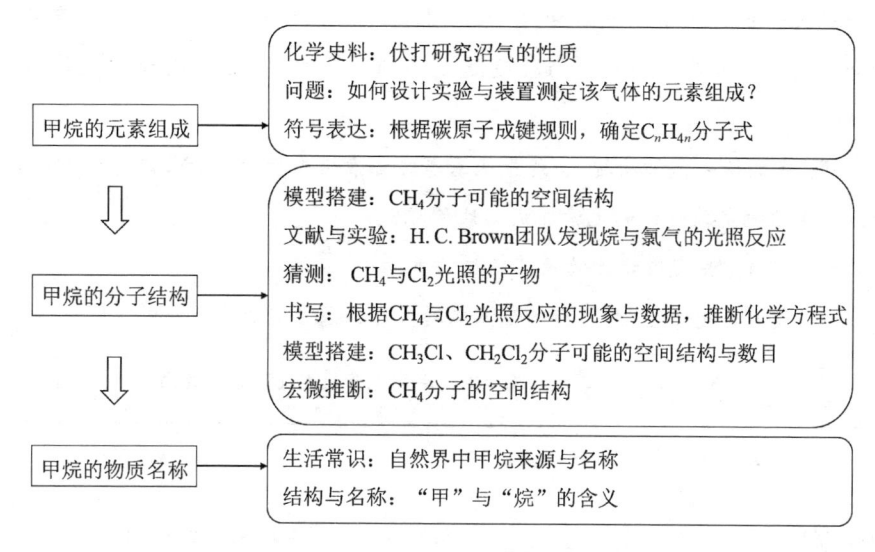

```
┌─────────────┐      ┌──────────────────────────────────────────────────────┐
│ 甲烷的元素组成 │ ───→ │ 化学史料：伏打研究沼气的性质                              │
└─────────────┘      │ 问题：如何设计实验与装置测定该气体的元素组成？              │
       ⇓             │ 符号表达：根据碳原子成键规则，确定$C_nH_{4n}$分子式           │
                     └──────────────────────────────────────────────────────┘

┌─────────────┐      ┌──────────────────────────────────────────────────────┐
│ 甲烷的分子结构 │ ───→ │ 模型搭建：$CH_4$分子可能的空间结构                         │
└─────────────┘      │ 文献与实验：H. C. Brown团队发现烷与氯气的光照反应            │
       ⇓             │ 猜测：$CH_4$与$Cl_2$光照的产物                              │
                     │ 书写：根据$CH_4$与$Cl_2$光照反应的现象与数据，推断化学方程式    │
                     │ 模型搭建：$CH_3Cl$、$CH_2Cl_2$分子可能的空间结构与数目        │
                     │ 宏微推断：$CH_4$分子的空间结构                              │
                     └──────────────────────────────────────────────────────┘

┌─────────────┐      ┌──────────────────────────────────────────────────────┐
│ 甲烷的物质名称 │ ───→ │ 生活常识：自然界中甲烷来源与名称                           │
└─────────────┘      │ 结构与名称："甲"与"烷"的含义                               │
                     └──────────────────────────────────────────────────────┘
```

图 7-3-1　"揭开甲烷的面纱"教学流程

表 7-3-1　学生实验药品与器材

实验药品	干燥氯气、干燥甲烷
学生实验器材	5 mL 负压采血管（预先充入 3 mL 干燥氯气）、100 mL 气体采样袋（预先充入干燥甲烷）、5 mL 螺口注射器、尼龙粘靶球、395 nm 紫外胶固化手电（8 W）

图 7-3-2　尼龙粘靶球及其代表原子示意图

五、教学设计

1. 探究甲烷的元素组成

化学史料　早在西周年代，我们的祖先就在沼泽中发现了一种可燃性气体，并记载在了《易经》中。18 世纪时，意大利科学家伏打也通过搅动沼泽底部的淤泥，收集了这种气体，但他发现这一气体与 H_2 不同。在随后的漫长岁月里，通过一代又一代科学家的不懈努力,人们对它的认识才逐渐清晰,确定了它是一种新物质——甲烷。今天我们就追随先贤们的脚步,一起来揭开甲烷的神秘面纱。

师:我们研究一种物质,总是先从基本的元素组成开始。如果你是伏打,你如何设计实验确定该气体的元素组成与比例呢?

生:可通过测定燃烧产物及其物质的量。

师:我们将气体充分燃烧后,应依次通过什么装置达成实验目的呢?

表7-3-2 学生方案:测定甲烷元素组成及原子个数比

测 定 目 标	学 生 方 案
确定甲烷的元素组成	燃烧产物→无水硫酸铜→澄清石灰水
确定甲烷分子中原子个数比	燃烧产物→浓硫酸→碱石灰

数据处理 充分燃烧1.6 g该气体,实验结束后装置A增重3.6 g,装置B增重4.4 g。能否确定该气体的元素组成?

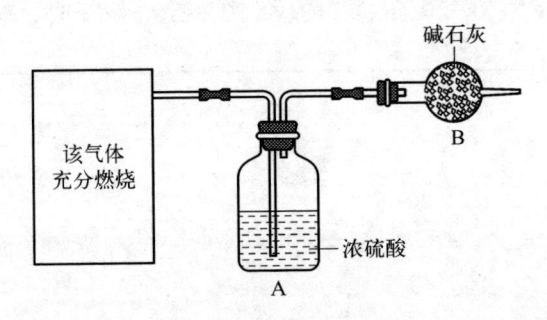

图7-3-3 学生设计确定甲烷分子中原子个数比装置

生:通过计算可知该气体中,碳元素质量占1.2 g,氢元素质量占0.4 g,因此甲烷中不含氧元素,碳氢原子个数比为1∶4。

师:能否确定该气体的分子式?(学生中出现分歧)

生:只能确定甲烷分子中的原子个数比,并不能确定分子式。

本环节中,通过引入化学家探索甲烷性质与结构的历史,创设一个模拟的探究情境,确定了师生均作为研究者的角色开展课堂教学,借鉴完整的探索过程、科研思路和阶段性成果,在课堂中以具有强逻辑相关性的探究环节呈现,为后续层层递进式的反馈设置铺垫。在对新物质的研究中,科学家们一般都经历从发现、定性研究(宏观现象)到定量研究(微观本质)的过程。本环节通过问题反馈链的设置推进探究的深入,由学生自主进行实验方案设计,运用已有知识亲历定性到定量的过程。

2. 探究甲烷的分子结构

(1) 确定甲烷的分子式

在得出甲烷分子中碳氢原子个数比后,学生对于能否确定其分子式产生了分歧。但几乎所有认为"能确定"的推断逻辑都是有漏洞的。因此本环节通过调动学生归纳已有认知,从分子内共价键的角度进行尝试与求证,将课堂探究从宏观现象推进至微观结构。

师:真的无法确定分子式吗?我们换一个思路,从结构角度想一想。根据碳原子的电子式,它成键时应形成几对共用电子对?结合C_nH_{4n}这一原子个数比,请同学们尝试书写该气体分子结构式,看看能否有什么发现。

表7-3-3 学生根据碳原子成键规律书写C_nH_{4n}分子结构式

n	C_nH_{4n}分子	结构式	分子式
1	CH_4	H—C(—H)(—H)—H	CH_4
2	C_2H_8	H—C(—H)(—H)—C(—H)(—H)—H	C_2H_6
3	C_3H_{12}	H—C(—H)(—H)—C(—H)(—H)—C(—H)(—H)—H	C_3H_8

生：只可能是 CH_4。

在真实的科学探究中，当某一方法陷入瓶颈，科学家们会通过尝试新的方法、新的角度寻求解决问题的途径，这在现实中可能需要等待很久、需要科学同行的充分讨论，甚至依赖于科学家的灵光乍现。在课堂中，由于受制于课时，就要发挥教师的引导作用，进行过程水平反馈，在不破坏课堂探索情境神秘性的前提下，提示学生从新角度尝试得出问题的答案。

（2）探究甲烷分子的空间结构

① 搭建分子模型

揭开了甲烷分子式与结构式的秘密后，其分子空间结构的问题自然出现在探究者的视野中。本环节要求学生充分发挥想象，以 4 人小组为单位，利用桌面上的尼龙粘靶球搭建甲烷分子模型。

图 7-3-4　学生搭建的甲烷分子模型

假设与求证普遍体现在科学探究中，师生需要依据有限的信息先进行猜测、提出假说，再设计实验、分析现象进行排除与验证。本环节中，"分子式 CH_4"就是有限的信息，学生想象与搭建的分子模型即为猜想与假说。

② 甲烷与氯气的反应实验

师：这么多结构，到底哪一个才是正确的呢？现代仪器告诉我们，甲烷分子是正四面体形。但在伏打那个年代，分子的微观结构是看不见的，因此，我们只能从看得见的性质入手，通过性质来推测分子的微观结构。

化学史料　1940 年，Brown 与他的研究团队发现了烷与氯气在光照条件下的反应。

学生实验　甲烷与氯气的光照反应：用 5 mL 螺口注射器吸取 3 mL 甲烷，注入预先充有 3 mL 氯气的负压真空采血管中，用紫外胶固化手电近距离照射试管底部区域 1～2 min。

现代仪器（^1H-NMR、X 射线单晶衍射等）可以很方便地直接、间接测得有机分子的空间结构,但在结构化学萌芽时代,确定分子空间结构的探究手段就曲折得多。与之平行的,学生此时也处于学习结构化学的最初阶段,因此创设当年的探究情境、借鉴前人的探究方法推进课堂,采用调控水平反馈,激励学生发挥主观能动性,利用现有条件与已有知识开展宏微探究。

学生现有的认知水平很难想到甲烷可与氯气反应,课堂中没有必要,也不适合进行类比与引导。在科学探究历史上,无数次发生着应用他人的发现进一步研究,从而支撑自己假说的情况,这就要求科研工作者对他人的实验进行重复和验证,再从新的角度进行研究。因此,课堂中直接展示烷与氯气光照反应实验资料,丰富甲烷的宏观化学性质。

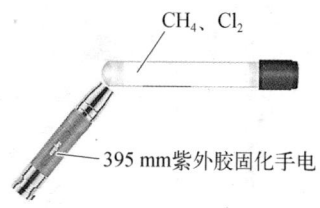

图 7-3-5 甲烷与氯气的光照反应实验示意图

在实验设计中,考虑到自由基反应对氧气敏感,因而采用了预先充入氯气的负压真空采血管;为避免学生在拔出注射器时将针管留在橡胶塞上,导致氯气泄漏和氧气进入,注射器针头选用螺口。相比于该实验的常规设计,该方法可实现装置的小型化、绿色化,且学生操作简单,使其能够作为学生实验开展。利用低功率(8 W)紫外胶固化手电提供光照条件,学生的眼睛不必暴露于强光甚至强紫外光下,反应也不至于因光强过高引发爆炸危险,同时 395 nm 光能量与 Cl—Cl 键能匹配,使反应在短时间内(1.5 min 左右)即可呈现明显现象。

图 7-3-6 甲烷与氯气光照反应实验现象
（左:空白对照管；
右:实验管）

为进一步凸显"油状液滴"这一现象,实验中的光照角度采用从负压真空管底部 45°照射(如图 7-3-7,照射方法Ⅱ)。照射方法Ⅲ能使气体分子最充分地接受紫外光照射,但也让原本就不多的生成物分散在了整支真空管中,最终现象为"真空管内部呈现雾状",无法观察到大液滴,这使得教师在课堂中不得不花时间与学生分析和明确现象;照射方法Ⅰ虽能使生成物集中在真空管底部,但单位时间内受到照射的分子数太少,使观察到明显现象的时间显著延长(3 min 左右),不利课堂效率的提升。综合实验现象与实验用时,在课堂实验中最适宜采用照射方法Ⅱ。

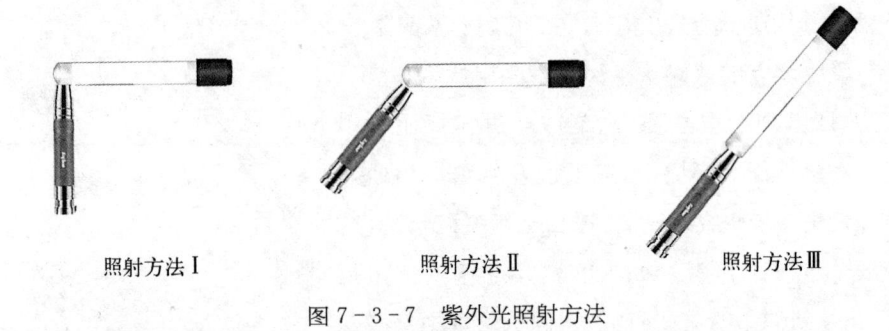

照射方法Ⅰ　　　　　　照射方法Ⅱ　　　　　　照射方法Ⅲ

图 7-3-7　紫外光照射方法

③ 甲烷与氯气反应方程式的猜测与验证

学生初次接触有机化学反应,因此无法像简单无机反应那样进行快速、准确的猜测,这就需要教师铺设思维台阶——即时的引导、早先的铺垫和及时的反馈,使学生在铺垫和引导下提出猜想,再通过实验结论的反馈和理论的讲解,对原有猜想分阶段修正。

师:甲烷+Cl_2,从元素的角度,结合碳原子成键规律,你认为可能的产物是什么?根据你们猜测的产物,书写可能的化学方程式。

表 7-3-4　甲烷与氯气反应方程式的猜测与修正

阶段	学生书写的反应方程式	反　　馈
1	$CH_4 + 4Cl_2 \xrightarrow{光照} CCl_4 + 4HCl$	i. 油状液滴——CCl_4 ii. 向反应管中注入紫色石蕊试液,试液变红 ——HCl iii. 低温下收集有机产物,常压下测定其沸点,发现在 $-23.7℃$、$39.8℃$、$61.2℃$、$76.8℃$ 下液体明显沸腾。
2	$CH_4 + Cl_2 \xrightarrow{光照} CH_3Cl + HCl$ $CH_4 + 2Cl_2 \xrightarrow{光照} CH_2Cl_2 + 2HCl$ $CH_4 + 3Cl_2 \xrightarrow{光照} CHCl_3 + 3HCl$ $CH_4 + 4Cl_2 \xrightarrow{光照} CCl_4 + 4HCl$	i. 四种氯代甲烷沸点数据——产物正确。 ii. 在微观上,一般微粒发生碰撞才能反应,而多个微粒同时碰撞的概率是非常小的,而两个微粒的碰撞更为常见。

续 表

阶段	学生书写的反应方程式	反 馈
3	$CH_4 + Cl_2 \xrightarrow{光照} CH_3Cl + HCl$ $CH_3Cl + Cl_2 \xrightarrow{光照} CH_2Cl_2 + HCl$ $CH_2Cl_2 + Cl_2 \xrightarrow{光照} CHCl_3 + HCl$ $CHCl_3 + Cl_2 \xrightarrow{光照} CCl_4 + HCl$	对比反应物与生成物,反应物分子中的氢原子被依次替换成了氯原子。像这样有机物中的原子(原子团)被其他原子(原子团)替代的反应就是取代反应。

本环节中课堂反馈的主要作用是提供信息支持,通过挖掘实验信息、提供知识信息,学生能在引导下修正猜想、调整结论、重新建构认知,最终得出科学的结论。学生可以比较容易地得出和验证阶段1的猜测。根据"结构决定性质"的大观念,通过沸点数据学生也能意识到"油状液滴"是混合物,从而进行修正。虽然(表7-3-4阶段1反馈 iii)是模拟情境,现实课堂中无法完成沸点的测定,但在表述中仍需注意科学性——由于有机反应和自由基反应会产生较多种类的副产物,因此在沸点表述中应使用"明显沸腾"等指向主要产物的语句。而对于阶段2的猜测,学生难以进行修正,高中阶段也没有实验手段可以验证,这就需要教师根据反应碰撞理论给出反馈,帮助学生理解反应的微观过程,修正自己的猜想。

④ 甲烷分子空间结构的验证

学生在没有学习同分异构现象时,自然地认为 CH_3Cl、CH_2Cl_2、$CHCl_3$、CCl_4 四个分子式对应四种物质,从而对应四个不同的沸点。课堂中借助先前甲烷分子模型搭建活动的铺垫,以提出问题的形式作出反馈——"这些氯代甲烷的结构真的唯一吗",从而引发思考,为学生元认知的修正进行铺垫,也为学习有机物的同分异构现象分析打下基础。

学生实验 根据4人小组搭建的甲烷分子模型,依次考察各模型的氯代物结构种数。

本环节采用小组展示,学生互评的方式进行,在保留各组的"甲烷"分子模型基础上,挑选不同结构进行展示。在学生根据氯代物种数对空间结构进行排除时,教师要参与到学生的评议中,对重要观念进行强化,如探讨至第四种"甲烷"分子模型时(表7-3-5)指出:"不同的结构对应不同的性质,沸点也是物质的性质。"

表7-3-5　不同"甲烷"模型氯代物的学生讨论

模　型				
一氯代物	1种	1种	1种	2种
二氯代物	2种	1种	2种	/

一氯甲烷沸点只有一个,因而甲烷的一氯代物只有一种结构,该分子结构的猜测是不正确的。"在展示过程中,无论是展示组成员还是听众,都成为了课堂的反馈者,共同分析、判断、评价结论的正确性与科学性,避免展示与观摩分离,确保全员的高参与度。同时也确保了课堂反馈的多元化,从较低水平的结果水平、过程水平的反馈上升到较高水平的调控水平、自我水平的反馈,在鼓励学习信心、激励探究精神的同时,发展学生自我评价、自我反馈的深度学习能力。

3. 甲烷的物质名称

师:通过今天的学习,我们知道了甲烷常温常压下是一种无色气体,分子式为CH_4,空间结构为正四面体形,能够燃烧,能与氯气发生光照取代。它最先在沼泽中被发现,因此被称作沼气;它也存在于天然的油气田中,因此也被称为天然气,是我们厨房中的常用燃料。甲烷的名称中,"甲"代表其分子中只含一个碳原子,那么"烷"这个字又代表什么含义呢?我们且听下回分解。

本课时以甲烷分子的结构探究为主线,而结构探究离不开性质的运用。因此在课堂的最后,总结甲烷的化学性质,也从结构出发告诉学生"甲"的含义,暗示"烷"的含义也和结构有关,承接下一节烷烃的内容。

六、教学反思和建议

课堂教学的反馈不应局限于"一答一评价"的简单形式与较低水平。本课时所探究的科学结论很简单,即甲烷分子空间结构为正四面体形,但借助宏微结合的方法与思想,以宏观性质为抓手,探究分子微观结构,以层层递进的反馈串联课堂环节，在运用中落实知识。相比单纯告诉学生事实和理论，渗透科学的发展过程、现有状态更能使学生把握科学方法，而科学方法比科学事实具有更强的牢固性和更好的迁移性，更有利于学科素养的形成，有利于学生将来的发展。在课堂的特定环节中，顺应科学探究的需要，创设科研讨论、评议情境，充分调动课堂，落实多主体、多角度、多元化、多水平的课堂反馈，帮助学生自愿投入到高阶的思维过程与学习活动中去，真正置身于化学学科的探究中来。

（撰稿者：上海交通大学附属中学　卢轶凡）

第八章
境脉教学有价值意义

　　学习是大脑本能地在境脉中寻求外部世界与内部世界发生交互作用的过程。只有当学习者置身于具有真实实践逻辑的境脉中，像专家一样对概念和原理进行理解和建构时，所学习知识才能在真实情境中获得意义和理解。境脉教学触及学生的情感需要，通过环环相扣的设计，不断解决情境中衍生出的问题。学习者在探究、实践、再思考的学习过程中，发现知识的价值，明确学习的意义，让学习真正成为育人价值实现中不可或缺的一环。

境脉学习理论更多地强调学习者内在对知识探求的主动性,提倡教师更多地关注对学习者个体学习兴趣、动机的分析。学生的知识素材中最具有形成价值的素材是来源于生活中典型的、多元的、可探究的素材,这些素材有助于学生化学学科观念的形成。教师如果在教学中以教学情境作为建构的载体,学科知识和观念则镶嵌于问题解决的过程中,使得在整个学习过程中能始终处于一种学习情境化的探究脉络中,则能培养学生形成化学学科的思维方法。从更深的层次看,化学学科对学生发展的价值,除了学科领域的知识以外,还应该给学生认识世界提供独特的视角、思维的方法和特有的逻辑。

"境脉"一词是一个动态的概念,在不同的应用领域中,境脉所表征的内容也不一样,它总是依附在一个主体上,比如环境境脉、社会境脉等。个体学习就是大脑本能地、自觉地在自身境脉这个世界中寻求外部新知识与个体内部世界发生交互作用的过程[1]。学习是一个活动的体验过程,也是境脉的变化过程。学习者建构的知识不仅包括观点和内容,也包括获得知识的境脉信息,这些信息可以帮助学习者理解或解释现象。如果把规则和规律从境脉中抽象出来,这种规则和规律对于大多数学习者来说都没有意义。境脉学习理论则更多地强调学习者内在对知识探求的重要性,提倡教师更多地关注对学习者个体学习兴趣、动机的分析。因此,尝试把学习活动嵌入境脉中,此环节包括境脉中学生的知识体系结构、认知特点和学习困惑。当在新境脉中重新应用这一学习中得到的知识时,就可以证明新的学习发生了。

一、立足学科观念,明确学习意义

化学学科观念是对具体知识的概括和提升,是学生能运用化学思想方法去认识身边事物和处理问题的自觉意识或思维习惯,是学习者深入思考和内心体验的结果,它影响着人们分析和解决实际问题的价值取向和行为方式,具有超越事实的持久价值和迁移价值[2]。中学化学学科观念主要是在学生本身累积的化学知

---

[1] 王香云.基于境脉的混合式教学研究与探索[J].太原大学教育学院学报,2015,33(02):93-95.

[2] 倪娟,杨玉琴.论基于培养学生学科观念的教学情境创设——以"有机合成"教学设计为例[J].化学教育,2012,33(12):3-5.

识基础上，正确反映中学化学特点和本质的综合性认知。学生在学习的过程中，不断对化学进行深化理解，从而产生对化学的总观性认识。

教师在目前课堂上出现最普遍的一种情况是：教师为了能让学生更精准地理解知识所提出的问题，会在知识结构的层面上优于学生自己反思提出的问题。这些问题往往缺乏问题如何产生以及问题如何解决的思考，通常都是结论型提问。这说明教师在平时教学中对学科观念应用于解决问题的教学是匮乏的。因而，在化学教学中仅仅让学生从知识认同层面了解化学学科观念是不够的，更应该重视在化学问题解决中应用化学学科观念[1]。教师必须要在教学中多指导学生总结化学学科思想和思维方法，形成相应的化学学习方法观，使教学达到事半功倍的效果。

以粗盐提纯中除去可溶性杂质这一教学片段为例，无论是二期课改教材还是依据新课程标准编排的沪教版新教材都将其放在了教材的第二章学习。同时，在教材中这部分内容均直接以离子的符号表述相关需要解决的化学问题。作为元素化合物教学中的一部分，教师在教授过程中往往更容易直接以具体离子的除杂来展开分析，却忽视了学生其实对于离子的概念是比较陌生的，他们通常更加熟悉具体对应的宏观物质，从宏观物质直接转换到微观离子对学生来说是有困难的，因此这部分教学内容最后的教学效果很多是学生能够识记相关离子的除杂方式和方法，但是并不通晓这是离子反应的结果，所以往往更换情境后学生不会应用解决新问题。要帮助学生跨越从宏观物质到微观粒子的认知障碍，教师需要思考借助教材编写中隐形的逻辑境脉线索来尝试突破，将除去可溶性杂质离子的教学内容置于整套教材的大环境中去考虑设计，成为大单元教学中的一环。比方说，新教材第一章第一课时物质的分类教学时，可以引导学生从离子的种类角度对物质进行分类，明确在溶液中溶质是可以以离子形态存在的，借助分类思想的教学，继而在带领学生分析除去可溶性杂质的教学时，就可先对杂质和除杂试剂进行拆分，了解真正需要除去的离子和可以保留的离子，由此学生在学习设计实验的同时也明白了化学除杂方法的原则，又巩固加深了学生对于微观离子的认识，也为后续教材中电解质的教学埋下了伏笔。

[1] 马云云，吴星.高中化学基本学科观念建构的新视角[J].化学教育（中英文），2020, 41（03）：67-71.

二、聚焦兴趣动机,埋下科创种子

科学观念是指人类对科学事物的本质、变化过程和规律的认识,以及在该认识过程中所获得的方法、价值,对事物外部联系等问题的抽象和概括;其中,具有层次性、发展性和总结性的认识与见解,通常也被称为科学思想[1]。

学生往往是带着各种关于自然事物或现象的朴素见解开始学习化学的;这些已有的见解或看法通常会与相应的学科观念产生冲突。因此,化学学习应被看成一个"观念转变"的过程[2]。教师如果在教学中以教学情境作为建构的载体,学科知识和观念则镶嵌于问题解决的过程中,使得在整个学习过程中能始终处于一种学习情境化的探究脉络中,能强化和调整学生的认知活动、情感活动和实践活动等,能培养学生形成化学学科的思维方法,有助于学生将孤立和零散的知识联系起来,引领学生的思维不断深入发展,这才是最有意义于学生将来学习生活的。学生只有在教师的引导下亲自经历知识的探索发现,能够自我建构学习的过程,才能获得深层次的思维活动。

例如,中学的教材中很多科学概念的呈现方式都是结论型的,往往缺少科学论证的过程,然而这一过程是帮助和培养学生建立科学思维方法和观念很重要的一个环节。以化学反应速率的概念教学为例,教材上的概念为:通常用单位时间内反应物浓度的减小或生成物浓度的增加来表示。单位:$mol/(L \cdot s)$、$mol/(L \cdot min)$、$mol/(L \cdot h)$等。关于这个概念的教学,如果仅从学会计算角度进行讲解简单,学生基本上是很快能够学会计算,所以这部分内容在教学上并非教学难点,然而学生对于这个科学概念是欠缺深度思考的,这也使得他们在计算时不知道是使用物质的量还是物质的量浓度,教科书受限于文字篇幅,往往也不可能有过多地解释。在教学活动设计时,教师可以通过情境的设置,带着学生像科学家一样思考和探究,一同置身于科学家的思维逻辑脉络中去感悟科学概念的形

---

[1] 马云云,吴星.高中化学基本学科观念建构的新视角[J].化学教育(中英文),2020,41(03):67-71.

[2] 倪娟,李广洲.理性课程改革:回归基于日常生活的"科学世界"——基于理科课程标准文本分析[J].课程・教材・教法,2008,28(6):62-66

成。首先,通过提问学生已有认知中关于速率的了解,如物理中有学习过线速率、角速率,物理中变化量指的是哪些物理量的变化。进而以实验室制取氢气为例说明,提问化学反应速率中变化量又是指哪些变化的物理量,来共同探讨该如何表示化学反应的快慢。接着通过一组实验[实验 试管A:1粒锌粒,5 mL 0.1 mol/L盐酸溶液;试管B:2粒锌粒,10 mL 0.1 mol/L盐酸溶液]的实验现象观察和讨论,将很多学生头脑中关于一些生活中的普遍看法"多就是快"进行科学观念的修订,让学生能够辨析浓度是强度量,与物质的数量无关,不具有加和性;质量、体积等是广度量,与物质的数量成正比,具有加和性。通过这样的概念建构活动,在完成化学反应速率应用计算教学的同时,也培养了学生严谨的科学态度,对相关物理量的强度和广度的学习探讨也为学生如何进行定量实验的分析和研究埋下了科学思考的种子。

只有当学习者置身于具有真实实践逻辑的境脉中,像专家一样对概念和原理进行理解和建构时,所学习的知识才能在真实情境中获得意义和理解。只有这样设计的情境,才能让教学价值在生动具体的教学活动中动态地生成,离开了学生富有个性的参与和体验,教材内容就失去了应有的价值。

三、联系生活社会,彰显学科价值

一门学科对学生发展的价值,除了学科领域的知识以外,从深层次看,还应该给学生认识世界提供独特的视角、思维的方法和特有的逻辑。化学是一门在原子、分子层次上研究物质的组成、结构、性质及变化规律的一门基础自然科学,它给予学生的认识世界的角度、思维的方式与其他自然科学有着本质的不同。《普通高中化学课程标准(2017年版)》"教学建议"中要求"加强化学与生活、社会的联系,创设能促使学生主动学习的教学情境,引导学生积极参与探究活动,激发学生学习化学的兴趣"[1]。

教学情境是经过教师加工的,与教学内容主题相适切的、包含问题的特殊事件或场景,其价值在于为学生的化学学习提供素材和背景,激起学生学习兴趣,帮助学生发现问题,激发学生主动探索、解决问题的化学学习行为,从而获得化学知

---

[1] 倪娟,杨玉琴.论基于培养学生学科观念的教学情境创设——以"有机合成"教学设计为例[J].化学教育,2012,33(12):3-5.

识、形成化学学科观念、发展化学学科能力。学生的知识素材主要来源于中学化学的教科书、课堂与学生的生活经验。其中最稀缺和最珍贵的是学生的生活经验素材,因为来源于生活中典型的、多元的、可探究的素材是最具有形成价值的素材,这些素材有助于学生化学学科观念的形成。然而,生活中的素材是多样的,就如同多数学生学习化学时感觉化学知识是零碎的。同时,教师在进行教学情境创设过程中往往背离了所面对学生的化学知识背景和生活背景,忽略了现实情境背后的化学本质,从而浪费了有限的课堂教学时间,无助于课堂教学目标的达成,"学生能否牢固地、准确地,哪怕只是定性地建立起基本的化学观念,应当是中学化学教学的第一目标"。学生需要在整个教学过程中,在问题链的助推、教学情境的启发下,不断地思索、实验、解释,在事实性知识中形成某种看法。这样的课堂教学正是课程标准中"强化科学探究的意识,促进学习方式的转变,培养学生的创新精神和实践能力"的要义解读[1]。

以车用能源为例,涉及了解车用能源现状和能量转化形式;车用能源的分类;不同车用能源能量转化原理、存在问题及解决办法等多种可以探讨的角度。从化学学科教学出发,教师需要帮助学生建构认识化学反应的视角,从物质变化、能量变化两种角度认识化学反应,形成通过改变条件改变化学反应速度和限度,进而控制化学反应的物质变化和能量变化的观念;通过燃油汽车尾气污染物产生的原因和治理的方法,体会控制化学反应的基本思路;通过认识新能源汽车发展的意义和面临的问题,进一步完善对化学反应认识的角度还需要考虑实际情况等。通过上述表述,可以发现对于车用能源的学习涵盖多个化学基础理论知识的应用,同时有着两条并行线(燃油汽车和电动汽车)的学习。教师要做的就是通过合理的教学环节设置,帮助学生厘清从化学角度分析问题的脉络,并应用所学知识解决问题,建立分析化学问题的逻辑认知模型。简要教学环节说明如下:

环节一　车用能源现状和能量转化形式

主要活动:资料阅读和查阅。

---

[1] 曹俐.基于学生自主建构学科观念的课堂教学——以氨的教学为例[J].贵州师范学院学报,2015,31(06):50-53.

设计意图：从诸多的信息中帮助学生了解车用能源的分类，并从能量变化和物质变化两个角度做出简要分析，也是为如何应用知识提供了浅层的脉络分析图。

环节二　内燃机实现能量转化的原理及遇到的问题和处理

主要活动：从宏微观角度分析能量变化的原因，汽车尾气的治理。

设计意图：学生从吸热放热反应能量变化的角度分析，难度并不大，作为两条并行线中的一条，可以同电动车能量变化形式做对比。运用物质转化原理处理汽车尾气分析活动，则可以很好地将教材隐性的逻辑脉络清晰地呈现给学生，即调控化学反应的基本思路：分析现实存在问题→反应速率和反应限度的转化条件选择→对于化学反应的再认识。

环节三　电动汽车实现能量转化的原理及车用电池现状优劣评价

主要活动：分析电动汽车能量转化过程中原电池的认知模型及优劣评价。

设计意图：对不同类型的原电池模型进行分析，有助于学生回顾学习原电池的逻辑脉络：氧化还原电子的得失→电子的定向移动→简单原电池模型→复杂原电池模型→微观本质与宏观现象的联系。

环节四　总结　厘清从化学角度分析问题的脉络

虽然学生在学校学习了许多具体性化学知识，做了大量的化学习题，但是在生活、工作中遇到与化学相关的问题时却不会从化学的角度进行思考，不能够形成对化学学科及其价值正确的认识。学生若能在化学学习过程中逐步提炼概括出认识物质及其运动的化学视角和思维方式，从而对与化学有关的问题做出科学的判断和决策，真正成为科学素养的一部分，这才是化学学科具有强大生命力的意义和价值所在。

由于教学时间和课堂容量有限，所以教师应精选学科脉络知识，提炼情境探究专题，适度组织学生开展丰富的境脉学习活动，从识到用，引领学生经历一场

"寻脉之旅"。需要指出的是,学生思维能力的提升需要在不断训练甚至重复训练中逐步实现。因此,对具体案例的分析应该贯穿每个教学环节,让学生在情境的"识"与"用"中多尝试几次脉络探寻,多一些小结与反思,巩固对学科观念的运用。

(撰稿者:上海市民星中学　吴虹颖)

实践智慧 8-1　形成化学学科观念：硫的单质及其化合物

境脉教学，是以特定的教学目标为导向，设计能突出学生主体性、激发学生学习兴趣、具有动态生成空间又一脉相承的教学情境，从情境中衍生出问题与任务，以问题的解决和任务的完成来实现教学目标的落实，提升学生的核心素养与能力[1]。教师依据本校学生的已有学习经验，在教学设计中创设适应本校学生学情的知识境脉、实验境脉和生活境脉，将相关的核心知识整合到境脉中，促进学生自主构建知识体系，建立认知模型，并能运用模型解释化学现象，揭示现象的本质和规律。境脉教学，是一种促成学生化学学科观念形成的有价值意义的教学模式，其价值在于能增进学生对学科知识的理解，能促进学生学习方式的转变，能培养学生运用所学知识解决实际问题的能力。没有化学学科观念统领的化学教学只是把"麦子"磨成"面粉"，立足化学学科观念的化学教学才是把"麦子"磨成"面粉"又加工成"不同口味的面包"，落实创新素养的培育。

在硫的单质及其化合物这一单元中，设计了自然界单质硫的产生、硫化氢在空气中变质的原因、二氧化硫的生产和食品添加剂中的用途、工业上硫酸的重要性、酸雨的危害等情境，这些学科外的情境与学生的生活和学习密切相关；每节课之间的不同含硫物质间的转化是学科内情境，根据对学科外情境和学科内情境合理设计问题，达到对硫及其化合物性质的学习，建立元素及其化合物的学习认知模型，从价态-类别二维角度建构含硫化合物之间的转化的途径，促进学生学科素养的发展。

本单元的设计是在境脉的引导下，学生追求对化学知识理解的同时，自主构建化学学科观念：元素观、分类观、转化观、实验观。学生结合真实情境通过实验探究、设计实验方案，仔细观察、记录实验现象，科学地分析解释实验结果，理解硫及其化合物性质及变化，自主构建转化观、实验观。通过价态-类别二维角度实现

---

[1] 汪纪苗，王森森，任雪明．"境脉"视角下的化学教学实践与思考[J]．中学化学教学参考，2017（13）：15-17．

含硫化合物之间的转化的途径的学习,自主构建元素观、分类观。学生从元素组成成分的角度来认识各种含硫化合物,并将其与熟悉的物质建立联系,根据不同类别的通性和氧化还原的角度构建物质之间转化框架,建立"结构决定性质"的化学观念。这种情境引导下学到的化学知识就"活"了起来,有利于发展从化学的视角认识事物、解决问题的思想、观点和方法,即植根于学生头脑中的化学学科观念。

一、单元教材教法分析

项目	属性	属性描述	
单元教学课程标准要求	学习内容、学习水平	"硫的单质及其化合物"课程标准规定的单元教学内容(4课时)[1]	
^	^	学习内容	
^	^	第1课时 黑火药中的硫磺	1. 硫的物理性质
^	^	^	2. 硫的化学性质
^	^	第2课时 硫的重要化合物——二氧化硫	1. 二氧化硫的物理性质
^	^	^	2. 二氧化硫的化学性质
^	^	第3课时 硫的重要化合物——硫酸和硫酸盐	1. 浓硫酸的特性
^	^	^	2. 硫酸和硫酸盐的用途
^	^	第4课时 探秘酸雨	二氧化硫与酸雨的形成
单元知识与学科核心素养	地位和作用及与其他单元的联系	"硫的单质及其化合物"的单元是继第二章"开发海水中的卤素资源"以后,又一个元素及其化合物知识单元。本单元的内容和有关情境不仅与我们的生活、工业生产、环境问题密切相关,同时也是高中化学元素化合物知识中非常重要的组成部分。它为学生学习化学概念、形成化学学科观念提供了知识载体;为学生了解化学与生活、化学与社会的发展、化学与环境之间的密切关系提供了证据素材;其组成、结构、性质、用途等方面的学习为学生进行课题探究作了铺垫。	

---

[1] 上海市教育委员会教学研究室.上海市高中化学学科教学基本要求(试验本)[M].上海: 华东师范大学出版社,2022: 27-28.

续表

项目	属性	属 性 描 述
		本单元从物质类别的角度推测验证含硫物质进一步应用氧化还原的理论来认识硫元素不同价态物质之间的转化,对非金属及其化合物知识作归纳和提升,为后续学习其他元素及化合物提供知识和方法,也为学习元素周期律打下了基础,具有承上启下的作用,是帮助学生构建化学学科观念：元素观、转化观、实验观、分类观等的重要环节。
	知识结构与学科核心素养	本单元知识结构的横向联系是硫、二氧化硫、硫酸、硫酸盐的类别、性质和用途。纵向联系是不同价态的含硫物质的相互转化,探究酸雨的形成和防治。本单元知识结构、学科核心素养两个方面综合梳理如下图：
		图 8-1-1
学情分析	知识与技能、兴趣与态度	本单元是继学第二章"开发海水中的卤素资源"以后,学生学习的又一个元素及其化合物知识单元。学生虽然初步学习了卤素单质及其化合物之间的性质递变规律以及氧化还原反应的基本概念,具备一些学习元素及其化合物的学习方法和一定的化学逻辑思维能力。但学生对元素及其化合物间的相互联系和变化规律认识不够,对运用氧化还原的角度理解元素及其化合物间的相互转化不熟练。 本单元的学习是从物质类别的角度推测验证含硫物质(主要包括硫、硫化氢、二氧化硫、硫酸等)的性质和变化,进一步应用氧化还原的理论来理解硫元素不同价态物质之间的转化,运用化学知识分析解决实际问题。 本单元的学习与工业生产、环境问题密切相关,注重实验的证据推理和元素化合物的认知模型学科素养的培养,是重视实验探究的过程学习。

续 表

项目	属性	属性描述
确定教学目标维度	教学目标维度	本单元的实验大多采用演示实验,通过观察、记录、比较、推理等活动,帮助学生形象地认识硫单质及其化合物的性质及变化的宏观事实性知识;通过引导学生对事实性知识背后的学科方法和观念的思考、分析、讨论等活动,体会事实性知识背后的学科基本观念:元素观、转化观、实验观、分类观。 演示实验是以硫单质、二氧化硫、浓硫酸性质的探究为载体,经历提出问题、实验探究、观察实验现象、分析推理、交流反思的探究过程,体现化学学科探究式学习的方法,发展勤于实践的科学品质。 教材选取真实的、有意义的情景素材"酸雨、雾霾的成因与防治",结合真实情境,通过实验探究得出合理结论。学习背景和化学知识相辅相成,促进学生对知识的领会,同时强化了知识的运用,发展基于物质类别和元素价态对物质性质进行探究的能力,实现变化观念、证据推理、模型认知、科学探究等学科核心素养的培养。
选择合适教学方法	教学方法	在"从黑火药到酸雨"的背景下学习硫单质及其化合物;借助"酸雨"的测定,查找"雾霾"的成因,引导学生关注人类面临的与化学有关的社会问题,为学生学习提供了合适的支架和向导,激发学生的求知欲。 引导学生采用体验学习和探究学习的方式学习;运用图表说明各类含硫物质间的关系,感悟物质非孤立存在;通过实验、调查等方法收集证据,在小组合作中完善并交流探究的过程和结果,感悟合理使用含硫物质的重要性。 在本单元的学习中,通过类比的方法认识物质的性质,培养学生的演绎、推理能力;应用氧化还原的理论理解硫元素不同价态之间的转换,培养学生逻辑思维能力;运用已学的化学反应原理探究我们城市的雨水是否酸雨及可能的成因,培养学生探究问题、解决问题的能力,引导学生关注社会问题,增强学生的环境保护意识、人与自然和谐发展的理念;增强学生是城市的主人翁的意识,促进其积极参与到与有关化学问题的社会实践活动中,培养学生的社会责任感。

二、单元主题规划的分析

单元名称	硫的单质及其化合物
单元性质	新授课
内容选择	本单元的学习内容主要包括硫单质、二氧化硫与浓硫酸等含硫物质的性质与用途,通过构建不同价态含硫物质之间的转化关系网,加深对氧化还原反应规律的理解和运用。在此基础上,探究酸雨的形成、危害和防治措施。

续 表

	学会运用化学原理分析解决实际问题,强化化学学科观念。 从原子结构的角度推测硫单质的化学性质,运用化学用语表征不同含硫物质的化学反应,认识不同含硫元素物质的组成、结构、性质和变化,形成"结构决定性质"的观念。能对不同含硫元素物质进行分类,推测出它们的性质;从氧化还原角度分析含不同价态的硫元素物质的化学性质以及它们的转化,基于实验证据进行分析推理、证实。发展了"变化观念""证据推理""模型认知""科学探究"等学科素养。关注"酸雨""雾霾"等社会问题,认识环境保护的重要性,树立"绿色化学"观念和可持续发展理念,发展了"社会责任"学科素养。
单元教学的重难点	重点:硫单质、二氧化硫、浓硫酸的化学性质。 难点:(1) 构建不同价态含硫物质之间的转化关系网; (2) 探究酸雨的形成和防治。

三、单元教学目标设计

内容	体现的学科核心素养	教学目标描述
硫单质	宏观辨识 微观探析 变化观念 证据推理 模型认知 科学探究	1. 能运用原子结构模型,预测硫单质的化学性质,从宏观与微观相结合的视角分析与解决实际问题。 2. 描述硫单质的物理性质和化学性质及实验现象。能说明硫单质的性质与应用的关系。 3. 初步掌握物质的分类方法,能预测不同类别物质的化学性质,能运用化学符号表征硫单质和硫化氢的化学反应。 4. 从氧化还原的角度分析硫单质的氧化性和还原性、硫化氢的还原性,能设计实验,收集证据,证实推测。 5. 形成物质的转化观、分类观、实验观,建立"结构决定性质,性质决定用途"的学科思想。
二氧化硫	宏观辨识 变化观念 证据推理 模型认知 科学探究	1. 描述二氧化硫物理性质和化学性质及实验现象。能说明二氧化硫的性质与应用的关系。 2. 能运用化学符号表征二氧化硫的化学反应。 3. 从物质类别角度和氧化还原角度比较 SO_2 和 CO_2 的化学性质,感受比较学习的方法。 4. 初步学会基于实验证据进行分析推理,得到证实或证伪。形成严谨的学科思维能力。

续 表

内容	体现的学科核心素养	教学目标描述
硫酸	宏观辨识 变化观念 证据推理 模型认知 科学探究 科学态度	1. 描述浓硫酸的特性及实验现象。能说明浓硫酸的性质与应用的关系。 2. 能运用化学符号表征浓硫酸的化学反应。 3. 分别从不同角度比较浓硫酸和稀硫酸的化学性质,感悟同种物质在不同浓度下性质的差异。 4. 能选择合适的试剂和滴加顺序完成硫酸根离子的检验,并能用规范的文字表述实验步骤、现象和结论。 5. 通过对浓硫酸性质实验的观察,养成尊重客观事实的科学态度,增强安全意识。
探秘酸雨	变化观念 证据推理 模型认知 科学探究 科学态度 社会责任	1. 小组合作,基于氧化还原理论和含硫物质之间转化罗列出各种形成酸雨的途径。 2. 测定身边雨水的 pH,体会国家在环境治理方面的成绩。 3. 查资料收集酸雨的成因及其危害。 4. 提出酸雨防治的有效方案,重视与化学有关的社会问题,具备运用所学知识解决相关社会问题的责任意识。 5. 认识到环境保护的重要性,发展"人与自然和谐发展"的理念。

四、单元学习活动设计

活动类型	活动主题	活动任务	活动实施	活动评价
课时活动	硫单质物理性质和化学性质	观看火山喷发的视频和火山口聚集的硫磺图片。观察演示实验,理解硫单质的物理性质。	观察硫单质的颜色、状态。 观察硫单质在不同溶剂(水、酒精、CS_2)中的溶解情况。	学生能根据观察正确描述硫单质的物理性质。
		基于硫原子的结构推测硫单质的化学性质,并实验验证。	1. 画出硫原子的结构示意图,并根据最外层电子数,推测硫单质得失电子的能力。	正确画出硫原子的结构示意图。 能从氧化还原视角推测硫单质的氧化性和还原性。

续　表

活动类型	活动主题	活动任务	活动实施	活动评价
课时活动			2. 演示实验 （1）硫磺燃烧 （2）硫粉和铁粉反应	能观察并记录实验现象。 能用化学方程式表征硫单质的化学性质。
			3. 比较硫单质和氯气的氧化性强弱。	通过比较两种单质与铁、铜反应的产物，分析得出氯气的氧化性比硫强。
	二氧化硫的物理性质和化学性质	观察演示实验，理解二氧化硫的物理性质。	演示实验：1. 观察集气瓶中的二氧化硫，嗅闻它的气味。 2. 上述集气瓶中加水振荡。	能根据观察得出二氧化硫的物理性质，并正确描述。
		基于二氧化硫的类别，推测它具有酸酐的通性，并实验验证。	演示实验：1. 二氧化硫的水溶液中滴入石蕊溶液。 2. 二氧化硫的水溶液中滴入含有酚酞的氢氧化钠溶液。	能观察并记录实验现象。 能用化学方程式表征二氧化硫酸酐的通性。 基于二氧化硫的性质，对二氧化硫的尾气吸收剂做出正确的选择。
		基于硫元素的化合价推测二氧化硫既具有还原性又具有氧化性，并实验验证。	演示实验：测定二氧化硫水溶液的pH，滴入 H_2O_2 溶液，再次测定溶液的pH。	能观察并记录实验现象。 基于氧化还原的原理正确得出二氧化硫具有还原性的结论。 能用化学方程式表征上述二氧化硫的还原性。
			演示实验：把集有二氧化硫和硫化氢气体的集气瓶，口对口相扣，混合气体。	能观察并正确描述实验现象。 能基于现象，分析得出硫化氢具有还原性。 能基于氧化还原的特例"归中"原理正确解释实验现象。 能用化学方程式表征上述二氧化硫的氧化性。

续 表

活动类型	活动主题	活动任务	活动实施	活动评价
课时活动		基于课堂引入情境,得出二氧化硫具有漂白性,并实验验证。	演示实验:将二氧化硫通入品红溶液中,然后将上述混合液进行加热。 小组讨论,归纳整理:二氧化硫和氯水漂白的异同点。	能观察并正确描述实验现象。 能对比氯水的漂白,体会不同物质具有不同的化学性质的思想。 能从漂白效果、漂白原理、漂白范围等角度分析出两者的不同。 能学会运用比较学习法,建立新知与已有知识的联系,建构知识体系。
		复习巩固	小组讨论,归纳整理:二氧化硫和二氧化碳物理性质和化学性质的异同点。	能列出表格,正确完成表格。 能学会运用比较学习法,建立新知与已有知识的联系,自主建构知识体系。
	浓硫酸的特性	观察演示实验,理解浓硫酸的物理性质。	情境:我国一年硫酸的产量。 演示实验:1. 观察浓硫酸的颜色、状态,打开瓶盖闻气味。 2. 浓硫酸的稀释	能根据观察正确描述浓硫酸的物理性质。 基于实验现象,理解浓硫酸稀释的操作步骤。
		基于实验观察,学习浓硫酸的特性	演示实验:胆矾晶体中加入浓硫酸。 举例说明:浓硫酸可用作干燥剂。	能观察并正确描述实验现象。 基于实验现象,理解吸水性的概念。
			演示实验:浓硫酸滴在白纸上。	能观察并正确描述实验现象。 基于实验现象,理解脱水性的概念。 能比较吸水性和脱水性概念的不同。

续 表

活动类型	活动主题	活动任务	活动实施	活动评价
课时活动			演示实验：黑面包实验。小组讨论，交流：该实验体现了浓硫酸的哪些性质？设计实验：验证蔗糖与浓硫酸反应的产物。演示实验：铜与浓硫酸反应。	能观察并正确描述实验现象。能基于实验现象分析浓硫酸的三大特性。能选择合适的检验试剂，对混合气体中物质的检验顺序能进行正确选择。
			从微观视角分析浓硫酸和稀硫酸氧化能力不同的原因。	能知道硫酸是强电解质。能正确说出两者存在的主要微粒，理解电离的发生条件。
		复习巩固	小组讨论：设计实验区别两瓶无色液体是浓硫酸还是稀硫酸？	能灵活运用浓硫酸和稀硫酸性质的不同，设计实验方案，正确描述实验现象，得出正确结论。
	硫酸根离子的检验	硫酸根离子的检验	设计实验方案，并进行实验验证。	能设计合理的实验方案，根据现象得出正确结论。使用胶头滴管的操作要规范。
	探究酸雨的成因	知识点网络化——含硫物质的互相转化	情境：酸雨的危害资料[1]和视频[2]。小组合作：从物质类别和元素价态变化的角度提出可能的酸雨成因，把转化过程标在价态-类别二维图中，并在箭头上标出转化的条件和需要的反应物。小组间交流成果。	通过小组讨论能尽可能多的提出酸雨的可能形成路径。能用化学语言表征上述过程。能根据自然界的硫循环图，推测酸雨的成因。

[1] 张士功, 张华.酸雨对我国生态环境的危害及防治对策[J].中国农业资源与区划, 2001（01）：44-47.
[2] 酸雨的危害视频 https://v.qq.com/x/page/i0900432ig9.html

续 表

活动类型	活动主题	活动任务	活动实施	活动评价
跨课时活动	探秘酸雨	测定学校或者家周边雨水的pH。	家庭实验：测定学校或者家周边雨水的pH，判断是否是酸雨。	正确使用教师提供的pH计，得出结论。小组内成员能分工合作。
		探究久置酸雨pH变化的原因。	学生实验：对照实验，测定刚收集的雨水和放置不同时间段后雨水的pH。小组合作：久置的酸雨pH发生变化的原因。	正确使用教师提供的pH计。能列表分析久置后雨水pH变化趋势。能基于亚硫酸中硫的化合价分析出亚硫酸具有还原性，得出正确合理的解释。能用化学语言表征变化的原因。
		酸雨的治理	小组合作：查资料，收集酸雨防治的措施。设计方案的比较。	能运用关键词搜索文献资料。能考虑到从燃料燃烧前和燃烧后两个方面设计脱硫方案。能从"绿色化学"的要求评价脱硫方案的优缺点。能根据讨论优化自己的设计方案。

五、单元作业设计与评价

1. 家庭实验：测定学校或者家周边雨水的pH，完成实验报告：

实验名称：测量＿＿＿＿＿＿雨水的pH。

实验操作者：＿＿＿＿。

实验时间：＿＿＿＿。

实验仪器：SX-610 pH Tester

表 8-1-1 _____雨水的 pH 记录表

序　号	pH	pH 平均值
1		
2		
3		

实验结论：_____。

实践探究：能运用所学化学知识和方法分析探究生活中的化学问题，认识化学科学对社会的持续发展的贡献。

2. 酸雨的成因很复杂，主要成因是燃烧含硫的煤和石油。在实际生产中有两种燃烧后尾气脱硫的方案，如下图（见图 8-1-2）。

方法一：烧碱法

SO_2 → 吸收（NaOH）→ Na_2SO_3

方法二：石灰-石膏法

SO_2 → 吸收（$Ca(OH)_2$）→ 氧化（O_2）→ $CaSO_4 \cdot 2H_2O$

图 8-1-2　烧碱法和石灰-石膏法尾气脱硫

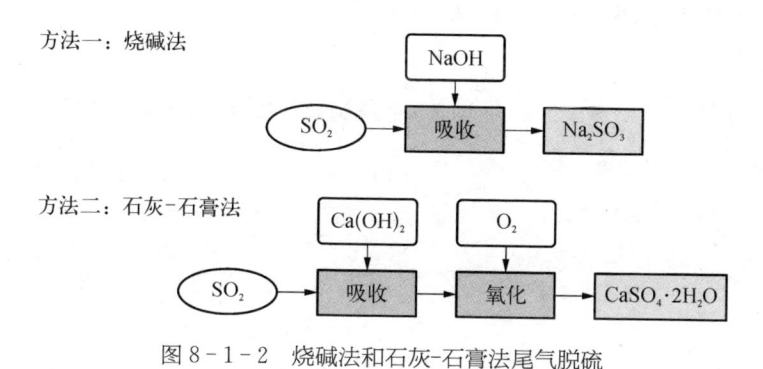

表 8-1-2　烧碱法和石灰-石膏法成本比较

试　剂	$Ca(OH)_2$	NaOH
价格约（元/kg）	0.36	2.9
吸收 SO_2 的成本约（元/mol）	0.027	0.232

（1）石灰-石膏法和烧碱法吸收二氧化硫的化学原理相同之处是_____。

和烧碱法相比,石灰-石膏法的优点是_____,缺点是_____。

(2) 在石灰-石膏法和烧碱法的基础上,设计一个改进的、能实现物料循环的烟气脱硫方案(用流程图表示)。

> **方案评价：** 能依据"绿色化学"理念对尾气吸收方案进行评价,基于对比分析提出更合理的设计方案。

总之,境脉教学下的单元设计就是以特定主题单元为基本单位,创设有价值意义的教学情境,以问题解决为驱动,触发学生自身原有的记忆、经验,合理统整与问题相关的知识、技能,引导学生自主处理新的信息或知识,促进学生自主完成知识体系的构建;发展化学知识背后所蕴含的思想、观点和方法,逐步构建化学学科观念。境脉教学触及学生的情感需要,驱动学生愿学、乐学,通过不断解决情境中衍生出的问题或完成任务,发现化学知识的价值,明确化学学习的意义,让化学学习真正成为育人价值中不可或缺的一环。

(撰稿者：上海市市东实验学校　叶林美)

实践智慧 8-2　聚焦化学的做中学：盐溶液的酸碱性

一、教学主题内容及教学现状分析

电解质溶液是高中化学重要基础理论之一，该板块的特点是知识抽象、理论性强，是高中化学教学的难点。"盐溶液的酸碱性"是沪科版高中化学选择性必修1第三章"水溶液的离子反应与平衡"中第三节内容，课时为1课时。课程标准中的要求是理解盐类水解的原理，学会判断强碱弱酸盐和强酸弱碱盐水溶液酸碱性并能从微观上解释原因，应用盐类水解的知识解决生活、生产中的实际问题。盐类水解是以溶液中的微粒变化为核心，从微观角度探究离子共存，是对已有的关于电解质溶液知识的综合应用，涉及知识面广、综合性强。

学生在初中学段已经认识了简单的酸碱盐的性质，必修一中学习了化学键、电解质、非电解质、强电解质、弱电解质、电离、离子反应、离子方程式等电离理论的基础知识，在本章的第二节学习了电离平衡的知识。本节课的设计，在已具备的电离理论的基础上，设计实验情境，引发认知冲突，小组合作，动手实践，自主探索盐类水解及其规律，完善已有的电离理论的框架。为后续学习其他平衡做好铺垫。

学生普遍对这部分的学习感到困难，不少教师在教学中就根据自己的经验将内容和规律直接告诉学生，一遍又一遍地重复讲解，把化学教成"文科"，不利于学生对知识的理解掌握。沪科版教材组织内容也是停留在重视总结规律：从实验测定不同盐溶液的酸碱性入手，归纳得出盐溶液的酸碱性的规律，引出盐类水解的概念。教学过程中主要强调宏观的现象——盐溶液的酸碱性和盐溶液的组成的关系，导致学生忽略盐类水解的实质——破坏水的电离平衡，学生对盐类水解微观本质认识模糊不清。

关于"盐溶液的酸碱性"一课的教学设计的教研文献大多数是从探究盐对水

的电离平衡的影响入手,得出盐类水解的概念。周旸[1]通过计算 0.1 mol/L 盐酸中水的电离程度与纯水中水的电离程度的比较,得出酸对水的电离的影响,以此为铺垫,然后讲述不同盐对水的电离平衡的影响,得出盐类水解的概念。胡久华[2]是先让学生自己设计实验证明在水中加入某种物质后能使水的电离增强,然后教师演示实验证明醋酸钠促进了水的电离,顺利导入盐类水解的概念。李海芳[3]以水中加入盐酸、醋酸后呈酸性的本质原因探究为铺垫,引入盐溶液呈不同酸碱性本质原因是盐提供的离子与 H^+ 或 OH^- 结合生成弱酸、弱碱,建立盐类水解模型,帮助学生理解盐类水解概念。

二、教学思想与创新点

本节课设计了"镁粉加入氯化铵溶液中产生能用湿润的红色石蕊试纸检验的氨气和能点燃的氢气"这一现象明显的实验情境,引发学生的认知冲突,学生的已有认知中活泼金属只有与酸溶液才产生氢气,那么镁粉与氯化铵溶液发生了什么化学反应? 激起了学生探究的热情,动手实验验证猜想,学生小组合作在探究过程中从微观上辨识溶液中微粒间的反应,自主生成了盐类水解的概念,厘清盐类水解的实质,解决了实验情境中产生的认知冲突。境脉课堂教学,是学生在情境的引导下不断探究,收集证据,建立认知模型,解决问题,生成新知,在动手学的过程中逐渐具备了主动获取知识的能力,达成了发展"宏观辨识与微观探析""证据推理与模型认知"学科素养,为创新能力的养成埋下种子。

三、教学目标

1. 通过实验探究理解盐类水解的概念,初步学会从宏观和微观相结合上收集

---

[1] 周旸,张霄,吴晗清.化学教学中微课的开发与实践——以"盐类水解"为例[J].化学教学,2015(10): 35 - 38.
[2] 胡久华,支瑶,陈欣.采用不同教学处理进行盐类水解教学的案例研究[J].化学教育,2006(12): 23 - 25.
[3] 李海芳,莫宇锋,何琳,孙可平.强化建模过程的课例研究——以"探究盐溶液的酸碱性"为例[J].化学教学,2021(04): 54 - 59.

证据，从不同视角分析问题，推测出合理结论。

2. 通过讨论，归纳出不同盐溶液酸碱性的判断规律，建立认知模型，并能运用模型解释物质的化学性质。

3. 学会盐类水解离子方程式的书写，能用化学符号表征盐类水解的实质。

4. 体验动手学化学的乐趣，积极探究，尊重实验事实，重视合作的科学态度。用所学化学知识解释生活中问题，感悟化学学科的重要性。

四、教学流程

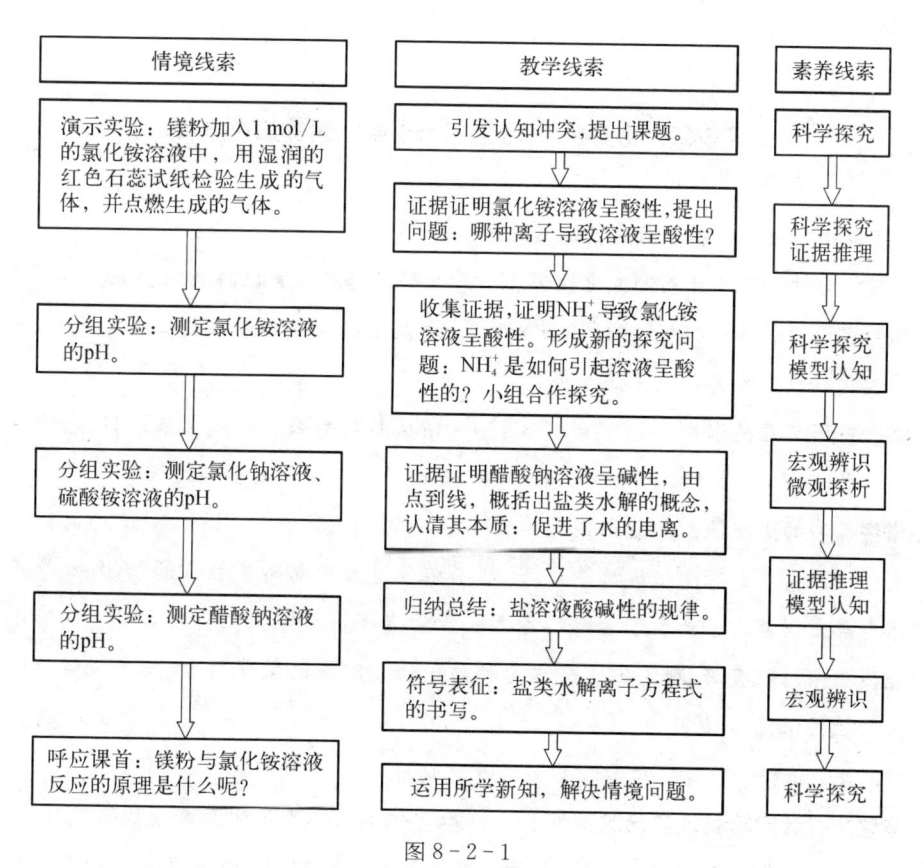

情境线索	教学线索	素养线索
演示实验：镁粉加入1 mol/L的氯化铵溶液中，用湿润的红色石蕊试纸检验生成的气体，并点燃生成的气体。	引发认知冲突，提出课题。	科学探究
	证据证明氯化铵溶液呈酸性，提出问题：哪种离子导致溶液呈酸性？	科学探究 证据推理
分组实验：测定氯化铵溶液的pH。	收集证据，证明NH_4^+导致氯化铵溶液呈酸性。形成新的探究问题：NH_4^+是如何引起溶液呈酸性的？小组合作探究。	科学探究 模型认知
分组实验：测定氯化钠溶液、硫酸铵溶液的pH。	证据证明醋酸钠溶液呈碱性，由点到线，概括出盐类水解的概念，认清其本质：促进了水的电离。	宏观辨识 微观探析
分组实验：测定醋酸钠溶液的pH。	归纳总结：盐溶液酸碱性的规律。	证据推理 模型认知
	符号表征：盐类水解离子方程式的书写。	宏观辨识
呼应课首：镁粉与氯化铵溶液反应的原理是什么呢？	运用所学新知，解决情境问题。	科学探究

图8-2-1

五、教学实录

环节一 演示实验：镁粉与氯化铵溶液反应——创设实验情境，引发认知冲突

教师 演示实验：镁粉加入 1 mol/L 的氯化铵溶液中。剧烈反应，产生大量气泡。用湿润的红色石蕊试纸检验生成的气体，并点燃生成的气体。根据实验现象推测反应的生成物。该反应的原理是什么呢？

学生 氨气和氢气。猜测：会不会是氯化铵溶液呈酸性？是镁和溶液中的 H^+ 反应生成氢气？

环节二 动手学——自主构建盐类水解的知识体系

(1) 动手实验——初识盐溶液的酸碱性

学生 动手用 pH 计测定氯化铵溶液的 pH，得到溶液呈酸性的实验结果。

教师追问 盐酸、醋酸等酸的溶液呈酸性，氢氧化钠和氨水等碱的溶液呈碱性，氯化铵这种盐溶液为什么呈酸性呢？

教师提示 在纯水中 $c(H^+)=c(OH^-)$。请从物质的微粒构成上来分析，氯化铵晶体加入水中，为什么会导致 $c(H^+)>c(OH^-)$？是哪种离子起的作用？

学生 有的小组认为是氯化铵晶体在水溶液中电离产生了 NH_4^+，NH_4^+ 电离出氢离子的原因。也有小组认为是氯化铵晶体在水溶液中电离产生了 Cl^-，Cl^- 结合了水电离出的氢离子产生了盐酸的原因。但后者很快被学生们自我否定了。有小组提出做对照实验，测定其他含这两种离子的盐溶液的酸碱性，收集氯化铵溶液呈酸性的依据。

(2) 收集证据——探究盐溶液的酸碱性的成因

学生（设计实验验证自己的猜测） ①取氯化钠固体于试管至盖满试管底部，加入约 1 mL 蒸馏水，振荡，测定溶液的 pH。②取硫酸铵固体于试管至盖满试管底部，加入约 1 mL 蒸馏水，振荡，测定溶液的 pH。实验结果：蒸馏水中加入氯化钠，

pH没有变化,溶液仍为中性;蒸馏水中加入硫酸铵,pH变小,溶液变为酸性。实验结论:氯化铵溶液呈酸性,是NH_4^+导致的。

教师追问 NH_4^+是如何引起水溶液$c(H^+)>c(OH^-)$的?

教师设置问题台阶 氯化铵溶液中存在哪些微粒?微粒间可能发生哪些反应?这些反应导致了溶液中各种微粒浓度如何变化?

学生(小组合作) 纯水中电离产生的$c(H^+)=c(OH^-)$。氯化铵溶于水电离产生NH_4^+,NH_4^+在溶液中不会发生电离,没有导致$c(H^+)$增大,但NH_4^+可以结合水电离出来的OH^-,产生弱电解质$NH_3·H_2O$分子,使$c(OH^-)$减小,破坏了水的电离平衡,促进了水的电离平衡正向进行,使溶液中$c(H^+)>c(OH^-)$,并板书演示:

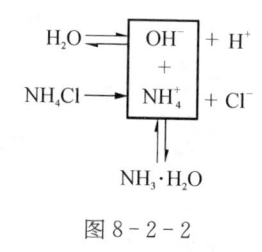

图8-2-2

(3)巩固新知——拓展其他盐溶液的酸碱性

学生(进一步实验验证推测) 取醋酸钠固体于试管至盖满试管底部,加入约1 mL蒸馏水,振荡,测定溶液的pH。实验结论:蒸馏水中加入醋酸钠,pH变大,溶液变为碱性。

学生 醋酸钠在溶液中电离产生的CH_3COO^-,结合水电离出来的H^+,产生弱电解质CH_3COOH分子,使溶液中$c(H^+)$减小,破坏了水的电离平衡,促进了水的电离平衡正向进行,使溶液中$c(OH^-)>c(H^+)$,导致了溶液呈碱性,并板书:

图8-2-3

学生归纳 盐类水解的定义：在溶液中盐电离出来的某种离子跟水电离出来的 H^+ 或 OH^- 离子结合生成弱电解质的反应。盐类水解的实质：促进了水的电离。

（4）归纳迁移——总结盐溶液的酸碱性规律

教师（架设台阶） 根据下面表格（见表 8-2-1），哪些离子在水溶液中会发生水解？盐溶液的酸碱性有什么规律呢？

PPT 投影 推测下列盐哪些会水解以及溶液的酸碱性。

表 8-2-1

盐溶液	NH_4Cl	$Al_2(SO_4)_3$	$FeCl_3$	Na_2CO_3	Na_2S	$Cu(NO_3)_2$	$NaNO_3$	K_2SO_4	KCl
是否水解									
酸碱性									

学生（小组讨论） 归纳出盐类水解的规律：有弱就水解，无弱不水解，谁强显谁性。

（5）符号表征——盐类水解方程式的书写

教师 根据前面盐溶液呈不同酸碱性的分析，用化学语言表达出来，鼓励学生上台板书盐类水解的离子方程式。

学生（上台板书） $NH_4^+ + H_2O \rightleftharpoons NH_3 \cdot H_2O + H^+$

化学方程式：$NH_4Cl + H_2O \rightleftharpoons NH_3 \cdot H_2O + HCl$

$$Al^{3+} + 3H_2O \rightleftharpoons Al(OH)_3 + 3H^+$$

化学方程式：$AlCl_3 + 3H_2O \rightleftharpoons Al(OH)_3 + 3HCl$

Na_2CO_3：$CO_3^{2-} + H_2O \rightleftharpoons HCO_3^- + OH^-$（以第一步为主）

$$HCO_3^- + H_2O \rightleftharpoons H_2CO_3 + OH^-$$

学生（小组交流） ① 离子方程式要遵循质量守恒和电荷守恒。② 盐类水解一般为酸碱中和反应的逆反应。③ 因为氯化铵溶液中没有氨气逸出，氯化铝溶液中也不见白色沉淀，可见盐类水解反应的程度是微弱的。

教师 厘清盐类水解离子方程式书写注意事项。

巩固练习 书写下列盐类水解反应的离子方程式。

CH$_3$COONa：_____   NaClO：_____
FeCl$_3$：_____   MgSO$_4$：_____

环节三　呼应课首——运用所学新知，解决情境问题

教师　现在再来看看镁粉与氯化铵溶液反应的原理是什么呢？
学生（小组合作）　$NH_4^+ + H_2O \rightleftharpoons NH_3 \cdot H_2O + H^+$　①

$Mg + 2H^+ \longrightarrow Mg^{2+} + H_2 \uparrow$　②

$NH_3 \cdot H_2O \xrightarrow{\triangle} NH_3 \uparrow + H_2O$　③

由①×2+②+③×2得：

$2NH_4^+ + Mg \longrightarrow Mg^{2+} + H_2 \uparrow + 2NH_3 \uparrow$

六、教学反思

本节课体现了境脉教学的特点：境脉化、互动化，落实了"动手学"化学的理念，采用了小组合作探究模式，以学生为中心，以实验情境为主线，引发冲突，层层推进，在探究中生成盐类水解模型，运用新知解决问题。整堂课学生沉浸其中，体验领悟新知的喜悦。根据学生课后作业的反馈：比较 NH_4Cl 溶液中微粒浓度的大小，大部分同学都能正确地列出浓度的大小顺序，学生在动手学、自主探究过程中能从微观上探究离子共存，理解盐类水解的概念和实质。

新课的教学设计要关注学生前学习经验，本节课的教学是在学生前学习经验的基础上展开、深入的，不是帮助学生简单地把概念从课本搬到记忆中，而是在对原有知识的综合运用中获得新知，在实验证据的基础上，生本、师生、生生之间进行对话，在对话中学生达成对新知识的内化，在知识内化中碰撞出思维的火花，在小组合作中完善自己对新知体系的构建，不仅有利于新知的掌握，而且逐渐形成化学学科观念，发展学生证据推理、模型认知、科学探究等学科素养。

（撰稿者：上海市市东实验学校　叶林美）

实践智慧 8-3　明确学科价值导向：捕获二氧化碳

> 分析了"捕获二氧化碳"的教材内容和相关教学设计，提出在教学中通过整合生活社会与知识内容、调整学习结构，创设一个契合学习者内部世界的情境脉络，激发学习兴趣，彰显化学学科价值。

2018 年，教育部颁布的《普通高中化学课程标准（2017 年版）》中明确提出"结合学生已有的生活经验和将要经历的社会生活，引导学生关注人类面临的与化学有关的社会问题，培养学生的社会责任感、参与感与决策能力"[1]。学生已有的生活经验来源于生活中典型的、多元的、可探究的素材，这些素材有助于学生化学学科观念的形成。然而，生活中的素材是多样的、分散的，需要经过教师加工成与教学内容主题相适切的、包含问题的特殊事件或场景，从而为学生的化学学习提供有逻辑的境脉，激起学生学习兴趣，帮助学生发现问题，引起学生主动探索、解决问题的化学学习行为，从而获得客观的化学知识、形成化学学科观念、发展化学学科能力。而"自然科学离不开价值判断，这种价值判断，不是体现在科学研究的过程和科学研究的结论上，而是体现在科学研究的动机选择上。认识到自然科学客观真理性与价值导向性合一的特点，是开展科学教育的基础。"[2]化学学科核心素养中包括"科学探究与创新意识""科学态度与社会责任"，这就要求教学设计中渗透化学与社会、生活、生产、科学技术的密切联系以及重要应用，形成关心环境、能源、卫生、健康等与现代社会相关化学问题的主观价值导向。

在"捕获二氧化碳"教学过程中，以"温室效应""碳中和"等热点问题激发学习动机，教师整合生活经验与知识内容、调整学习结构，创设一个契合学习者内部世

---

[1] 中华人民共和国教育部.普通高中化学课程标准（2017 年版）[S].北京：人民教育出版社，2018.
[2] 李小伟，汪瑞林.发挥科学教育的价值导向功能 [J].基础教育课程，2021（09）: 33-39.

界的学习时空,进而形成以思激学、以学致用、以用促探、以探引思的学习方式,最终培养学生将学科教学内容应用到广泛的真实情境中去的能力,凸显化学助力人类与社会发展的价值导向。

一、教学主题内容及教学现状分析

本课时教学内容为初中化学九年义务教育课本上教版第 4 单元"燃料及其燃烧"第 2 节"碳"[1]拓展课。

本课时的主要内容包括:(1)比较水、石灰水、氢氧化钠溶液吸收二氧化碳的能力;(2)氢氧化钠溶液吸收二氧化碳过程的实验方法;(3)认识现代科学捕捉和再利用二氧化碳的途径及重要意义。

根据《上海市初中化学学科教学基本要求》对第十一单元"基础化学实验"中有关学习内容与要求的阐述,对学生学习"CO_2的性质""CO_2的检验"[2]的水平从"知识"与"技能"两个维度进行了描述,即从知识层面要求学生理解CO_2的检验原理和基本性质,同时从技能层面学会常见检验CO_2和验证CO_2性质的方法。在实际学习过程中,对于CO_2的检验方法学生很容易从实验出发展开学习和理解,但对于实验中CO_2的吸收往往缺乏感性而全面的认识。其次,学生对于二氧化碳来源、造成的环境问题已经有着深刻既往经验,但对于科学前沿的吸收方法和二氧化碳的资源再利用却知之寥寥,缺少辩证客观地认识物质的角度和立场。

二、教学思想与创新点

本课教学从全球变暖的大背景和学生的认知经验出发,激发学生关于实验室吸收二氧化碳的探究欲望,通过对比实验认识水、饱和石灰水、氢氧化钠溶液对CO_2的吸收能力,掌握二氧化碳的性质和实验室检验和吸收二氧化碳的方法,理解

---

[1] 姚子鹏.九年义务教育课本化学九年级第一学期(试用本)[M].上海: 上海教育出版社, 2019.
[2] 上海市教育委员会教学研究室.上海市初中化学学科教学基本要求[S].上海: 上海科学技术出版社, 2017.

结构决定性质的化学观念;通过数字化实验直观感受 CO_2 的吸收过程,最终对实验室检验和吸收 CO_2 的方法产生正确的直接经验,感受数字化实验对于化学实验探究过程的帮助,激发化学的学习兴趣,培养科学探究与创新意识以及证据推理与模型认知的学科素养;了解吸收二氧化碳的重要性和现代科学解决这一问题的主要方式,知道二氧化碳再利用的途径,体会二氧化碳在造成环境问题的同时也是重要资源,增强保护大气环境的意识,体现化学学科的重要价值。

三、教学目标

经历水、饱和石灰水、氢氧化钠溶液吸收二氧化碳的实验过程,掌握二氧化碳的性质和实验室检验和吸收二氧化碳的方法,理解结构决定性质的化学观念,体会控制变量法、定量研究的实验思想和方法。

经历数字化实验探究氢氧化钠溶液吸收二氧化碳的反应过程,初步学会使用数字化信息系统进行实验的方法,感受数字化实验对于化学实验探究过程的帮助,激发化学的学习兴趣,培养科学探究与创新意识以及证据推理与模型认知的学科素养。

通过实践性作业,能说出现代科学吸收二氧化碳的方式,知道二氧化碳再利用的途径,体会二氧化碳在造成环境问题的同时也是重要资源,增强保护大气环境的意识。

四、教学流程

情境脉络	全球变暖大背景下,如何增加CO_2的吸收?不同物质吸收CO_2的能力是否相同?	如何具象呈现氢氧化钠溶液吸收CO_2的过程?	现代科学捕捉和再利用CO_2的途径有哪些?
知识脉络	再认识水能溶解和与CO_2反应的性质;类比碱与CO_2反应的性质;运用溶解度解释两种碱溶液吸收CO_2能力差异的原因。	初步学会DIS系统探究实验过程的方法;体会数字化实验的特点。	知道现代科学捕捉和再利用CO_2的途径及重要意义。
素养脉络	证据推理(依据对现象的观察)	模型认知(通过对数据和图像的分析)	科学精神与社会责任

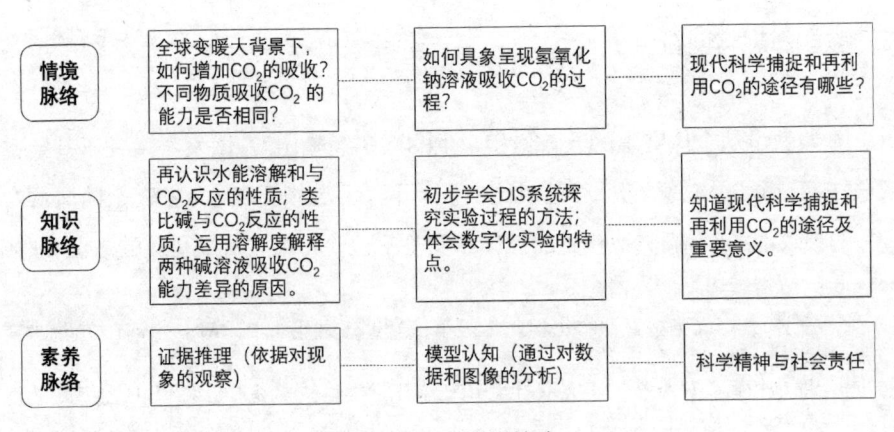

图 8-3-1 教学境脉

表 8-3-1 教 学 流 程

教学环节	教师教学行为	学生学习活动	设 计 意 图
比较实验室常见物质吸收CO_2的能力	(1) 提供控制变量法的实验设计模型 (2) 提供 20℃时,氢氧化钙和氢氧化钠的溶解度数据	(1) 方案设计、实验探究、收集数据、讨论交流、比较水、饱和澄清石灰水、氢氧化钠溶液吸收 CO_2 的能力 (2) 讨论分析两种碱溶液吸收 CO_2 能力差异的原因	依据对现象的观察,再认识水能溶解和与 CO_2 反应的性质;类比两种碱与 CO_2 反应的性质,运用溶解度解释原因,理解结构决定性质的化学观念,在实验事实和数据的推动下培养证据推理意识和能力。
探究碱溶液吸收 CO_2 过程的数字化实验方法	(1) 引导探究碱溶液吸收 CO_2 过程的数字化实验方向 (2) 引导对比饱和石灰水和氢氧化钠溶液吸收 CO_2 的实验数据	(1) 进行数字化实验,获得数据图像 (2) 对比数据图像,直观感受两种碱溶液的性质差异	初步学会 DIS 系统探究实验过程的方法,具象呈现氢氧化钠溶液吸收 CO_2 的过程,体会数字化实验的特点。
认识现代科学捕捉和再利用 CO_2 的途径及重要意义	(1) 发布收集现代科学捕捉和再利用 CO_2 途径的实践性作业课题 (2) 研读学习成果,提供展示平台	(1) 自主结合,以小组性质完成实践性作业 (2) 展示学习成果,交流对于 CO_2 的再认识	知道现代科学捕捉和再利用 CO_2 的途径及重要意义,体会学科与生活社会的重要联系,培养科学精神与社会责任。

五、教学实录

环节一 比较实验室常见物质吸收 CO_2 的能力

任务设计 全球变暖大背景下,人类可以通过减少化石燃料的使用、保护植被等方式减少 CO_2 带来的影响,实验室如何增加 CO_2 的吸收？不同物质吸收 CO_2 的能力是否相同？

教师 提供控制变量法的实验设计模型:

实验一:用装有 20 mL CO_2 的 1 号针筒吸取 10 mL 水,充分振荡,观察剩余气体的体积。

实验二：用装有20 mL CO_2的2号针筒吸取_____mL饱和石灰水,充分振荡,观察剩余气体的体积。

实验三：用装有_____mL CO_2的3号针筒吸取_____mL一定浓度氢氧化钠溶液,充分振荡,观察剩余气体的体积。

学生 用三支装有20 mL CO_2的针筒分别吸取10 mL水、10 mL澄清石灰水、10 mL氢氧化钠溶液,充分振荡,观察剩余气体的体积,并分析数据差异的原因。

实验仪器和实验药品

实验仪器：30 mL注射器、橡胶帽、烧杯

实验药品：水、澄清石灰水、氢氧化钠溶液、干冰

实验装置

实验装置见图8-3-2

图8-3-2 利用注射器测定等体积水、澄清石灰水、氢氧化钠溶液对CO_2的吸收能力

实验步骤

(1) 检查注射器气密性。

(2) 利用干冰在三支注射器中分别收集20 mL CO_2,并盖上橡胶帽。

(3) 取下橡胶帽,用三支装有CO_2的注射器分别吸取10 mL水、10 mL澄清石灰水、10 mL氢氧化钠溶液,再次盖上橡胶帽并振荡。

(4) 观察剩余气体的体积。

学生汇报实验结果

实验现象如图 8-3-3，振荡后，三支注射器的活塞均前移，相同条件下，水对 CO_2 的吸收量最小，氢氧化钠溶液对 CO_2 的吸收量最大，澄清石灰水对 CO_2 的吸收量居中，且有白色沉淀生成。上述现象从半定量的角度说明相同条件下，不同液体对二氧化碳的吸收量不同，实验室吸收二氧化碳应该选择氢氧化钠溶液，检验应选择澄清石灰水。

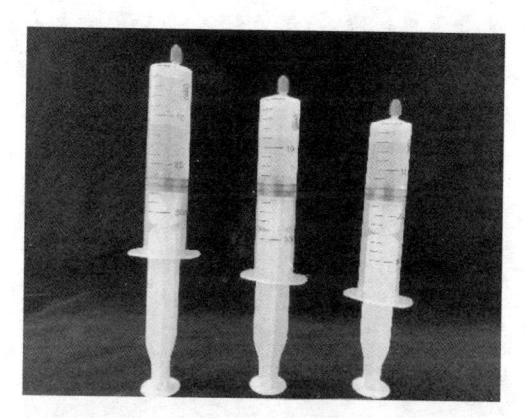

图 8-3-3　利用注射器测定等体积水、澄清石灰水、氢氧化钠溶液对 CO_2 吸收能力的实验结果

教师　提供 20℃ 时，氢氧化钙和氢氧化钠的溶解度数据[1]

表 8-3-2

物　　质	10℃, s
$Ca(OH)_2$ 溶解度	0.16 g/100 g 水
NaOH 溶解度	51.5 g/100 g 水

学生　通过计算，分析两种碱溶液吸收 CO_2 能力差异的原因，在证据推理中切实体会到结构决定性质、性质决定用途的学科核心思想。

[1] 王子宗.石油化工设计手册（修订版）第一卷 石油化工基础数据[M].北京：化学工业出版社，2015.

环节二 探究碱溶液吸收 CO_2 的过程的数字化实验方法

任务设计 通过对比实验可以说明检验和吸收 CO_2 的试剂选择,但仍难以精确地体现大量二氧化碳吸收过程和吸收效率的对比,通过数字化实验改进能否直观高效地感受 CO_2 的完整吸收过程呢?

教师 提供数字化实验方案:向两装满 CO_2 的集气瓶中分别倒入 30 mL 饱和石灰水和一定浓度的氢氧化钠溶液,迅速插入 CO_2 浓度传感器,并根据数据采集器上的数据记录瓶内 CO_2 的浓度随时间的变化趋势,对比两组实验的数据变化。

学生 进行数字化实验探究。数字化实验主要由传感器、数据采集器、电脑及相关软件构成。本实验改进主要使用 CO_2 浓度传感器。

实验仪器和实验药品

实验仪器:浓度传感器、数据采集器、电脑、300 mL 集气瓶、量筒、胶头滴管

实验药品:澄清石灰水、氢氧化钠溶液、二氧化碳

实验装置

实验装置见图 8-3-4

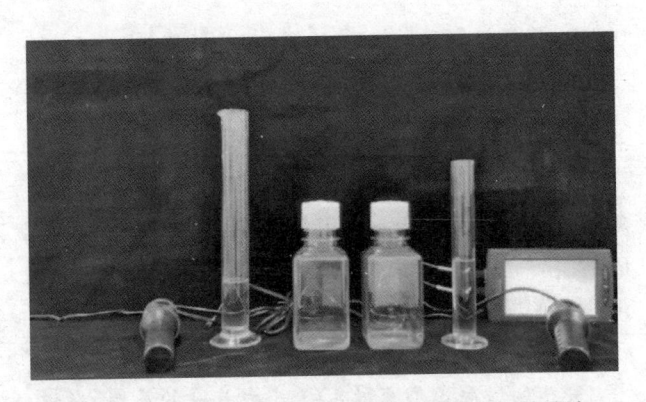

图 8-3-4 利用 CO_2 浓度传感器探究等体积的澄清石灰水与氢氧化钠溶液吸收 CO_2 的过程

实验步骤

(1) 检查装置气密性。

（2）取 30 mL 的澄清石灰水和 30 mL 氢氧化钠溶液，同时倒入两个装有 300 mL CO_2 的集气瓶中，立刻插入 CO_2 浓度传感器，匀速振荡，采集数据。

（3）记录软件绘制的反应过程数据图像。

学生汇报现象和结论

实验图像如图 8-3-5，在注入等体积的澄清石灰水和氢氧化钠溶液后，由 CO_2 浓度传感器采集的数据制成的曲线中，氢氧化钠对 CO_2 的吸收呈明显下降趋势，且反应更完全；由于传感器量程的局限性，澄清石灰水对 CO_2 的吸收量几乎难以体现。（说明：目前中学实验室使用的 CO_2 浓度传感器量程最大为 100 000 ppm，所以在吸收量很小的情况下，采集器采集数据始终为最大值。）

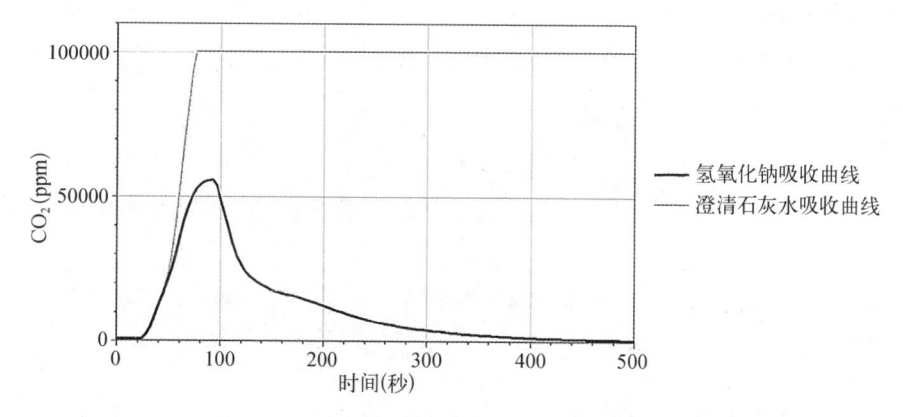

图 8-3-5　利用 CO_2 浓度传感器探究等体积的澄清石灰水与氢氧化钠溶液吸收 CO_2 实验结果

环节三　认识现代科学捕捉和再利用 CO_2 的途径及重要意义

任务设计　了解全球变暖大背景下，现代科学捕获和再利用二氧化碳的方式。

学生　实践性作业报告——讲述我所知道的现代科学大量捕获二氧化碳的方式及二氧化碳的广泛应用前景。

汇报成果分享　中国成为第四个开展二氧化碳海底封存的国家——碳循环与 CCUS[1]

---

[1] 董书豪.我国碳捕获、利用与封存（CCUS）技术的发展现状与展望[J].广东化工，2021，48(17)：69-70.

六、教学效果与反思

"捕获二氧化碳"从全球变暖的大视野下开展学习,由自身命运引发思考,激发学习愿望,始终以"为何要捕获—如何捕获—捕获后如何再利用"为情境脉络、以二氧化碳的化学性质为知识脉络展开,环环相扣的设置引导学习者从自身认知体系出发开展不断思考、探究、实践、再思考的学习过程,最终回归到知识在生活社会中的应用和延伸中去,体现学科与生活社会紧密联系的特点和价值导向。因此,日常教学中化学教师除了在课堂引入、拓展应用等环节联系生活社会,从学生的直接经验出发来设置教学境脉,也需要在教学目标的设置中关注知识与生活的联系,利用作业形式和评价方式的多样化来培养学生主动用化学视角关注生活的意识。

(撰稿者:上海音乐学院实验学校　袁俊捷)

后 记

怎样开展教学活动才是"有效"的？

这个问题已经不再新鲜，无论是教育研究者还是一线教师，都有自己的深刻理解，也得到了大家的普遍认可。然而不同人对"效"却有着不一样的认识：从学校的生存、教师的生存和家长的期盼角度来看，"效"与分数等同；从学生的发展、未来社会的需要来看，"效"则与素养紧密地联系在一起。我们团队经过实践研究，建立了新的认识，即"效"要兼顾"分数"和"素养"两方面。如果忽视了"分数"，学生就会丢失进一步深造的机会；如果忽略了"素养"，学生就会丢失用化学视角观察事物的能力，丢失创造化学新作用的能力。因此，只有"分数"和"素养"的有机融合，协同发展，才是当前化学教学中应该引起重视的"效"。

然而，要真正做到这种意义上的"效"却是很不容易的。现实中，许多教育同仁也做了一定的研究，提了出诸多教学方式，比如"项目化教学""开放式教学""互动式教学""翻转式教学"等，但大多数停留在理念上，能广泛地推广到日常课堂上的实践性范式却罕见。基于此现状，我们团队历时三年，聚焦"境脉教学"，从理论到实践，学习同行智慧，深入课堂、苦心研究、提炼范式，对标本皆治的有效课堂教学做些许实践性探索，我们非常乐意将研究过程中的点滴感悟汇编成册，与同行交流，以求得到指正，共同提高。

"境脉教学"中的"境脉"是指涵盖情境、知识和思维的多重逻辑以及由此构成的多元立体化资源环境，强调教师和学生置身于"境脉"中全员主动参与的体验、感悟，能动地与环境因素相互作用，和谐共振，促进自我更新。在这个能动过程中，学生不断居身于原有经验和发展经验的混沌中，居身于有序和无序的边缘、明白与不明白的交替互变状态，即所谓"最近发展区"或"愤""悱"状态，因而容易获得有效的教学效果。

"境脉教学"理论中，除强调学习者深度参与的多维立体教学形态之外，还建立了教学要有"真实情境、逻辑主线、主体参与、学习痕迹、问题征询、深度反思、评价反馈、价值意义"的观点；构建了"重构教师角色，转变学生角色，协同知识与素养,平衡过程与结果"的化学学科动力机制,实现了化学教学范式的转变。

在研究过程中,我们团队加大了单元主题学习的探究力度,开展多个单元主题学习活动、编制递进式脉络体系下的多维情境评价工具,有效地促进了学生学科能力增长,实现了"以评促学"的模式转变,形成了"情境——脉络——单元"主线的教学评一体化模型。

为了更有效地与同行交流,我们从100多节实际的研究课中,精心选择了24节有代表性的课,以单元整体设计、课时设计的形式将上述理念转化为实操性的行动,以《境脉教学的实践范式与创意设计》为书名呈现于同行,真诚希望得到指点。在我们团队的研究过程中,得到了上海市教育科学研究院杨四耕老师的悉心指导,《境脉教学的实践范式与创意设计》的原稿经过了上海市资深教育专家的审阅和部分初、高中优秀老师的试读,他们均提出了宝贵的意见,在此对他们的辛勤付出,表示衷心感谢。

虽然经过多次修改、校对,但由于时间和能力有限,错误和缺点在所难免,敬请诸位读者不吝赐教,予以指正,以期改正和提高。

李可锋
2023 年 1 月 16 日